ヨハン・ノルベリ　山形浩生 訳・解説
JOHAN NORBERG

資本主義が人類最高の発明である

グローバル化と自由市場が私たちを救う理由

THE CAPITALIST MANIFESTO
WHY THE GLOBAL FREE MARKET WILL SAVE THE WORLD

NEWS PICKS PUBLISHING

資本主義が人類最高の発明である

グローバル化と自由市場が私たちを救う理由

あらゆる党派の中の古典リベラルたちに捧ぐ

THE CAPITALIST MANIFESTO:
Why the Global Free Market Will Save the World
by Johan Norberg

第2章 経済成長はなぜ必要？

第3章 自由市場は労働者を救う

第4章 トップ1％はなぜ必要？

第5章 独占企業は悪なのか

第6章 産業政策がダメなわけ

第7章 中国経済、虚像と実態

第8章 地球温暖化と資本主義

第9章 人生の意味と資本主義

本文中の〔〕は訳注を表す。

はじめに：資本主義は「悪」なのか

20年前に、私はグローバル資本主義を擁護する本を書いた。

自分がそんなことをするとは思ってもいなかった。資本主義なんて、強欲な独占事業者と強大な地主の世界だと思っていたのだ。

だがそこで世界を調べはじめて、そうしたエリートが市民たちの自由な選択から守られ、したがって最大の力を持っているのは、むしろ最も市場に根差していない社会なのだと気がついた。パラドックスめいてはいるが、自由市場や私有にもとづく自発的な合意という形で強力な連中をおびやかすのは、資本主義なのだ。

「資本主義は強欲な資本家をのさばらせる」という誤解

私が資本主義を支持するのは、別に資本家たちが常にお行儀よくふるまうからではない——そんなお行儀のよい資本家なら、独占権力を与えたって構わないはずだ。まさに彼らが、お行儀が悪すぎて、無理矢理それをおさえこまなくてはならないからこそ、資本主義が望ましいのだ。**資本家たちをおさえこめるのは、資本主義がもたらす人々の選択の自由と競争だ**

けなのだ。

実際、カール・マルクスとフリードリッヒ・エンゲルスは1848年の『共産党宣言』で、自由市場は短期間のうちに最大の繁栄と、それまでの世代すべてをあわせた以上の技術革新をもたらし、通信や手に入る財はすさまじく改善し、封建主義構造や国民的な偏狭さを打破したと述べた。まさにその通りなのだ。マルクスとエンゲルスは今日《こんにち》の社会主義者たちより、自由市場というのがあなどれない進歩的な力であることをずっとよく認識していた（残念ながら弁証法的な心構えは足りなかったようだ。自分たちの提案した共産主義というのがきわめて反動的で、社会経済の足を引っ張るものでしかなく、社会をある種の電子封建主義に引き戻してしまうことは理解できなかったらしい）。

それから1世紀半がたって、グローバル資本主義のおかげでますます多くの人々が、君主や独占から解放された。市場の成長は、選択し、交渉して、初めてノーと言う力を彼らに与えた。自由貿易で、安い財、新技術、他の国々の消費者へのアクセスが得られた。何百万人もが飢餓と貧困から救い出された。

グローバル資本主義「否定派」VS「肯定派」の大論争

だが20世紀の終わりに、資本主義はひどい攻撃にあっていた。国際的な反資本主義運動が、大量の関税や規制や税金で、経済をもっと統制してくれと政府に求めていた。もっと開放された市場を生み出そうとする世界貿易機関（ＷＴＯ）の総会に抗議する大規模なデモが行われた。フランスで生まれたＡｔｔａｃという左派保護主義運動が、ヨーロッパに急速に広がった。

私はそいつらを、貧しい社会にようやく芽生《めば》えた自由を奪ってしまう、反動的な退行勢力と見なした。そこで２００１年に私は、彼らへの反論を『グローバル資本主義擁護論』（未邦訳）という本にまとめた。これはなぜ世界的な公正のためには、資本主義を減らすのではなく、もっと増やさねばならないかについての、古典的リベラル派マニフェストだった。絶好のタイミングのおかげで、この本は国際的なベストセラーになり、アラビア語、ペルシャ語、トルコ語、中国語、モンゴル語など25以上の言語に翻訳された。

そしてやがて、グローバル化をめぐる議論は変わりはじめた。開放経済の支持者たちが反撃を始めた。そうした人々はしばしば、世界の貧困と不公正に関する心からの怒りに動かされていた。私たち自由貿易論者はこの共通の立場から出発し、貧困と飢餓《きが》と闘うためには、もっと自由な市場がいるのだと——現実的な説明と明解な統計で——示せたのだった。

議論を深めるにつれて、反対者たちも話は思っていたほど単純ではないと気がつきはじめ、聴衆の一部は意見を変えはじめたようだった。彼らはグローバル化を現状、欧州連合（ＥＵ）、世界銀行、国際通貨基金（ＩＭＦ）の同義語だと思っていて、今日の不正も気に入らないが提示されている急進的な解決策にも同じくらい不満な人々に挑まれると、びっくりしていた。

やがて、議論で最も普通の立場は、貧困国が経済的・社会的に発展するためにはもっと貿易、投資、起業家精神が必要だ、というものになった。国連事務総長コフィ・アナンが述べたように、問題はグローバル化が少なすぎることであり、多すぎることではない。

U2のボノが資本主義に「転向」したわけ

間もなくＡｔｔａｃはその人気を失い消え去った。イギリスの反資本家ジョージ・モンビオは、『ガーディアン』紙論説で自分の保護主義を謝罪した。「私は貿易についてまちがっていた」。その中で彼は、ＷＴＯがなければ、世界はおそらくもっと不公正だろうと説明した。そしてまもなく、ＥＵの農業保護主義に反対する大規模なキャンペーンがイギリスの慈善団体オックスファムにより開始された。オックスファムは、通常は左派がかっていて、自由市場を批判してきたのに。

アイルランドのロック・ミュージシャンで、世界の格差に反対する活動家のボノはこう述べた。「最近私は商業について啓示を受けた。それで私にとってすべてがひっくり返った。世界中の貧困に対処するにあたり、福祉や外国援助はバンドエイドでしかない。本当の治療は自由な実業なのだ。起業家精神こそが発展の最も確実な方法だ」

ボノの転向はファンだけでなく、当人すら驚かせた。「ロックスターが資本主義の旗をふる。ときには自分自身の言っていることを聞いて、信じられない気がするほどだ」[1]

言うまでもなく、これは私1人の手柄ではない。日夜闘った人は他にたくさんいたし、他にも多くの要因が作用した。特にグローバル化が実績を出したという単純な事実は大きかった。グローバル経済に参加した諸国では、貧困率は空前の減少を見せたのだ。

オックスファムは、自分たちの今の立場は私によって改宗させられたせいだというのを公式には否定している。そしてボノはまちがいなく、私がU2を聴いたほどは私の話を聞いてくれてはいないだろう。

グローバル資本主義、ふたたびピンチに

グローバル化の終焉は中止されたが、永遠に続くハッピーエンドが用意されているわけではなかった。

私があの本を書いてからの20年間は、地球にとっては厳しい道のりだった。2008年から2009年にかけて現代最大の金融危機があり、世界を閉鎖し数百万人を殺した大規模なパンデミック、中東の混乱、テロ攻撃、移民危機、地政学的緊張が起き、さらにプーチンがウクライナを侵略したことで大規模戦争も再来した。同時に、地球温暖化が地球に及ぼす悲

惨な影響が本当に感じられはじめた。

これらはすべて、世界がふたたびガタガタとなってしまったという感覚と、オープンな世界経済に対する新たな疑念の一因となっている。おかげで危険な世界から守ってくれる「強い男」や「大きな政府」への憧れが生じてしまった。WTO交渉は完全に行きづまり、その紛争解決メカニズムはアメリカによって弱体化され、金融危機後は国内総生産（GDP）に占める貿易の割合が第二次世界大戦後初めて増加を止めた。世界中で経済は大幅な規制強化へと向かい、民主化の波は権威主義者によるバックラッシュで終わった。

中国では30年にわたる改革プロセスが逆転し、国家は失地回復を始めた。西洋世界では、またもやグローバル化が行きすぎたと言われ、実業を抑えろと言われるようになった。これまでの国際サミットは開放、規制緩和、自由化を議論してきたのに（もちろんその議論が必ずしも行動につながったわけではなかったが）、使われる言葉がいきなりぼやけて、なんだかわからない包摂だの持続可能だの戦略的自立だのあれやこれやの「パートナーシップ」だのといった言葉が、具体的な改革アジェンダを押し出してしまうようになった。

グローバル化に反対するのは「左翼」だったはずでは？

その後間もなく、奇妙な知的スワップが起こった。左派のグローバル化に対する攻撃がつまずくと、反対論がいきなり右派に移住したのだ。

保護主義と戦うのは皮膚病との戦いのようなものだ、とアメリカの経済学者ポール・サミュエルソンもかつて言っている。１か所で治すと、すぐに別のところに出てくるというわけだ。

新世代の保守派政治家たちは、いまや２００１年のＡｔｔａｃとそっくりな物言いをしている。世界は危険だ、もはやだれも仕切っておらず、自由貿易が地元の伝統やよい職を破壊しているのだ、という。元アメリカ大統領ドナルド・トランプによると、「グローバリスト」というのは「正直いって自国のことを大して気にしていない」人物のことなのだそうだ。

貧困国の急成長を見れば、西側はこうした国がグローバル化の恩恵を受けるというのはわかる。だが経済がゼロサムゲームであり、だれかの得は常にだれかの損だという神話がしつこくのさばっているので、多くの人は豊かな世界の我々が損をしているはずだと思いこんでしまった。

世界観は同じで、役割が逆転しただけだ――20年前に自由貿易は、我々が途上国を搾取するから悪いとされた。いまやそれは、貧困国が我々を搾取するから悪いということになる。20年前は、資本主義がまちがっているのは、世界の貧困者をもっと貧しくするからだった。いまやそれがまちがっているのは、貧困者を豊かにしてしまうからだという。

私が初めて市場支持、貿易支持、移民支持の主張を展開したときには、しばしば「イカレた右派」だと攻撃されたものだった。今日同じ主張をすると、ときどき「意識高い系《ウォークな》左派」

だと糾弾される。

変わったのは私ではない。しかし右派のナショナリストは世界を止めて自分が途中下車する（そして移民を追い出す）衝動以外には大した経済アジェンダを持ち合わせていないので、彼らのグローバル化に対する怒りは、かつては古典的な左派の政府介入プログラムの支持層を生み出した。偽《にせ》の安心感を提供しようとして、政府は貿易、移民、建設をむずかしくして、まちがいなく低成長を確保し、政治家たちが守ると称するまさにその人々に損害を与えている。

「グローバル経済で得をしたのは一部の強者だけ」？

今日のグローバル資本主義に関する支配的なナラティブ——右派と左派のポピュリストが共有するもので、もう少し穏健な形とはいえ、政治経済エスタブリッシュメントの相当部分も共有している——は、この20年で繁栄が生み出されたことは否定しないが、それがあまりに少数の、まちがった連中の手に集中している、というものだ。世界で大勝利を収めたのは中国であり、我々の工場や仕事を奪ってしまった——しかもあの国は危険な勝者で、我々の技術を盗み、国家安全保障を損ないつつあるのだという。これが転じて、グローバル経済は地政学的な勝者総取りゲームのような扱いをするのが流行ってしまい、貿易障壁を導入しバリューチェーンを再び自国化しなければならないと言われるようになった。

このナラティブによると、西側の成長は金持ちばかりに貢献し、一般社会の賃金は何十年にもわたり停滞したという。格差は激増し、従業員はいまや新たな身分不安定な労働者《プレカリアート》となり、ストレスに追われつつ死に物狂《ぐる》いで足をひきずり進むしかない。工場は閉鎖され、労働階級は一掃されてしまい、時には「絶望死」（この用語は第3章で見る）により肉体的に一掃されることさえある。市場では独占が復活し、特にだれも手が出せない少数のハイテク巨人たちが、ますます多くの分野に参入して、みんなの好きな家族経営の店舗を潰《つぶ》したのだという。

なんともひどいことになっているらしい。そしてさらにダメ押しで、地球温暖化が地球に与える影響もある。こうしたすべてに対抗するため、大きな政府に立ち戻り、統制力を取り戻し、リソースを再分配して、開明的な産業政策によりリソースを特定の自国産業とグリーン技術に振り向けねばならないのだそうだ。

しかもこれは、パンデミック以前の議論の様子だった。新型コロナウイルスが猛威をふるうと、外部世界と自由貿易に対する疑念は爆発した。政府は国境を閉ざし、サプライチェーンの国内回帰を要求した。トランプ政権のいささか嬉しそうな商務長官は、ウイルスの猛威についてこう語った。「行きがけの駄賃《だちん》めいていて言いづらいが、コロナは北米に仕事を取り戻すのを加速すると思う」。『フィナンシャル・タイムズ』紙のグローバルビジネス担当コラムニストであるラナ・フォルーハーは「過去40年に私たちが知っていたようなグローバル化は失敗した」と宣言した。

「コロナが新自由主義を終わらせた」？

一方の各国政府は、経済を保護する方法はみんなを救済することだと決めた――まずは金融セクターを救済し、それからみんなを救済するのだ。人々は、利益は民営化されるべきだが、ますます多くの損失については納税者や中央銀行が負担するという考えに慣れてしまった。お金がなくなれば、もっと多くのお金を刷って、これがインフレを生んだら高物価を補うためにもう一段の救済を、というわけだ。それが続く。当時のスウェーデン首相マグダレナ・アンデションは、パンデミックは「イギリス首相マーガレット・サッチャーとアメリカ大統領ロナルド・レーガンが開始した新自由主義時代の終わり」なのはまちがいないと述べた。

こうした主張は最近では、社会民主派から聞かれるだけではない。いまや右派ポピュリスト、ジャーナリスト、経済学者たちも「レーガン／サッチャー時代はおしまいだ」と言う。この2人の指導者はしばしば、1980年代初頭の経済自由化時代のシンボルとして使われ、確かにその時代が終わりを迎えているような感じが大いにすることは否定できない。

ドナルド・トランプの顧問スティーブン・ムーアは、共和党はもはやレーガンの党ではなくトランプの党だと宣言した。そしてその宣言通り、共和党は自由貿易や移民、ハイテク企業に対する文句を並べ、選挙不正についてのウソもばらまいた（レーガンはかつて平和的な権力移行を自由世界の「魔法」と呼んだ）。

イギリスでは、保守党はかつて「鉄の女」サッチャーがその実現に貢献したヨーロッパ単一市場からの離脱を進めた。同時に他の多くの正統的な経済政策を捨て去り、もっと前のめりな産業政策や「イギリス製を買おう」スローガンを弄《もてあそ》んだ——この新しい態度をボリス・ジョンソン首相は、気がゆるんだときにうっかり「ビジネスくそくらえ」とまとめた。

その短命な後継者のリズ・トラス首相は、チーズの大規模輸入は「不名誉」だと宣言したことで有名だが、第2の鉄の女になろうとしつつ、政策がその大胆さにともなわなかった。むしろトラスは「財務省、経済学者、『フィナンシャル・タイムズ』紙のコンセンサス」である収支均衡に逆らい、莫大《ばくだい》で財源のないエネルギー補助金と減税というパッケージを打ち出し、それに市場が資金を出すのを拒否したため、首相の座を追われることになった。

レーガンとサッチャーは死んだと言われるが、それはほとんどの場合、社会経済の方向性について客観的に検討した結果としてではない。こうした死亡宣告は、彼らの時代が何やらイデオロギー的に異常な時代だったと匂わせたがる。トンデモ理論家や過激派が政策をひきずって、教条的な新自由主義の方向に向かわせたのだ、とでも言うようだ。そしていまこそ、やっとそれが正気に戻り、ふつうの介入主義に戻ったのだ、というわけだ。

だが改革時代とはそういうものではなかった。自由主義的な経済学者は、レーガンやサッチャーに関連づけられる変化の多くを促《うなが》しはした。だが2人の時代は決してイデオロギー的な実験などではなかった。それまでのインフレと規制のモデルが、絶え間なく拡大する政府とあわせて自由落下状態だったという事実に対処しようという、実務的な試みだったのだ。

レーガン/サッチャー時代はその「前」から始まっていた

これを示す1つのしるしは、「レーガン/サッチャー時代」がレーガンやサッチャーの前から始まっていたということだ。それを始めたのは、実はその政敵たちだったのだ。

レーガンの前任者である民主党の大統領ジミー・カーターこそ、就任後の1978年の年頭教書演説でこう宣言している。「少しずつ我々は、政府が人々の個人生活や活動にあまりに介入しすぎるときに使う、無用な連邦規制の網の目を裁《た》ち落としている」[2]。航空、鉄道、トラック輸送、エネルギーの規制緩和(そしてクラフトビールも! カーター以前ならボストンの地ビールとして有名なサミュエル・アダムスは飲めなかっただろう)をしたのはカーター政権なのだった。1979年10月に対インフレ戦争を宣言した連邦準備制度理事会(FRB)議長ポール・ヴォルカーを指名したのはカーターだった。

イギリスでは、サッチャーの前任者だった労働党首相ジェームズ・キャラハンは1976年に自分の党員に対し、不景気は公共支出を増やしてインフレを高めれば終わらせられると思っていたと説明した。「いまや断言するが、どう考えても、その選択肢はもはや存在せず」、そんな選択肢がこれまで存在していたとしたら、「それはますます大量のインフレを経済に注入し、その次のステップではさらに高い失業率がやってくる」と述べた。[3] サッチャーが労働組合と戦って、赤字で環境に悪い炭坑を115か所閉鎖させたのは、尊敬と憎悪の両方を集めることになった。だがその前の労働党首相2人、キャラハンとハロルド・ウィルソンは全部で257か所も炭坑を閉鎖させているのをご存じだっただろうか？[4]

1970年代、1980年代、1990年代の大自由化を始めたのは、自由至上主義《リバタリアン》的なイデオローグではなかった。社会主義政党は、インド、オーストラリア、ニュージーランドで脱社会主義化を始めていた。ブラジルとメキシコでは保護主義政党が経済を開放した。中国、ベトナム、チリでは経済自由化は独裁者が実施しており、彼らはどんな意味であれ、自由主義的な価値に心をときめかせたりしなかった。多くの場合、こうした政党や指導者たちは、人民や経済を統制し続けられたら大喜びだった。

だが「大きな政府」という発想には、逃れがたい頭痛の種があった——スウェーデンの社会民主党財務大臣キエル・オロフ・フェルトがかつて、自国での民主社会主義の夢についての談話でまとめたように「簡単に言えば、とにかく不可能だったんだよ」。

バラマキ、保護主義、トップダウンの誘惑

そして、それがここでの論点となる。抵抗しがたいほど魅力的に思えるかもしれない。だれかが、あれもこれもくれると言えば、いつも人気が出る。でもとにかくうまくいかないのだ。いまだにうまくいかない。そんなうまい話はないし、富は分配する前につくり出さねばならない。遅かれ早かれ、他人のお金は底をつく、とサッチャーが言った通り。

そしてさらにお金を刷れば、遅かれ早かれその価値は毀損《きそん》される。そしてリズ・トラスが学んだように、すべてを万人にばらまく帳尻のあわない予算を擁護しようとしても、いずれサッチャーの気の利いた引用ではごまかせなくなる。負債は積み上がり、インフレが高まり、富をどうつくり出すかについて考えねばならなくなる。

それでも、新世代の政治家たちはこうしたまちがいを繰り返すだろう。かつての失敗の記憶が薄れ、またやってみようという誘惑がしばしば圧倒的になってしまう。そして外国人や民間企業に対してうずまく敵意と共に、それはまったくもって不合理な保護主義、トップダウンの産業政策、まぬけな規制や収奪的な課税という形でやってくるだろう。経済から成長を絞り取り、最も脆弱《ぜいじゃく》な人々を傷つけるだろう。人間の進歩にとって最良の希望となったグローバル経済の足を引っ張るだろう。

コロナや戦争にもかかわらず過去20年が「最高」であるわけ

　はい、確かにここ20年はひどかった。ショックやパンデミックや戦争だらけだ。だがそれでも人間の厚生《ウェルビーイング》から見ると、人類史上最高の20年ではあった。極貧率は70％下がった。これはつまり、私が初めてグローバル資本主義擁護論を書いてから、毎日13万８０００件ずつの新しい証拠が登場したということだ。この20年間に、毎日それだけの人々が極貧から脱出したのだ。13万８０００人の男、女、子ども。毎日。これだけのショックや障壁にもかかわらず、そしてパンデミック中にそれが悪化したにもかかわらず。これは勝ち取る価値がある進歩であり、もっと多くの場所でそれを進めるべきだ。

　だからこそ、こうした教訓は学び直すべきであり、その逆転に反対する主張も改めて述べ直さねばならないのだ。少なくとも20年に1度は、経済の自由を支持する「資本主義宣言」が必要で、それをその時代の問題や紛争に適用しなくてはならない。

　だから私は本書を書いた。

キャンセルカルチャーと文化戦争の時代

そしてもう1つの理由がある。過去10年のどこかで、経済問題が優先事項ではなくなってしまったのだ。もちろん議論は続いているが、脇役にまわってしまった。人の心や頭やツイートを別のものがとらえてしまった。冷戦時代の資本主義と共産主義の戦いが終わったので、みんな経済政策ではもはや思想は問題にならないと思いこんでしまった。だから後は、適切な技能や行政的な柔軟性を持つ政党を選挙で選べばいいだけ、と高《たか》をくくってしまった。

自由を求めての闘争や階級紛争のかわりに、登場したのは文化戦争だ。かつてはどこへ向かうかを議論していたのに、みんないきなり自分が何者かを自問しはじめた——そしてだれがふさわしくないかを詮索するようになったのだ。国家による統制をありがたがる左派も、ナショナリズムの旗をふる右派も、自分たちの純粋で安全な世界に当てはまらないすべてを、何やら粛清しはじめたのだった。国境は閉ざされ、銅像は倒され、異論を言えばキャンセルされ、「ウォーク」な企業が脅されて沈黙する。

文化戦争は、他のみんなにどんな種類の均質なアイデンティティを押しつけるべきかというゼロサムゲームだ。その反対に**資本主義は、プラスサムのゲームで、成長するダイナミックな社会をつくり上げ、あらゆる集団が自分のアイデンティティに従って生き、そのビジョ**

ンやプロジェクトを実現できる機会を増やしてくれる。「勝利か死か」「沈黙は暴力」などではなく、リベラルな資本主義者は、「共に生きる――君が盗んだりこちらの脚を折ったりしない限り」を掲げる。

本書はそうした文化戦争からみなさんの注意をそらし、未来にとって決定的な問題に注意を戻してもらおうとする試みだ。

資本主義とは何か、何でないのか

なぜ「資本主義」なのか？　言葉は残念ながら人を混乱させる傾向も持つ。**自由市場資本主義は、実際は資本の話ではない。それは経済の統制権を、トップから何十億もの独立消費者や実業家や労働者に渡し、彼らが自分の生活を改善すると思うものについて、自分なりの決断を下すのを認めるということなのだ。**あまりに軽率な「資本主義を制御する」という話は、実は政府が市民を統制するということでしかない。

だが資本主義という言葉はそんなふうには聞こえないでしょう？

イリノイ大学の経済学者で我が知的ヒーローの1人ディアドラ・マクロスキーは、資本主義という言葉は人々を自由にして自分で経済的な決断を下せるようにするという話（それがまさに自由市場という話だ）ではなく、資本による支配という誤解をもたらすと不満を述べている。『資本主義』は1つの単語に圧縮された科学的なまちがい、敵が提示した劇的なまでに誤解を招く用語で、いまだに友人たちの間で悲しいほど誤解した人々に使われている」[5]

ではなぜ私はその用語を使うのか？ なぜなら、それについてどう思おうと、私有財産と自由市場の仕組みについてどんな用語がお気に召そうとも、「資本主義」という言葉こそはそれと分かちがたく結びついてしまった言葉であり、支持者がその言葉に意味を持たせなければ、論敵たちがそれをやるまでだからだ。

続くページで明らかになることだが、**市場経済はもっぱら競争と張り合いの話ではなく、協力と交換の話なのである。**それは自分だけではできないことを、他人と協力して実現するということなのだ。

謝辞

同様に、本書も私の頭脳からいきなり完成された形で湧《わ》いてきたのではない。ギリシャ神話で女神アテナが、輝く甲冑をまとってゼウスの頭から成人した状態で生まれてきたのとはちがうのだ。それは私が会った人々、私が読んだ書籍、私の知識を広げてくれた研究者、私のまちがいの訂正を助けてくれた論敵たちのおかげでもある。

本書はとんでもない数の努力の産物だ。そしてそれは、市場に出ているあらゆる製品やサービスでも同じことなのだ。とはいえ、まちがいがあればそれはもちろん私の責任ではある。

協力と連帯の精神で、マティアス・ベングトソン、アンドレアス・ビロ、クリスチャン・サンドストローム、フレドリック・セーガーフェルト、パトリック・ストロマー、マティアス・スヴェンソンとダニエル・ワルデンシュトレムに感謝したい。彼らはアイデア、インスピレーション、データを提供してくれた。形式的にも内容的にも有益なコメントと提案をくれたカスピアン・レフビンダーに深く感謝する。また、この本の出版に貢献してくれたベンジャミン・ドゥーサとアンドレアス・ヨハンソン・ヘイノ、私の仕事のとても信頼できる旗振り役である文芸エージェントのアンドリュー・ゴードン、そして慎重な編集と有益な情報を提供してくれたアトランティック社の編集者のジェームス・ナイチンゲールに感謝する。そして私のコピーエディタのシャーロット・アティオの細部への配慮に感謝する。

特に君には感謝する、フリーダ。君の愛と辛抱強さと勇気のために。私は資本主義が大好きだが、それよりも君が好きだ。

市場のフォースがあなたとともにありますように——常に。

ヨハン・ノルベリ

第1章

資本主義は世界を救う

20年前に『グローバル資本主義擁護論』を書いたとき、冒頭の1章は世界が空前の改善を見せている様子を描くのにあてた。世界が悪化し、不公正で危険になり、貧困者がもっと貧困になっているという通俗的な認識はまちがいだと論じたのだ。

1999年に世界銀行は「世界の貧困は増え、発展途上国の成長の見通しは暗くなった」と主張した。有名なアメリカの活動家ラルフ・ネーダーはこう宣言した。「グローバル化の本質は人権や環境権、民主主義権を、グローバル貿易と投資の命令に従属させることである」。あるいはスウェーデンの枢機卿が世界の状況をまとめていわく、「我々の道はまっすぐ地獄へと続くものだ[2]」。

これに対して、私は経済を自由化しはじめた貧困国に見られた、奇妙なまでに前例のない進歩について語った。そうした国では、所得も農業生産も、栄養状態も健康も、ワクチン接種も教育も改善していたのだ。

世界の極貧率は劇的に下がり続けている

当時はこうした情報を得るのは容易ではなかった。不思議なことに、税金でまかなわれる国際機関は、まだ集めたデータを秘密にしておきたがっていた。スウェーデンの公衆衛生学者ハンス・ロスリング（のちの『ファクトフルネス』（日経BP）著者）がギャップマインダー財団を創設し、世界の進歩に関する人々の知識ギャップを、楽しくわかりやすい形で埋めるようになる4年前だったし、オックスフォード大学の経済学者マックス・ローサーがアワ・ワールド・イン・データ（世界規模の課題にかんする大量の使いやすい統計を公開している非営利組織）を立ち上げる10年前だった。[3] だが私は自分で見つけた事実だけでも十分に驚かされたし、それまでの世界観が一変した。

特に魅了されたのは、世界の極貧者の割合が、世界銀行の主張とは逆に（だがまさにその世界銀行のデータが示すように）1990年代に38％から29％に下がったらしいという事実だった。[4]

私は、貧困率が急速な減少を続けていて、これが2015年までに半減するというきわめて楽観的な予測を出した。だが実績はそれをはるかに超えるものだった。2015年に極貧率は10％ほどになった。

2000年から2022年にかけて、極貧率はこれまで見たこともない勢いで下がった

——世界総人口の29・1%から8・4%になったのだ（1981年というかなり最近の時期ですら、この数字は40%超だった）。歴史上初めて、貧困者が10人に1人を下回ったのだ。この時期に世界人口が15億人以上も増えたというのに、貧困者の数は11億人減った。

　これは人類に起きた最高のできごとだ。人類のほとんどがずっと苦しんできた絶え間ない苦労が、歴史上のどんな時期よりも急速に、ますます多くの場所で撃退されているのだ。あまりに驚異的な発展なので、現代の分析にあたりこれはまちがいなく中心的な出発点とならざるを得ない。それができていない論者だの識者だのは、正直言ってそもそも真面目に相手をする気にすらならない。

　ありがちな反論は、この貧困率減少はインチキで「中国だけの話だ」というものだ。世界の発展の話をしているのだから、世界人口の5分の1を擁《よう》する国を無視していいというのは、いささかおかしな話だ。さらに、それでもこの主張はまちがっている。1990年から2019年にかけてのデータ集合から中国を除いても、世界の貧困率は3分の2近く下がり、28・5%だったのが10%になっている。

　グローバル化の時代、最貧国の発展はあまりにすさまじかったので、東アジア、南アジア、南米、中東の今日の極貧率は、実は1960年の西欧よりも低いのだ。1960年といえば、みんなが戦後好況期として記憶している年だ。1960年の西欧よりも貧困率がいまだに高いのは、サハラ砂漠以南のアフリカだけだ。[5]

世界の進歩：1990年 - 2020年[10]

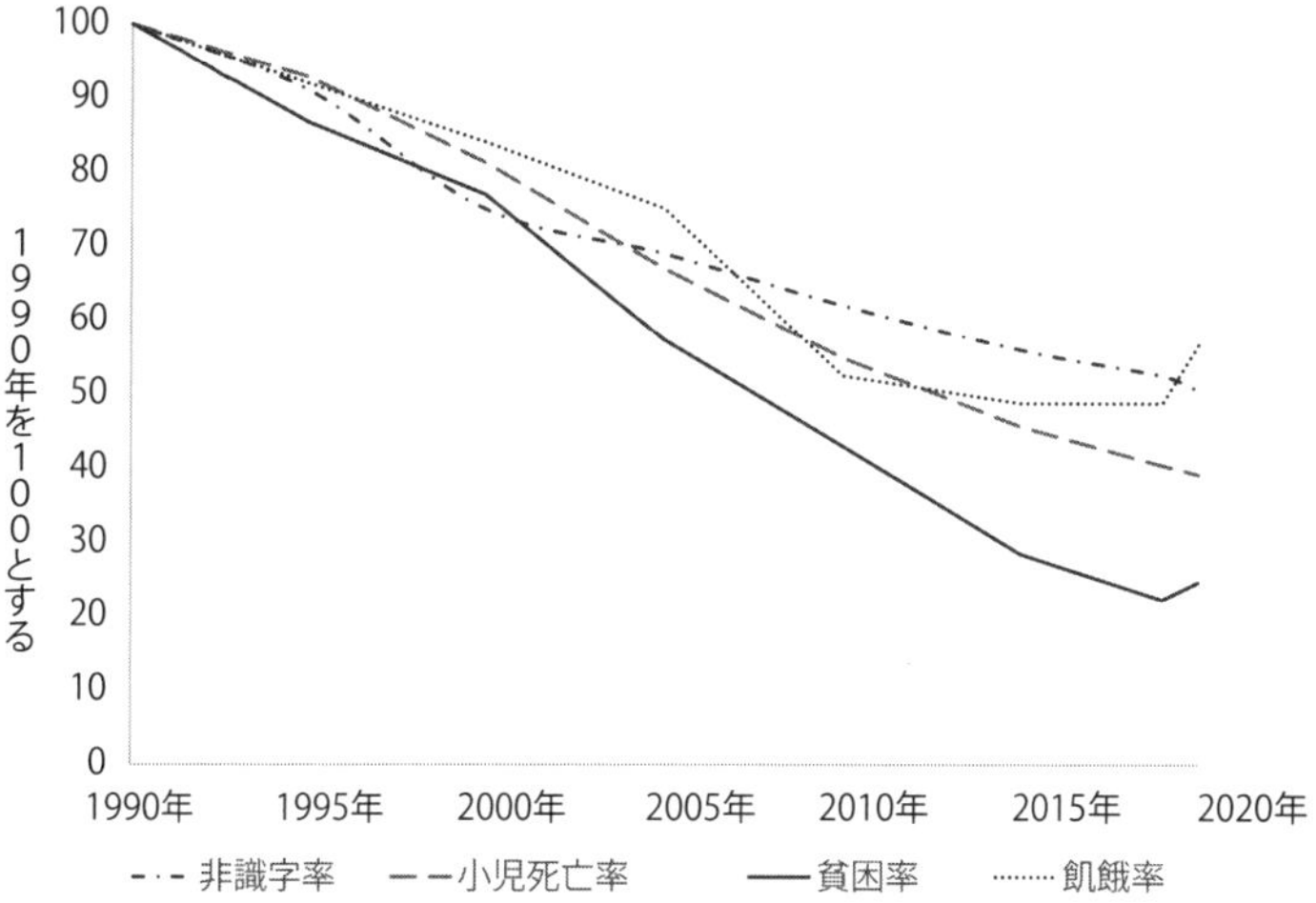

グローバル化は弱者を救い続けている

ノーベル賞受賞経済学者アンガス・ディートンはこう書いている。「グローバル化は新自由主義の陰謀だと主張する人がいる。大勢を犠牲にしてごく少数の人々を豊かにするよう設計されているというのだ。もしそうなら、その陰謀は大失敗だった——あるいは、予想外の副作用として、10億人以上の人々を助けてしまったことになる。予想外の副作用がいつもこんなにいい結果を生んでくれればありがたいのだが」[6]

私が調べた他の指標も、きわめて急速な改善を続けていた。一部は技術が安くなったおかげで、一部は地元の購買力が高まったおかげだ。[7] 1990年から2020年にかけて、5歳未満で死亡する子どもの比率は、9・

3%から3・7%に減った。つまり今日では人口はずっと増えているのに、1990年代初頭と比べて毎年死ぬ子どもは750万人近くも減ったということだ。[8] 同じ時期に、母親の死亡率も55%以上下がった。

世界の期待寿命は1990年から2019年にかけて、64歳から73歳近くまで伸びた。基本教育を受けている世界人口比率は激増し、非識字率は半分に下がった。25・7%だったのが、いまや13・5%だ。15〜24歳の年齢層では、非識字率はたった8%強だ。2000年から2020年にかけて、5〜17歳の児童労働は世界的に、16%から10%未満にまで下がった。[9]

左派ジャーナリストのナオミ・クラインによれば、資本主義がその「最も野蛮な形」で地球を覆ったのが1990年だそうだ。**それから30年の間に、資本主義はそれ以前の3000年をあわせたよりも人間の生活条件を大幅に改善させたのだった。** それはまた苦難の30年でもあり、戦争や危機や不正は大量にあった。この時代が文句なしによかったというのではない。ただ、人間が経験した他のどんな時代よりよかったのはまちがいない。

パンデミックはその利得を一部は後退させた――世界が閉ざされ、貿易、移住、教育が疎外されたからだ。期待寿命は2021年には71歳に押し戻され、極貧者の数はおそらくパンデミックの最初の1年で7000万人近く増えただろう。各種の所得や貧困、健康の推計に基づくと、パンデミックのおかげで世界は2、3年ほど逆戻りしたようだ。進歩は悲惨な世界的ロックダウンよりは、オープンな社会や経済に依存するのだという、これほど強力で悲劇的な証拠もなかなか想像できない。世界が再び開かれはじめた2021年にはすでに、極貧率はまた減少を始めた――その1年で3000万人減ったのだ。

経済を開放した国は世界中で飛躍的に豊かになっている

片目が近視で片目が遠視の人は、平均すれば完璧な視力を持っている、という主張はできる。これまで挙げてきた数字はすべて平均で、後《おく》れを取った国もあれば、戦争や独裁制のおかげで崩壊した国さえ含まれている。つまり他のところでは進歩の度合いはさらに高かったということだ。こうした成功した国は、あらゆる大陸やあらゆる文化圏に見られる。唯一の共通要因は、**理由はどうあれ、これらの国では人々にイノベーションを起こし、創造し、働き、売り買いする自由を少し多めに与えたということだ。**[11]

これを考えるには、経済が歴史的にいつどこで離陸したかを見よう。

紀元最初の1800年間は、世界の平均所得はほとんど変わらなかった。だが200年前に、イギリスでいきなり何かが起きた。当時のイギリスは世界で最も自由な経済の国だった。産業革命が急速な成長を生み出し、イギリスの極貧率は1820年から1850年で半減した。これはまったく空前のできごとだった。

そしてイギリスに西欧が続き、そしてアメリカが続き、アメリカは最も自由な経済の国と

世界の１人あたり GDP、西暦１年 - 2020 年[13]

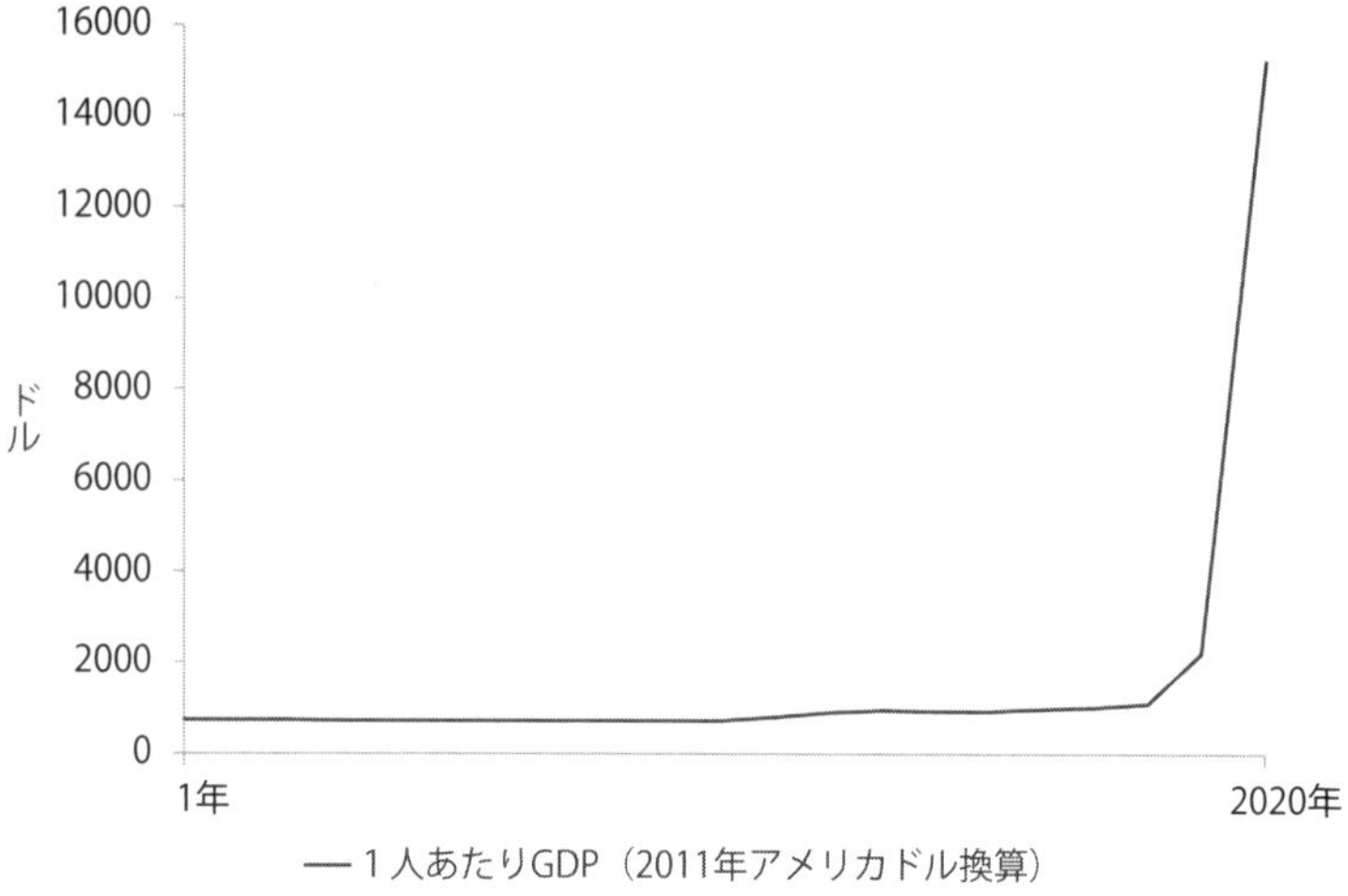

いう地位を獲得するようになった。スカンジナビア諸国は19世紀半ばに自由化を開始して、他のどの国よりも急速な経済発展が１００年続いた。例外は日本で、この国は１８６８年の明治維新以降に経済を開放し、貧困を半世紀で80%からほんの20%強まで減らした。[12]

だが南方諸国と東洋諸国のほとんどは、専制主義的な指導者と植民地宗主国に従属させられ、統制経済だったので、停滞した。有名な社会学者マックス・ヴェーバーは、なぜ儒教とヒンドゥー教のために社会や経済の近代化がむずかしくなるかという本を書くべきだと思った。世界を「工業国」と「発展途上国」――富裕国と貧困国に分けて考えるのに、みんな慣れてしまった。

だが「アジアの虎」と呼ばれる４か国がやがてこの世界観をひっくり返す。イギリスの植民地香港と都市国家シンガポールは他の国すべてと正反対のことをやり、経済を大きく開放し、貿易障壁をなくした。専門家たちは、自由貿易は両国の小さな製造業部門を壊滅させると主張したが、それどころか両国は記録的な勢いで工業化し、かつての宗主国イギリスよりも豊かになって世界を驚かせた。

台湾と韓国はここから学び、経済を自由化しはじめて、驚異的な結果を得た。[14] その急成長のおかげで、両国は世界最貧国グループに入っていたのが、ほんの数世代で最も豊かな国のグループにのしあがった。

これは世界的に、目を覚ませという合図となった。台湾の中国人の成果を、毛沢東《もうたくとう》時代の中国の中国人たちと簡単に比べられたし、資本主義の韓国が生み出したものと、共産主義の北朝鮮が生み出したものを比べるのも実に容易だったからだ。1950年代半ばには、台湾は中国本土より少し豊かという程度だった。1980年にはそれが4倍豊かになっていた。1955年の北朝鮮は、韓国より豊かだった(国が南北に分かれたとき、天然資源や発電所はみんな北部にあったのだ)。今日の韓国は北朝鮮の20倍豊かだ。

もはや資本主義で豊かになれるのは西側社会だなどとは言えなくなった。そこで新しいお話が人気を得た。周縁から数か国くらいなら発展途上国がグローバル市場に参加することもできるだろう。だがそれは、きわめて小さくほとんどないも同然の国々だからだ、というのだ。不思議なことだが、今日では正反対の主張を聞くこともある。発展途上国は成功することもあるが、それは超大国だけだ、というわけだ。

中国とインド

これは中国とインドという超大国2つが一変したからだ。両国は数十年にわたり、片方は共産主義的専制、もう片方は民主主義ながら厳格な保護主義統制経済を持ち、それが足を引っ張っていた。だから人々は、中国人やインド人は世界中で成功している――ただし中国とインドだけでは成功していない、と言ったものだ。

だが1976年に中国の独裁者毛沢東が、アメリカの経済学者スティーブン・ラデレットの表現では「世界貧困の方向性を、たった1人で劇的に、しかもたった1つの行動で変えた。死んでくれたのだ」。

その後継者鄧小平《とうしょうへい》は、農民や村人がこっそり営《いとな》んでいた民間事業を受け入れはじめ、それを経済全体に拡大した。抑えつけられていた創造性と野心がついに解放され、中国は記録的な速度で成長した。皮肉なことに、世界中の知識人たち――現代のマックス・ヴェーバーたち――はやがて、これ自体は別に不思議ではない、なぜなら儒教は経済を近代化しやすくするからだ、と説明するようになった。

インドはもうしばらく抵抗したが、インド人経済学者パルタ・シャハの話では、同国はまわりで起きていること、台湾、韓国、そしていまや中国に目を向けはじめたのだという。「それらの国が本当にモデルを変えて、そこでやったことにより本当に成功したのも見ました。

だからインドも教訓を学ぶべきときがきたと悟ったのです」[15]

これは１９９１年に決定的となった。債務による好景気が潰れて、外貨準備があまりに低下したため、インドはあと３週間でお金がなくなるというときだった。この危機下の議会で、財務大臣マンモハン・シンは19世紀のロマン主義作家ヴィクトル・ユーゴーを引用した。「地上のどんな権力であれ、時宜《じぎ》にかなったアイデアに逆らうことはできない」。そのアイデアとは、貿易障壁や息のつまる規制など、インドの足を引っ張って人口の半分を極貧にとどめてきたものを解体するということだ。

以前は、経済学者たちは上から目線で「ヒンドゥー成長率」などと言っていた。インドの伝統には諦念が組みこまれているので、経済成長が人口成長を常に下回るというのだ。１９９１年改革とその後の改革で、この文化が魔法のように一変し、成長が始まった。今日では、平均所得は改革以前の３倍であり、極貧率は以前のたった５分の１だ。

中東欧の進歩

同時期に中欧と東欧の共産主義がやっと倒れたが、その資本主義との経済的な勝負はもちろん、とっくの昔についていた。

こうした国は昔から市場経済の足下にも及ばなかったのだとつい思ってしまう。だが

１９５０年には、ソ連、ポーランド、チェコスロバキア、ハンガリーといった国の１人あたりＧＤＰは、スペイン、ポルトガル、ギリシャといった西側貧困諸国よりも４分の１ほど高かった。

だが１９８９年の東欧諸国はもはや見る影もなかった。１９８９年11月９日にベルリンの壁が崩壊したとき、東ドイツの１人あたりＧＤＰは、西ドイツの半分にも達していなかった。[16]

こうした国の中で、最も自由化を進めた国が、平均で最も発展が早く、最も強い民主主義を確立した。ポスト共産主義国26か国を分析すると、経済的自由が10％高いと、年間経済成長が２・７％上がっている。[17] 政治経済制度は、いまやＥＵに加わったほとんどの中東欧諸国で改善したし、中でもバルト諸国のエストニア、ラトビア、リトアニアはめざましい。今日これらは世界で最も自由な国であり、独立以来、平均所得は３倍以上になった。最近になって改革したジョージアを見てもいい。同国の経済はかつて手のつけようがない状態だと見なされていたが、２００３年のバラ革命〔野党勢力が議会を占拠し、シェワルナゼ大統領を辞任させた事件〕後に１人あたり所得を３倍近く増やし、極貧率を３分の２近くも減らした。

世界中でこのつながりが明らかに見られる。経済と社会の進歩は、国の大小と関係なく起こるし、宗教や伝統ともみんなが思うよりずっと関係が薄い（宗教や伝統は複雑なもので、社会は絶えずそれを解釈しなおして、そのとき主流の文化や経済にあわせようとする）。

大事なのは自由だ。人々に多少の自由が与えられると、自国を発達させ、大きな進歩を遂げる。**世界の分配不平等は、資本主義の分配が不均等だから生じる。それがたくさんあるところは豊かになる。なければ貧乏なままだ。**

なぜ南米はダメだったのか

南米は昔から、発展なき成長とでも言うべき現象に苦しんできた——経済と輸出収入が伸びているのに、国民全体は豊かにならないのだ。

これは植民地支配の遺産の結果であり、しかもその遺産は根絶やしにされず、むしろ多くの面でスペインとポルトガルからの独立時に国内エリートにより悪化させられたのだった。南米の経済は準封建的で、小規模の保護された地主階級がすさまじく広い土地を持ち、貧しく学のない農場労働者の巨大な階級がいた。

地主は地元民からますます多くの土地を奪い、豊富な労働力を収奪することで生産を拡大できた。したがって、その売上をもっとよい技術やもっと生産性の高い農業に投資するインセンティブなどはなかった。同時に、差別、事業規制、教育欠如が他の分野での起業家精神を阻害した。

1950年代から1960年代にかけての南米の知識人たちは、原材料と農産物に頼った農場経済に嫌悪感を示し、「従属理論」を発展させた。これは経済の出口は「輸入代替」に投資することだと宣言する理論だった。国は高い関税をかけて輸入品を締め出し、補助金と規制で国内工業化を支援するというのだ。

残酷な皮肉は、この政策はこうした知識人たちが警告したあらゆる問題をかえって悪化させたということだった。

非効率で保護された工業部門の企業は、いまや貧しい消費者や中小企業を犠牲にして懐《ふところ》を肥やせたので、格差はさらに悪化した。1960年代初頭、平均的な関税は数百%にも達し、それが輸入枠などの貿易障壁でさらに補われた。アルゼンチン製のトラックというのは、実はほぼ輸入トラックで、国境でバラされて再組立されただけだったが、世界市場価格の1・5倍も高いのだ。チリ製の車は3倍になる。専門特化や規模の経済に専念するどころか、各企業はとにかくどんな製品でも小規模に手を出し、きわめて高い単価をつけた。[18]

企業が政治化すると、繁栄したければ政治に関与するしかなくなり、結果として汚職もさらにひどくなった。国内企業は競争により技術や知識を近代化する圧力を受けていなかったので、政府は多国籍企業を惹きつけてそれをやってもらうしかなく、それを引き寄せるために新しい保護や特権を約束した。そしてバカげた話だが、こうした経済はますます原材料と農産物の輸出に依存するようになった。それが国内市場の小さい閉鎖経済で、機械や投入物の輸入資金を捻出する唯一の方法だったからだ。

産業は拡大することはできたが、それは非効率で高価な生産の拡大となり、ますます世界金融市場からの借入に頼るようになった。国際金利が急上昇し、メキシコが1982年8月に破産を宣言すると、その資金源も閉ざされた。地域全体がひどい経済崩壊に苦しみ、それが「失われた10年」と総括されるようになった。ほとんどパニック状態に陥って、各国は次々にその経済モデルを放棄して、非効率な構造を一掃し、外部世界に経済を開放した。

最後のとんでもない皮肉として、1995年から2002年に大統領としてブラジルの自由化を開始したのは、従属理論の開祖の1人、社会学者フェルナンド・エンリケ・カルドーゾだった。「飢えとうまく戦うには、支援が必要だ――特に飢饉に襲われた国々では。だが世界貿易機関（WTO）における公平でルールベースの仕組みとして定義された国際貿易は、飢餓と戦うためだけでなく、世界中で発展を促すためにずっと重要なのだ」とかつて保護主義者だったカルドーゾはのちに説明した。[19]

1990年以来、南米経済はまた成長を再開したが、商品依存と政治不安定性は続いており、それが脆弱性と不安定さをもたらしている。地域の格差はやっと下がりはじめた。ブラジル、チリ、ペルーなどの国々では、所得格差は10％ほど下がった。極貧率は4分の3も減った。[20]

南米で最も自由な経済の国はチリとペルーで、両国はここ数十年では最も経済的に成功した国でもある。1970年代半ば、チリは南米平均より貧しかったが、市場改革――最初は残虐な独裁者ピノチェトの下で行われたが、後に民主主義の左派と右派の政権下でもそれが進められた――の後で、あまりに急成長をとげたので、いまや平均の2倍も豊かになっている。

ペルーの政策は慢性的に混乱しており、21世紀になってから同国は大統領が11人も替わっている。だが1990年代の経済自由化以来、経済はナショナリストやポピュリスト、テクノクラートや左派急進派の下で150％成長した。極貧率は85％も減った。

こうした進歩は新しい形の不満を生み出す。取り残された者たちも一枚噛みたいと思うし、先んじた者たちの期待は高まるからだ。この波に乗って、左派急進派がチリでもペルーでも大統領に選出された。だが2021年に左派ポピュリストのペドロ・カスティージョがペルー大統領選に勝利した最もすばらしい側面は、彼の選挙戦のメッセージだった。「豊かな国に貧乏人はいない」。1990年にペルーを「豊かな国」と表現する人などだれもいなかった。当時のペルーは、アフリカのコンゴ＝ブラザヴィルなみの貧しさだったのだから。

なぜアフリカはダメだったのか

コンゴ＝ブラザヴィルの話がでたところで、世界開発の議論のほとんどにおいて、サハラ砂漠以南のアフリカは一種の「絶望」と同義語とされる。

昔は必ずしもそうではなかった。1960年代には、ほとんどのアフリカ諸国はアジア諸国よりも豊かで経済成長率も高かったし、天然資源も豊富だった。グンナー・ミュルダールのような経済学者は、アジアよりアフリカを信じていた。アジアは政府が弱すぎて工業化を推進できないし、儒教的な文化がイノベーションと発展を妨げるのではと懸念されたのだ。1967年に世界銀行の主任経済学者は、年7%成長を実現できそうなアフリカ経済を7か国挙げた。30年後、世界銀行の別の経済学者2人は、その7か国はその後マイナス成長を示したと結論している。[21]

サハラ砂漠以南のアフリカが世界最貧地域なのは、この地域に成長のための必要条件が欠けているからではなく、自由がないからだ。

この地域の経済は何世紀も前からの発展にもとづいている。植民地主義のはるか以前から、多くのアフリカ人は専制主義と紛争に苦しんでおり、大西洋奴隷貿易以前から、土着の奴隷貿易とサハラ横断奴隷貿易に苦しんできた。だがガーナ人経済学者ジョージ・アイッテイが示したように、私有財産と自由な価格設定という強いアフリカの伝統もある。大陸のほとんどの部分は広大な貿易ネットワークに統合されており、商人や財、通貨が自由に移動していた。[22]

ヨーロッパの植民者たちはこうした市場を2つのやり方で潰した。1つは大陸を分割して、人々を相互に孤立させたこと。そして一部は、それぞれの植民地に中央集権構造を作り、農民や労働者たちが何千キロも離れた泥棒男爵〔悪どい手段で財をなした実業家〕どもの懐を肥やすために収奪されるようにしたことだ。

次の悲劇は、第二次世界大戦後にアフリカ諸国が独立を獲得したとき、国内エリートたちは植民地構造を解体せず、それを引き継いだということだった。新たな指導者たちが、解放の英雄、マルクス主義者、ナショナリスト、反共主義者のどれを名乗ろうとも、みんな占領者となって国民を収奪したのだった。天然資源を押さえて私腹を肥やし、地方住民たちには市場価格よりはるかに低い値段で食料生産を強いた。

西側の経済学者たちが、安定と発展を実行する豪腕指導者とみなした連中は、実は自分たちの土地を吸い上げた収奪者だったのだ。ほとんどあらゆる国で、厳格な政府統制、計画経済、輸入代替が弱い国内市場に適用され、その国内市場は恣意的な国境により近隣国から孤立していた。しばしば自発的な貿易を潰すために国内関税すら導入された。アフリカの独裁者たちの目標はいろいろ対立していたが、OECDが主宰する国際組織サヘルクラブの会長アン・デ・ラトルはかつて全員の共通要因をまとめている。「ええ、1つみんな同意していることがあります。民間商人は射殺されるべきだということです」[23]

西側諸国は、非民主的な閉鎖経済に、かつて植民地だったからというだけで開発援助を送りこみ、独裁者の懐を肥やして抑圧を長引かせることで事態を悪化させた。巨額の資本を極貧国の指導者に渡すことで、西側は天然資源国有化が引き起こした悲劇を悪化させた。恵まれない集団が豊かになる道は、武器を手にとってその資本を侵略することとなのだった。

かくてアフリカは、腐敗、援助依存、低開発の乱交パーティー会場となった。主要な食品輸出国だったところが、すぐに輸入に頼らないと生きていけなくなった。栄光と繁栄をもたらすはずの国有企業は、かわりにあらゆる価値ある資源を高価で無価値な製品に変えて価値を破壊した。工場の価値破壊を多少なりとも抑えたのは、ひどい運営の電力会社が絶えず停電を引き起こしていたことだった。

南米と同じく、アフリカ諸国は借入でそのデスマーチを拡大し、そしてまさに南米と同様に、1980年代の債務危機はひどいものとなった。機械は停止し、トラックは止まり、食料や医薬品の配送物も行方不明となった。1980年代半ば、最も豊かな土地と最大の天然資源を持つ国は、独立時点よりも貧しくなっていた——もちろん例外は、スイス銀行社会主義とも呼ばれるイデオロギーを持った指導者たちだが。20年以上にわたり、子どもたちは栄養失調で身長が縮んだが、指導者たちの車やヨットはでかくなる一方だった。

こうした蟻《あり》地獄から逃れようとして、多くのアフリカ諸国は1990年代に改革を導入したので、『グローバル資本主義擁護論』で私は2000年代が「アフリカの世紀」になってもおかしくないと書いた。これを実現してくれるような改革は続かなかったが、それでも大陸の平均1人あたりGDP成長率は、1980年から1999年にかけては0・2%だったのが、2000年から2019年では1・6%になった。この期間を通じて、経済を外部世界に開放したアフリカ諸国はそうしなかったところに比べて3倍も急速に成長した。

全体として、アフリカの1人あたりGDPは2000年から2019年で35%伸び、世界全体よりも急成長を見せた。極貧率は60%近くから40%強にまで下がった。工業生産は2倍近くになり、工業労働人口比率も増えた。[24]

ではなぜボツワナとモーリシャスは成功しているのか

しばしばアフリカは、歴史、地理、民族性、文化、気候、病気、干ばつ、その他各種要因のおかげで低開発にとどまるよう運命づけられていると言われる。だが実はそれは、アフリカ人たちの可能性を統制や汚職や収奪で潰す、腐敗した指導者たちのせいなのかもしれない。アフリカのどこかの国が、独立後にちがった道をたどり、民主主義や独立法廷や報道の自由を発達させ、自由事業、低い税率、自由貿易を適用していたらどうなっただろう。そうした国ですらうまくいかなかっただろうか？　そうした国が海岸線を持たず、ほとんどは砂漠で、他の国よりＨＩＶ／ＡＩＤＳの被害が大きかったとしても？

実は、そういう国が１つある。アフリカ南部のボツワナだ。ボツワナはどうなったのか？実にうまくいったのだ。実は世界の他のどんな国よりもよかった。１９６０年以来の40年間で、アジアの虎諸国や中国は年間１人あたりＧＤＰが５・２％から５・８％成長した。これに対してボツワナは、平均で驚異の６・４％成長だ――世界平均の10倍以上の成長となる。[25]１９８５年以来、極貧率は42％から15％に下がった。アフリカ全体では40％なのだ。

これはボツワナにダイヤモンドがあるからだ、と反論する人もいるだろう。だが価値ある天然資源はアフリカにおいては例外的なものではなく、どこにでもあるし、むしろ紛争や停滞の原因になることのほうが多い。ボツワナがアフリカの他国と一線を画すのは、資源があることではなく、それが国有化されなかったということだ。民営化して、1966年にイギリスから独立した後は外国投資をひきつける安定した規制の枠組みをつくり出した。[26]

アフリカにはもう1か国、長きにわたりかなりの経済的自由主義を維持してきた国がある。モーリシャスだ。ノーベル賞受賞経済学者ジェームズ・ミードは1961年に、こんな小さな国で民族対立を抱え、天然資源もなく単一作物（砂糖）に依存しているから「平和的な発展の見通しは弱い」と予言した。だが、まさにモーリシャスはこんなに小さいからこそ、早い時期に世界貿易なしではやっていけないことに気がつき、輸入代替は1970年代という早期に廃止された。同国は規制緩和された繊維産業が育つような輸出加工ゾーンを導入し、経済は多様化して近代的なサービス部門もできた。絶え間ない高成長が続いて、世界銀行は2019年にモーリシャスを高所得国に入れた。コロナで交代はしたが、おそらくまたすぐに復活するだろう。今日、モーリシャスとボツワナは、EUのブルガリアなみの1人あたりGDPを持つ。

最近では、ウガンダやルワンダのような国が、残虐な紛争や虐殺の後でこうした政策を真似ようとしてきた。指導者は専制的ながらも近隣国よりは経済を自由化したので、成長率も高い。アフリカの1人あたりGDPは2000年以後35％成長したが、ウガンダは75％、ルワンダは157％も伸びた。

アフリカ人口が急増する中で、この大陸の未来と、何億人もの若者にとって、こうした自由化が深まり拡大することがきわめて重要だし、それにはアフリカ自由貿易連合の希望に満

経済の自由度と１人あたりGDP[28]

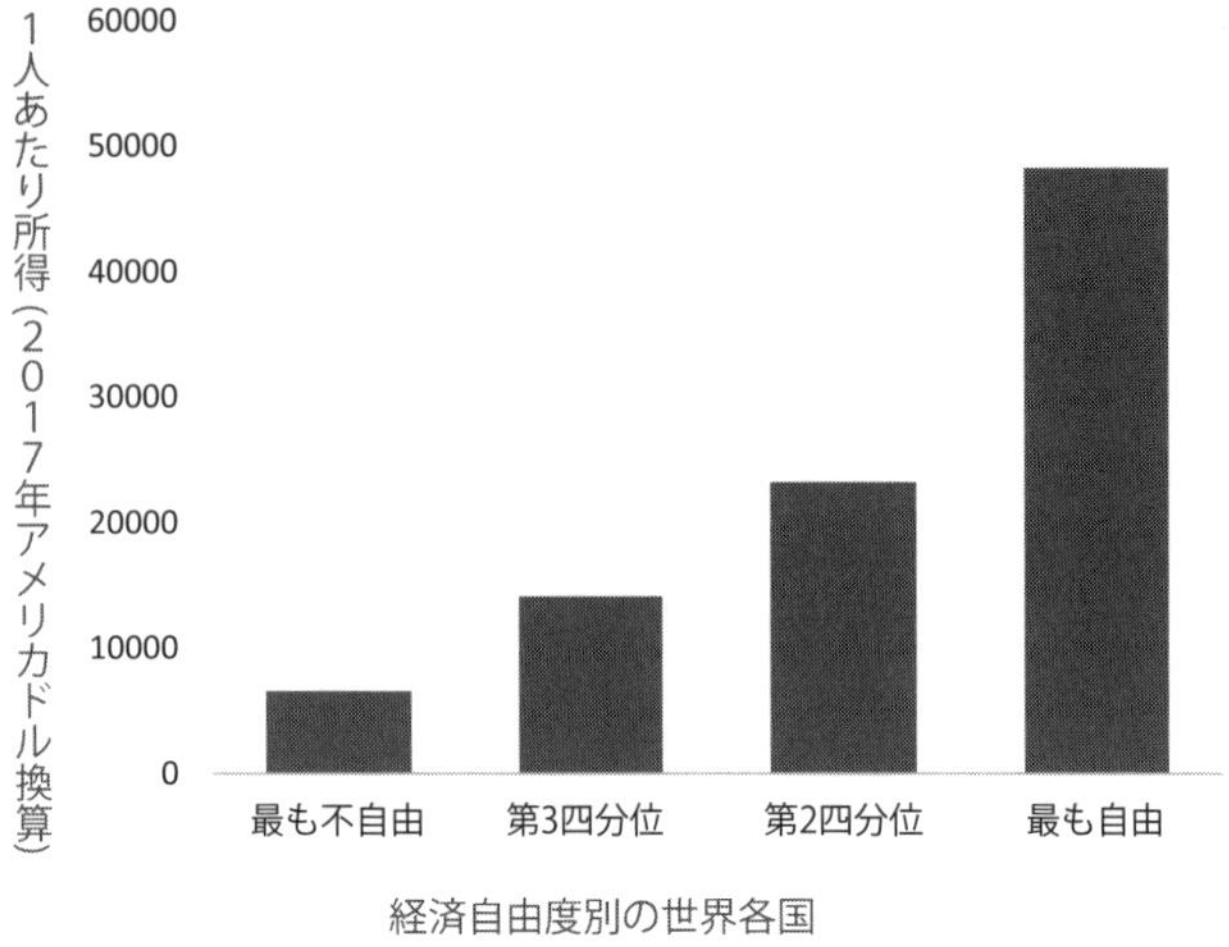

ちたアイデアを、アイデア止まりにしてはならない。

経済自由度の高い国ほど国民は長生き

自由市場の最も広く系統的な指標は、カナダのシンクタンク、フレーザー研究所が世界中のパートナーと協力してまとめている、世界経済自由度だ。毎年、１６５か国が大きく５種類に分類できる42の要素にもとづいて評価される——国の規模と税負担、法制度と財産権、金融システム、自由貿易、規制だ。そのデータを見ると、**もっとよい仕事を探し、新しい市場を見つけ、未来に投資する自由ほど人々の生活を改善するものはない**ことがわかる。[27]

最も経済的に自由な４分の１の国と、最も

自由度の少ない4分の1と比べると、1人あたりGDPは自由諸国のほうで7倍以上高いのがわかるし、極貧率は最も自由でない国で最大16倍にもなっている。

さらにこのちがいは栄養、保健、安全保障へのアクセス改善にも反映されている。たとえば最も経済的に自由な国では、期待寿命は15年近くも長い。この指標を作る学者の1人ロバート・ローソンが語ってくれたことだが、65歳まで生きるか80歳まで生きるかの差というのは、孫の成長を見守れる可能性があるかどうか、ということだ。資本主義はときに、高価な腕時計やスポーツカーが特徴となるが、資本主義が孫と過ごす時間を与えてくれるという事実は見すごされがちだ。

この指数を検討した学術論文1303本のレビューを見ると、経済的自由と社会進歩の相関は圧倒的にプラスだったことがわかる。自由な市場がある国は、経済成長も高く、賃金も高く、貧困削減も大きく、投資も多く、汚職も少なく、主観的な厚生も高く、民主的で、人権も尊重されている。[29]

同時に、このデータを見ると個別の分類で高得点を取らなくても、全体としては好成績になれることがわかる。たとえばスカンジナビア諸国は比較的税率は高いが、他の分類で高い経済自由度を持つことでそれを補っている。

自由市場が豊かな国を生むのか、その逆か

なぜ自由な国のほうがいいのか？　どちらが原因でどちらが結果なのか？　世界のスナップショットを提供する各種の指標と同じく、因果関係の問題はこれだけ見てもわからない。金持ちで幸せできちんと機能する民主主義国のほうが、他の国より経済を自由化しようとする、というだけかもしれない。だったらよい結果をもたらすのは資本主義ではなく、よい結果が資本主義をもたらすことになる。

これは複雑な問題なので、歴史研究と、政策変更の前と後で個別の国を見る調査とを組み合わせねばならない。西洋諸国や東アジア（それを言うなら中国とインド）も経済を自由化したときには豊かではなく、むしろ豊かではないからこそ自由化したのだ。豊かになるにつれて、一部の分野では自由を増やしつつも、公共支出も拡大したが、それは成長のおかげでそれが可能になったからというだけの話だ（レーガン／サッチャー時代以来、福祉国家が解体されたという話はやたらに聞くが、社会支出はＧＤＰ比で、１９８０年から２０１０年にかけて50％も増えているのだ[30]）。

経済改革が「失敗」したように見える理由

　ときには、スナップショットはまさに、経済的自由が社会問題をつくり出しているような印象を生むこともある。というのも多くの国が統制を廃止して市場を開放するのは、それ以前のモデルがひどい状況を生み出してしまったからだ。『グローバル資本主義擁護論』の批判者の多くはこれをあげつらった。自由化が国を引き上げたと書いたら、市場を自由化したばかりの国の多くはどん底にいるじゃないかと論じた。

　ときにはそれも一理ある。1980年代と1990年代には、苦肉の策で経済を開放しはじめたのは解体寸前の国だったし、それもしばしば苦痛に満ちたプロセスだった。自分の持っていないお金を、必要もないものに使った国々は、当然ながら経済を抑える厳しい緊縮策を実施しなくてはならなかった。お金が底をつくと、多くの指導者は産業補助金や軍事費よりも教育や保健のリソースを犠牲にし、そしてすべてを「新自由主義」のせいにした。

　さらに、改革プロセスではいろいろまちがいもあった。不運もあれば無知も、普通の汚職もある。競争市場なしで企業を民営化すると、新しい民間独占を生み出すだけだ。そして法治や財産権保護のない市場はしばしば国や新興財閥《オリガルヒ》や犯罪者に統制を任せてしまう。これをきちんとするのに、一部の国は長いことかかった。ロシアのような一部諸国はいまだにこれができていない。1990年代にロシア政府は、強力な天然資源独占企業を、はした金で身内に払い下げた。プーチンが権力の座につくと、独占企業をオリガルヒからあっさり奪い、かわりに自分の友達に渡してやったのだ。

こうした理由すべてから、１９８０年代と１９９０年代には改革後でも、新興成長市場《エマージング》であまり成長の勢いが感じられなかった。批判者の１人は経済学者ウィリアム・イースタリーだった。彼は世界銀行で働いていたので、特に影響力が強かった。世界銀行はやっと自由化を提言するようになっていたのだった。２００１年の調査で、イースタリーは貧困国での成長が最低限だったのを指摘し、改革に大きな期待を抱いていた人々にとっては「大きな失望だった」と書いている。

イースタリーの結論を見て大騒ぎした人々は、彼が２０１９年にその調査を再度実施し、ちがった結果を得ていることを見逃している。いまや彼は、以前の調査の時点では実際に改革が実施された例がきわめて少なかったことを見落としていたと述べ、いまや改革が導入されはじめた国では成長は急速だったという結果を出している。イースタリーは語る。「かつての失望はいまやアップデートが必要だ[31]」

ここから見て、いろんな国をまとめて見るだけではだめで、実際にこれらの国がどんな政策を実施したか、もっと細かく検討しなければならないことがわかる。

このため、１９７０年から２０１５年にかけて、大幅な経済開放を実施した国と、そうでない国とを分けて分析する研究が行われた。１４１か国のデータベースで、経済を改革した国は49か国見つかった。５年間でこうした国々の年間成長は、自由化しなかった類似の国に比べて平均で2・5ポイントほど高かった。これはつまり、こうした国々は他国より5年で13％豊かになったということだ。「改革国」の定義をもっと狭くした別の調査では、最初の2年だとそうした国が他国より成長が鈍かったことが示された。これはしばしば、危機時に政策を変えた結果だ。だがその後は他国を上回る成長を見せ、10年経つと6％以上も豊かになっていた。[32]

なぜ中低所得国は90年代に躍進したのか

中所得、低所得の国々で行われた改革が、自由貿易と安い輸送、よい通信技術を組み合わさると、1990年代のどこかで歴史的なシフトにつながった。貧困国は金持ち国より急速に成長するようになった。経済学者たちは常に、そうなるはずだと信じてはいた。というのも先進国でかなりの費用を使って開発ずみの技術やソリューションを活用できるからだ。だがこの収斂《しゅうれん》は1990年代以前は起きなかった。それまでグローバル市場はあまり開かれておらず、保護された企業は競争して手法や技術を更新しろという圧力を受けていなかったからだ。

さらに貧困国は古典的な問題に直面する。最速で発展する方法は、シャベルで掘ったり、手で糸を紡《つむ》いだり、穀物や作物や草を鎌《かま》で刈ったりしなくてもいいようにする技術にアクセスできるようになることだ。だがそんな技術を広めるのに関心があるのはだれで、それ以上に、技術インフラの水準と地元の条件にあう形でそれを開発するのに投資したいのはだれか？　先進経済は、たとえば工業財をロボットではなく手作業で作るのを高効率化するような技術を生み出すのに興味などない。だから貧困国が工業化に向けて第一歩を踏み出したければ、ずっと古い技術で我慢するしかないのだ。

さらに国際サプライチェーンのおかげで、革命が起きた。外国投資家やグローバル企業はいまや、貧困国のサプライヤーは自分のビジネスに不可欠と考え、その生産性向上に巨額の投資をするのが自分自身の商業的利益にかなうと考えている。だからグローバル・サプライチェーンに統合された多くの国——これはやたらにけなされた低賃金工場や「搾取工場《スウェットショップ》」を通じたものも多い——は開発の段階をいくつかすっとばし、記録的な勢いで成長できたのだ。衣服やおもちゃを作るために工場、道路、港湾を作ってしまったら、それをハイテク部品の生産輸出にも使えるのだ。[33]

驚いたことに、この技術の広がりは、地元での知的財産保護の強化と手を携《たずさ》えていた。多くの点で、それは前提条件ではある。企業は、すぐに向かいの工場にすべてが真似されるようなら、世界の他の地域にある技術への投資に興味など持たないだろうからだ。

この技術進歩——および中低所得国のマクロ経済安定性が強く、危機にもあまりあわなかったという事実——がこうした国々の成長を促した。１９６０年から１９６９年にかけては、高所得国は中低所得国よりも１・４ポイント高い１人あたりＧＤＰ成長を見せた。これが世界格差に貢献した。2000年から2019年には、中低所得国のほうが富裕国より2%高い成長を見せ、1年ごとに追いつきを見せた。これは各国の加重なしの単純平均だから、いくつかずばぬけた国が全体の平均を底上げしたという話ではない。バヌアツと中国は同じ加重となっている。[34]

この収斂が継続する保証はない。それは地元政治と世界経済がどれだけオープンか次第だ。富裕国がさらにサプライチェーンを自国回帰させれば、これは世界の貧困者から多くの機会を奪うことになる。また、急速に成長したあらゆる国が、毎年成果をあげ続けるような成長モデルを生み出せるようになったので急成長したわけでもないだろう。むしろ、一部の国では急激な成長は、的外れなリーダーを始末し、イカレたほど非効率な政策を廃止したことからきている。そうした国が、富を露骨に破壊する政策から、長期的に富をずっと作る政策に移行できるかを見る必要がある。だが産業革命以来――研究者によっては16世紀以来という人もいる――世界格差が縮まった初めての機会だから、立ち止まってその重要性を考えてみる価値はあるかもしれない。

独裁者が豪腕なほど国は弱体化する

あらゆる大陸には成功物語があるし、あらゆる大陸には自分で自分の首を絞める政府がある。

『グローバル資本主義擁護論』で私はジンバブエについて警告した。そこでは独裁者の大統領ロバート・ムガベが、「新自由主義モデル」とその乱暴な市場の力は解体できることを世界に見せてやると宣言していたのだ。[35] ムガベは農業を国有化し、印刷機で国の財政を支え、その後のハイパーインフレに価格統制で応じた。結果は歴史的な崩壊だった。2000年から2008年にかけて、1人あたりGDPは崩壊して半分になった。

同時期に、大西洋の反対側では専制主義ポピュリストの大統領ウゴ・チャベスとその手下のニコラス・マドゥーロが、大量支出、汚職、国有化という似たような政策を開始した。ちがいは、チャベスは石油価格が高騰しているときに、世界最大の原油埋蔵量を牛耳っていたということだ。だから、政策を少し長めに延命できる、1兆ドル近い資金を手にしていたことになる。

それだけで、しばらくの間チャベスは左派お気に入りのデマゴーグとなった。左派の民主党議員バーニー・サンダースは、アメリカンドリームはアメリカよりベネズエラのほうで息づいていると語った。イギリス労働党議員ジェレミー・コービンはチャベスが「貧困者は重要であり、富は共有できる」ことを示したと言って賞賛した。慈善団体オックスファムはベネズエラを「ラテンアメリカの格差成功物語」と呼んだ。「親愛なるチャベス大統領」への公開書簡で、ジェシー・ジャクソン、ナオミ・クライン、ハワード・ジンなどの左派のスター知識人は自分たちが「ベネズエラを民主主義のお手本としてだけでなく、国の原油資産が国民全員の利益となるお手本とみていますと述べた。[36]
紙の上では、その1兆ドルはベネズエラのあらゆる極貧者を億万長者にできるだけの金額だ。だがそれでも、生産的に投資せず、国有化と価格統制で新しい富を作る能力を破壊するなら、大した額ではない。原油価格がちょっと下がりはじめただけで、事業部門がボロボロで、石油産業は腐敗した経営のミスと過少投資のために破壊されていたことが明らかになった。
結果は、平和時に世界のどこであれ起きた経済惨事の中でも最悪のものの1つだった。2010年から2020年にかけて、ベネズエラの平均所得は75％という信じられない暴落ぶりを見せた。南米で最も豊かだったベネズエラは、いきなり南米の最貧国に転落し、パン屋に行列ができて、ますます圧政的になる国からの大量脱出が起こった。700万人近いベネズエラ人がこの崩れ去る国を逃げ出した。これは同国人口の25％という信じがたい数字だ。

社会主義の「3段階」

それ以来、ベネズエラは各国労働者階級の希望の星と言われることはあまりなくなった。これは、同国が「社会主義の3段階」をたどったからだ。

この3段階を定式化したのは、イギリスの経済評論家クリスチャン・ニミエツだ。彼は外部の世界がいかにソ連、中国、キューバ、ベネズエラのような国を崇《あが》め奉《たてまつ》って見ていたかを調べて、次のようにまとめた。[37]

第1段階：蜜月。豪腕指導者は、国のリソースを分配し、西側の支持者たちはそれを、社会主義が資本主義に勝る証拠だと勝ち誇って宣言し、それをすぐさまあらゆる場所に導入せよと告げる。

第2段階：言い訳。蜜月は永遠には続かない。間もなく外部世界は、その国の経済がうまくいっておらず、リソースが底を尽き、問題が山積みになっているという情報を得る。すると崇拝者たちは防戦モードになり、困難は運が悪かっただけだ、まちがった行政官がまちがった場所にいただけ、商品価格が下落した、悪天候で作物がやられた、エリートや外部世界に妨害工作をしかけられたと説明する。それさえなければ、社会主義がどんなにうまくいくか、みんな目《ま》の当たりにできたんですがねえ（たとえばベネズエラでは：「原油価格が不運だった」――だが2010年の原油価格はチャベスが政権をとったときより6倍も高かったのだ。「アメリカの制裁のせいだ」――だが石油産業への制裁は、すでに崩壊が明らかとなっていた2019年まで導入されていない）。

第3段階：あれは本物の社会主義じゃない。最終的には、その経済がうまくいかず、飢餓が高まり、人々が命からがら逃げ出している現実を否定できなくなる。だれもこの実験と関わりを持ちたがらなくなる。いまやかわりに、この国は実は本当の社会主義を導入したことはなく、何やら腐敗した国家資本主義の一形態を導入しただけで、社会主義の看板だけ拝借したのであり、この失敗をもって社会主義が機能しない証拠だと主張するのは知的に不誠実だと言われる。特に、本当の社会主義がいままさにどこかよそで発展中であり、それが希望に満ちたX国なのだ、とのこと（ここでは外国の崇拝者たちは次の実験に鞍替《くら》えしており、プロセスは第1段階に戻る）。

マンデラが復興した南アフリカはなぜ転落したのか

たった1人の人間が国にどれだけの被害をもたらせるかを見るには、南アフリカに行ってみればいい。アパルトヘイトからの解放に続き、ネルソン・マンデラは1994年から同国の大統領として、宥和ムードをつくり出す一方で国を民主化し、経済を自由化した。マンデラとその後継者タボ・ムベキの下で、インフレは抑えられ、政府債務は半減して成長率は5％に達した。外部世界は、南アフリカこそ次の経済の奇跡となると思った。

だがアフリカ民族会議（ANC）左派のリーダー、ジェイコブ・ズマはこの「新自由主義」モデルに反発し、2009年から2018年の間、経済の国家統制が公平な分配をもたらすと約束する綱領により権力を握った。

そして確かにズマは事態を変えた——悪い方向へ。ズマは公共支出を激増させたが、それは消費と汚職に向けてであり、投資に向けてではなかった。国有企業はズマとその手下どもに吸い上げられ、彼らはGDPの20％相当を収奪したのではと言われる。絶え間ない停電とインフラ崩壊で、経済成長は崩壊し、やがてマイナス成長となった。先人たちが半分にした公的債務は、ズマ政権で倍増した。前政権下では極貧率も半減した。ズマ政権では減少は止まったどころか、逆に増えはじめた。[38]

こういう道筋が通例だ。豪腕指導者は、成長は結果が出るまで時間がかかりすぎると文句を言うが、それは収穫を待つだけの忍耐力がなくて、全員に種を食べさせて手っ取り早く人気を得る農民のようなものだ。種が減れば、来期に食べるものも減る。サッチャー風に言うなら、遅かれ早かれ、他の人の収穫は底をつくのだ。

一部の人は、チリのピノチェトや中国の鄧小平のような独裁者を待望する。そうした独裁者が、貧困国に秩序をうちたて経済発展をもたらすと思っているからだ。だがピノチェトや鄧は珍しい例外で、一般例ではない。**権威主義者は経済を救うより破壊する可能性のほうがずっと高い。**

世間的な幻想とはちがい、1960年以来、低所得の民主国は低所得の独裁国よりも高い成長を示している。[39] 単に独裁者の政策はずっと気まぐれだから結果もいろいろなので、どの時点をとっても高い成長を報告してダボス会議で喝采される独裁者が何人かはいる、というだけの話だ。だが平均で、独裁制は業績がひどいし、急激な暴落をはるかに起こしやすい

――それも、その前の10年に高い成長を見せたところがそうなりやすい。投資家は、豪腕独裁者の実行力に魅了されるが、間もなくその実行力は自分の事業を接収したり、いきなり気まぐれで港を封鎖したりする場合にも発揮されるのに気がつくのだ。

だがこの事実はしばしば長いこと露見しない。というのも独裁制は、自分たちの経済成績についてウソをつくからだ。アメリカの経済学者ルイス・マルティネスは、国の公式成長率を夜間の照明(これは成長と強い相関を持つが、そう簡単には操作できない)と比較することで、専制主義国が年間成長率の数字を、およそ35%ほど過大に報告していることを示した。[40] 雄弁なことに、この成長と夜間照明とのミスマッチは、独裁者が外国援助を受けられないほど豊かになるまでは表面化しなかった。そしてその成長のずれは、投資や政府支出といった国が出す情報に大きく依存する分野に見られるのだ。

ポピュリストの元首は国を「20%」貧しくする

ある研究は、南米におけるベネズエラ、ニカラグア、ボリビアなど反資本主義のポピュリストたちは、類似の国に比べて自国を20%貧しくするという結果を出している。[41]

右派か左派かを問わず、1900年から2018年にかけてのポピュリスト指導者50人(民主的に選ばれた人もいる)に関するもっと包括的なデータベースを見ると、みんな活発な経済を約束するが、それを実現する人は長期的にはほぼいないということがわかる。ポピュリストが権力の座につくと、経済は国の以前のトレンドから見ても世界平均と比べても、成績が劣る。彼らが権力の座について15年たつと、その経済は平均で、類似の経済より1割以上も小さい。

このデータベースは、**経済はポピュリストの下なら右派だろうと左派だろうと同じくらいひどい成績だ**ということを示している。ちがいは、右派ポピュリストは所得格差も増やす傾向にあるということだ。[42]

やっと人々が、収穫がジリ貧だと気がつく頃には、ポピュリストたちはゲームのルールを変えてしまい、国民から不満が噴出しても自分が権力にしがみつけるようにしている。平均で、報道の自由は彼らの支配中に7％低下し、公民権は8％、政治の自由は13％下がっている。[43]

ポピュリストたちが見落とすのは、完璧な解決策などなく、トレードオフしかないという現実だ。右や左のポピュリストたちが、そんなトレードオフなどなく、狡猾《こうかつ》なエリートどもさえ排除すればいますぐに問題を簡単に解決してみせると言うのを聞くと（トランプ：「きみたちにすべてをあげよう」）、採用面接にやってきた男のジョークを思い出すのだ。

「経歴書によると、計算が速いそうですね。17かける19は？」

「63」

「63？　ぜんぜんちがうじゃないですか！」

「ええ、でも速かったでしょ？」

第2章

経済成長はなぜ必要？

イギリスのEU離脱《ブレグジット》キャンペーン中のニューキャッスルでのイベントで、ある教授は各種の結果ごとにイギリスのGDPがどうなるかについて論じていた。ある野次馬がすぐに怒鳴った。「そいつはあんたのクソGDPだろ、オレたちのじゃねえ」

どうして本書の第1章を、統計やGDP成長率の話に費やしたのか？　なぜ私は成長にこんなにこだわるのか？　GDPっていったいだれのものだ？　経済成長率がコンマ何％か高いと、他の国より絶対いいのか？

経済成長し続けないと、あなたの生活はどうなるか

いいや、もちろん絶対ではない。だがこういうふうに考えてほしい。

19世紀末に、スウェーデンの繁栄への道のりは、自由な実業と国際貿易のおかげで始まった。その後のスウェーデンが、年間1人あたり成長率が実際より1％低かったらどうなっていただろうか？　あまり劇的な差ではなさそう、ですよね？　だがもしそうなっていたら、今日のスウェーデンは南東欧のアルバニアくらい貧しかっただろう。

スウェーデンとアルバニアのちがいを考えてみよう。1人あたり所得はスウェーデンのほうがたった4分の1高いだけで、その繁栄が人々の日常生活、消費の選択、レジャーや休日の機会、介護や教育、文化、労働条件改善や環境問題解決に投資できるリソース、子どもの死亡率（アルバニアはスウェーデンの4倍）低減などにもたらすちがいを考えてみよう。うん、すると、経済成長は決してバカにしていいものではないのがすぐに明らかとなる。

最近の経済成長をめぐるテレビ討論で、スウェーデンの最も有力な左派知識人ヨラン・グレイデは、１９７０年にスウェーデンは「基本的ニーズは満たされ」、その後の成長は主に「まったく無用なガジェット生産」であると説明していた。

そうだろうか？　スウェーデンが１９７０年以来豊かになっていなかったら、グレイデがいつも大いに誉めそやす大きな政府の予算はどこから出てきただろうか？

今日の公共支出を見ると、最も基本的なニーズについてはグレイデに一理あることはわかる。１９７０年代の繁栄があれば、スウェーデンは実際に今日の公共的な行政、夜警国家（治安維持など最小限の機能だけを持つ国家）、ヘルスケア、教育、社会保障の支出はまかなえる（ただし彼はこれが少なすぎると思うだろうが）。だが１つ条件があって、道路、鉄道、公共交通、開発援助、基礎研究、文化娯楽活動、ゴミと下水処理、上水道や環境保護への投資をすべて一気に終わらせねばならない。また市民たちは、1銭たりとも余計な私的関心事、たとえば食事や衣服購入、持ち家や移動などに使ってはいけない。当然ながら新聞や本やテレビ番組といった、経済成長なんかつまらないとグチをたれるのに使える場もまかなえない。予想外の支出、たとえばグリーン技術開発の必要性や新たなウイルスに対するワクチン開発などがあれば、そのお金は医療、教育、警察を削って得るしかない。[2]

繁栄の水準を1950年までさかのぼって下げても、スウェーデンは今日の教育、医療、子どもや病人や障害者などの社会支援はまかなえるが、やはりあらゆる年金、失業手当、社会支援、行政、司法、警察、国防を廃止しなくてはならない——そしてもちろんやはり、衣食住や移動はなしですませる。失われるのはスマホだけではないのだ。

成長とは何なのか

ある国が生産するあらゆる財やサービスの価値は国内総生産（GDP）と呼ばれる。1人あたりどれだけ生産されているかを見るには、それをその国の住民数で割る。その水準が上がると「成長」になる——明日、もっと多くの、またはもっとよい財やサービスをつくり出すのが成長だ。

ＧＤＰは社会の繁栄の指標としては恥ずかしいくらい欠陥の多い指標ではある。家庭の無報酬労働は含まず、天然資源も含まない。したがって、重視する他の指標と組み合わせるのが重要となる。ＧＤＰは富を定量化する最悪の方法だ――これまで試されてきた他のあらゆる方法を除けば。

成長はまたそれ自体が価値ではない。ヨーロッパの植民者やマルクス主義独裁者が農民たちに近代生産手法を押しつけたら、それも成長だった。だが人々が自分で選んで実施したものではない成長――自分で新手法やイノベーションを選んだのではない場合――は私の求めている成長ではない。もちろん、生産よりもレジャーにもっと時間を使いたい人がいれば、是非ともそうしてほしい。もっと静かな分野で、生産性の低い事業に低賃金で従事したいというのであれば、そうした機会を邪魔するべきではない。

私が気にかける成長というのは、人々が需要のある何かを作ろうとして、もっと多くの価値を明日生み出す、というものだ。みんながそれをやる道を選んだら、他にもいろいろすばらしいことが実現できる。

経済成長国であるほど人は「すこやか」に生きられる

貧困、保健、教育に関する各種国連機関の国際調査は、よい発展を確保するには経済成長だけでは足りないというメッセージを数えきれないほど繰り返してきた。

だが統計資料——ほとんどの読者がたどりつかない巻末にまとめてあるもの——をパラパラ流し読むと、**成長と進歩がほぼ確実なほど相関している**のに気づいてしまうのだ。

もちろん完全に絶対ではない。いつだって逸脱する国はある。富裕国なのに異様に期待寿命が短い国や、インドの貧しい州が妙に健康統計だけはいい、といったものだ。だが全体的なつながりは通常驚くほど強く、データを使って世界の改善方法を学ぶなら、一般則のほうが例外よりも興味深い。**国が豊かであれば、それだけ人々の寿命も長く健康もよくなり、厚生のあらゆる指標が改善する。**残念ながら、成長はまた自然を収奪する効果的な方法でもある。だが第8章で見るように、豊かな国は環境が優先事項だと決めたら、環境被害を減らして修復する能力も高い。

これはつまり、ほとんどどんな指標を最大化したいにしても、**経済成長が高い社会のほうが望ましいし、将来どんな脅威や災害のリスクが起こるにしても、それと対決するには、大きな繁栄、豊富な知識と技術能力の高さがほしい**ということだ。私たちは前進しなくてはならないし、その理由の1つは、過去にはソリューションだったはずのものもいまや予想外の影響を持っていて、それも解決しなくてはならないということだ。抗生物質で命を救うと、一部のバクテリアに耐性が生じ、その問題に対応しなくてはならない。長生きする人が増えると、腰骨の交換や心臓バイパス手術を開発しなくてはならない。飢餓を肥料で減らし、貧困を工業で減らしたが、それが大量の炭素排出を生みだし、この問題への技術的解決策を開発する必要が出てくる。あらゆる問題が解決されて、あとはめでたしめでたし、という瞬間は決してやってこないのだ。

ある国が1人あたりで2％の成長を実現できるなら、その平均所得は35年ほどで倍増する。それを3％成長にしたら、たった23年で倍増する。100年たつと、その1％の差は7倍の豊かさか19倍の豊かさか、ということになる。これはあらゆる機会や資産の実に巨大な改善であり、それに比べれば他のどんなものも色あせる。

ケーキの「切り分け方」に悩むな。ケーキを大きくせよ

世界の貧困を終わらせるのは経済成長だ。最貧層5分の1に属する国が、年率1人あたり経済成長2％を20年維持できたら、極貧は平均で半分消える。その国が1人あたり経済成長を4％にまで高められたら、20年で貧困は平均80％以上も減ることになる。[3]

経済機関や善意の知識人は、いかにして成長を「適切」にするかという問題を繰り返し提起する――成長を「包摂的」にして最貧層にも恩恵あるものにするには？　だが40年にわたる118か国の調査で、すでに答は出ている。包摂的な成長を生み出す最高の方法は、万人のために経済成長を生み出して、それを続けることなのだ。この調査では、各国で最貧層40％のちがいの4分の3は、平均所得の増加で説明できることが示された。**ケーキの大きさ**

のほうが、その配分よりも重要なのだ。

研究者たちはこう書く。「残念ながら『貧困者支援』や『共同富裕』を促進する各種政策は、すべて全体的な経済成長を通じてそれを実現していた」[4]

これだから再分配政策というのは、とんでもなく過大評価されているのだ。スウェーデンが1900年に総GDPを平等に分配していたら、みんな平均的なケニア人ほどの貧しさだっただろう。スウェーデンのGDPを1950年に平等に分配していたら、今日の平均的なチュニジア人くらいに相当しただろう。スウェーデンをそんな水準から引き上げたのは、種子が新しいパターンで分配されたからではなく、その種子が植えられて収穫が増えたからだ。

格差をとりまく政治論争は主に、限られた金銭的支援を他人から受け取るべきはだれか、という話になってしまうが、本当の問題は、どの制度が万人のために最大のものをつくり出すのに役立つか、ということなのだ。

困ったことに、進化のおかげで人間は、少し先の大きな報酬の可能性よりも、目先の小さな報酬を優先するようになってしまった。だからみんな、今日だれが何を得るかにこだわってしまう。だが今日の私たちは、数十年前にははるか彼方に思えた未来に住んでいる。だから**いまここの自分たち以外の人々を気にかけるのであれば、経済成長を目指すべき**なのだ。

経済的自由と最貧10%の所得シェア[9]

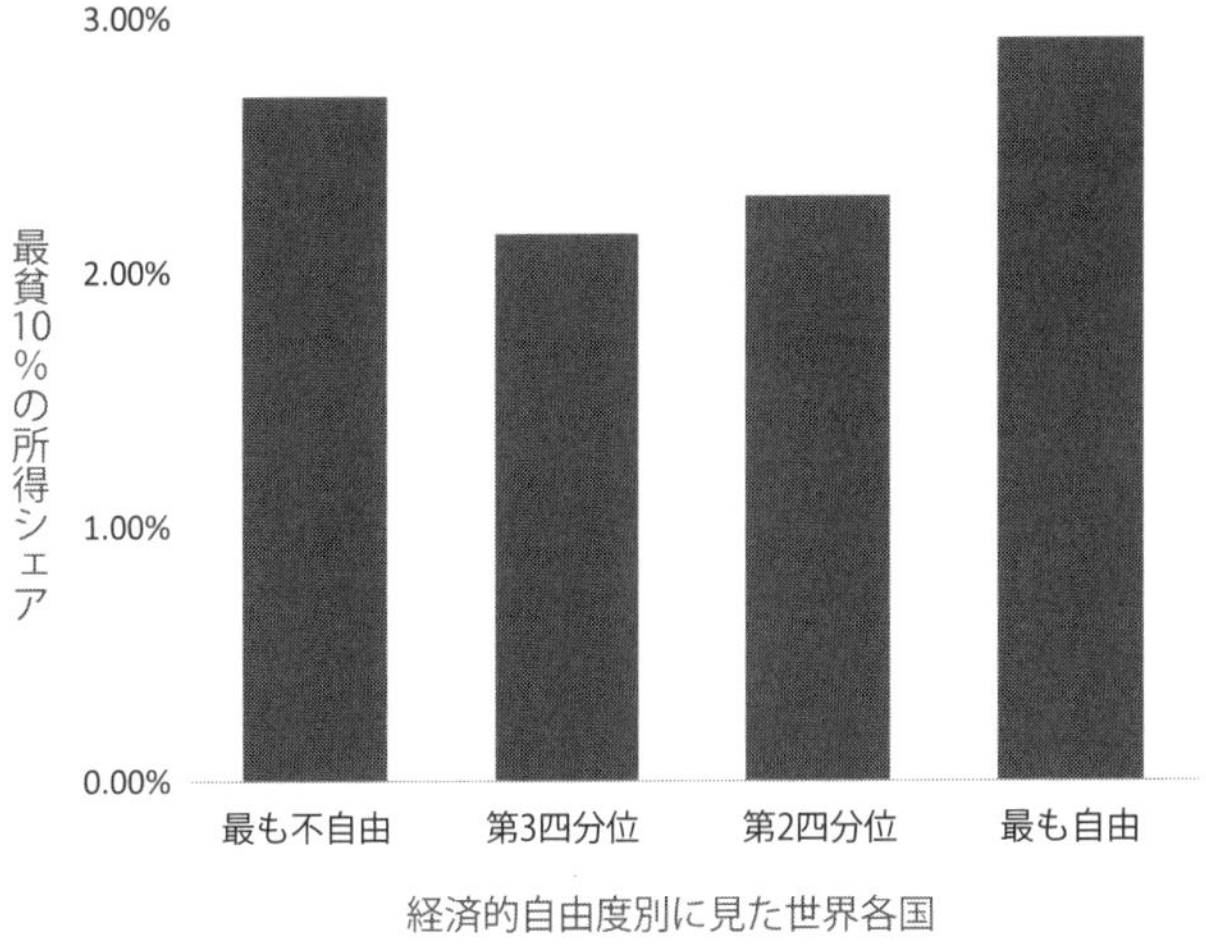

経済的自由と最貧10%の稼いだ所得額[10]

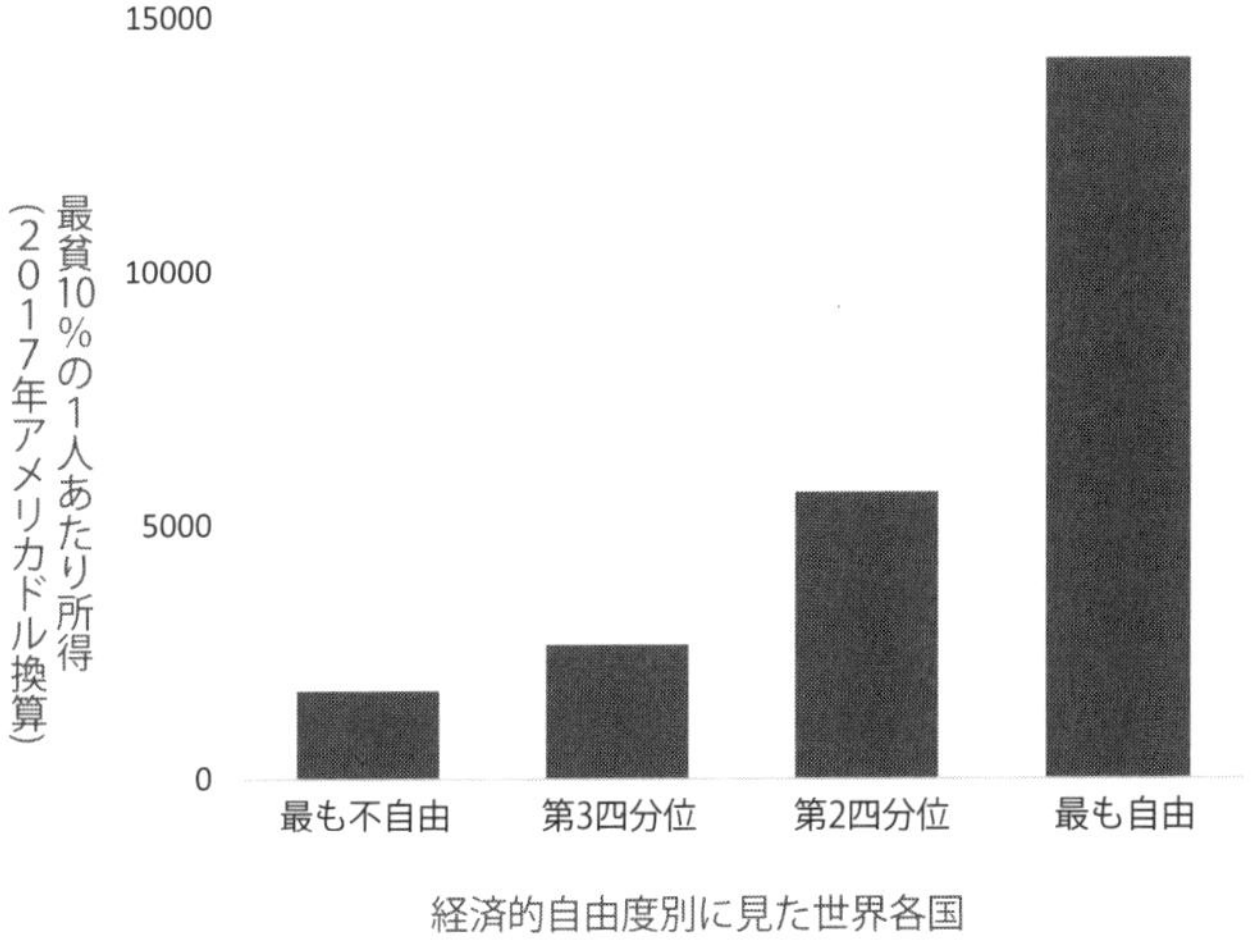

国民給付金をくれる政党か、経済成長を約束する政党か

　1995年に平均と思われた所得水準の人は、いまなら貧しいと判断される（現在の収入中央値の60%の収入と定義される相対的貧困指標を使えば）。アメリカで貧困ラインを下回るとされる人々は、食洗機、ドライヤー、エアコン、テレビ（そしてもちろんパソコンやスマホ）など、1970年の平均的アメリカ人よりも多くのものを持っている。生産性がこうしたものすべてを安くしたからだ。[5]

　あなたが平均的な人物で、平均的な所得で、その所得が経済にあわせて増大するとしよう。あなたが自分の懐のことしか考えない人間だとして、月に100ドルくれるという新しい政府補助金を約束する政党に投票すべきだろうか。それとも何もくれないけれど、国の1人あたり経済成長率を1%から2%に上げる改革を実施するという政党に投票すべきだろうか？

　もし補助金政党に投票するなら、3年もしないうちに損をすることになる。10年後には、年額4000ドル以上の損をすることになる。

　さらに2番目の政党の政策が生み出した成長は、人口の大半に便益を与える利得となっただろうが、補助金はその全人口から奪われたお金となる。

　これはつまり政府の再分配はケチなばかりか危険だということでもある。労働や起業家精神や投資への課税を引き上げると、労働や起業家精神や投資は減り、したがって成長も下が

るからだ。結局のところ、タバコや公害に課税するのは、それらを減らしたいからなのだ。イギリスの社会リベラル派たる政治哲学者ジョン・スチュアート・ミルが述べたように「高い所得に低い所得よりも高い率で課税するのは、興産と経済に課税するということである。もっと頑張って働き、隣人よりもたくさん貯蓄した者に罰を科すことである」。[6]

しかし政府はサービス提供のために課税しなくてはならない。公的支出のために借入をするのは、課税を先送りにする手段でしかないし、これは貸し手を含む全員に不確実性をもたらす。もし貸し手が、政府が返済できないのではと思いはじめたら――2022年9月にリズ・トラス政権がイギリス補正予算を発表したときにはそれが起きた――みんな逃げ出して、金利が高騰し、経済全体に衝撃波が走る。

経済学者アンドレアス・ベルグとマグナス・ヘンレクソンは、政府の規模と成長との間に負の相関があることを示した。公共部門の規模が10ポイント高まると、年率経済成長率は0・5%から1%下がる。[7]

その分の成長は、最も持たざる者にとって最大の意味を持つ。国の総所得のうち最も貧しい10分の1の人々が手にする所得比率は、その国の経済がどれほど自由でもあまり変わらない。各国の中で最も経済自由度が低い4分の1の国では、貧困者は2・7%受け取る。最も自由な4分の1では2・9%だ。

大きなちがいは、自由な諸国がずっと豊かだということだ。だからケーキの割合はそんなに大きくなくても、そのケーキそのものはずっと大きいのだ。**最も自由な4分の1の国では、**

最貧者の所得は最も経済自由度が低い4分の1に比べて、8倍以上も高いのだ。[8]

1杯のコーヒーは何人がつくったのか

なぜ人々は自由な経済の下でこんなに多くを生み出すのだろうか？　この問いに答えるにあたり気持ちに活《かつ》を入れようとして、私はコーヒーを1杯つくった。

だが、これは完全に正確とは言えない。私はコーヒーなんかつくれない。あなただって無理だ。実はだれも1人でコーヒーはつくれないのだ。飲むと気合いが入るこの飲み物は、大勢の人々の知識、技能、頑張りの結果なので、だれか1人だけでそれを実施はできない。豆を栽培し、摘み、ローストする人だけの話ではない。それを可能にした人々はあまりに多いので、考えるだけでクラクラしてしまう。

これを実際に検討したのがアメリカ人ジャーナリストのA・J・ジェイコブズだ。彼はときどき、作物を育てたり輸送したりすることで一家の食事を可能にした人々に感謝する、という世俗的な形で食前の感謝の祈りを捧げている。ある日息子がそれを邪魔したという。「それって、その人たちには聞こえないよね？」

そこでジェイコブズは実際にでかけて、自分のコーヒーをつくる人々に直接お礼を言おうとした。

これは大した作業ではないように思えた。が、そんなことはなかった。それは世界中をめぐる旅となった。カップの中のコーヒーの生産は9か月前に始まり、それがバイク、トラック、船で4000キロの道のりを、バケツ、アパート1棟くらい大きい金属のコンテナや、サッカー場なみに大きな倉庫に入りつつ旅してきたのだ。

その1杯が可能になったのは、農民やトラック運転手や倉庫の労働者のおかげだし、さらには積載用パレット、船舶や建物を作った人々、さらにはそのための原材料を生産し加工した人々のおかげでもあった。そして鉄鋼生産のプロセスを設計したエンジニア、豆を新鮮に保つ特製のビニール袋の開発者や倉庫の掃除人も忘れてはならない。小規模（豆の糖度を計測する装置を作った起業家）から大規模（1杯の99％は水なのでその取水場、浄水場、それを安全にする薬物を作った人々）、得体の知れないもの（蛾《が》が異性に興味を持たなくなり繁殖して豆を食わないようにするために倉庫にまかれる特別なフェロモンを作る人々）まで、関係者は実に多い。

ジェイコブズは全員にお礼を言おうとしたが、現実を知るやいなや圧倒された。コーヒー豆の輸送パレットとなる材木を切り倒す森林労働者たちが使うノコギリ用の鉄鋼になる鉄鉱石を掘る鉱夫たちがかぶるヘルメットとなるプラスチック製造者にも感謝すべきだ。またソフトウェア、ハードウェア、インターネット、エネルギー源、これらすべてを動かす燃料も考えねばならない――そして関係者みんなが、そのコーヒーの代金をジェイコブズが支払うと約束する以前に支払いを受けられるようにする金融システムにも。

ジェイコブズは1000個の感謝だけですませるしかなかった。そのすべては彼の著書『1000個のお礼』(未邦訳)に挙げられている。だが実際に感謝されたそれぞれごとに、その仕事をきわめて直接的な形で可能にした人々が10倍は楽に見つかるだろう。[11]

世界は「見知らぬ大勢の協力のネットワーク」で回っている

要するに、その単純な1杯のコーヒーは魔法のような存在だ。何万人もの人々が協力してコーヒーをそのカップに注いだことになる。だれも強制はされず、そのために動員されたからですらない。あなたがだれかも、サプライチェーンの他の人々がだれかも知らず、そのほとんどは自分がコーヒーづくりに関与していることさえ知らないが、みんなあなたの心の平安のために努力しようとしてくれたのだ。

みんなしてそのコーヒーを9か月前に作りはじめた(鉄、材木、化学薬品ならもちろんそのずっと前から)。そのネットワークは世界中に広がる。それなのに、まさにほしいと思うその瞬間に、カフェや職場や自宅にコーヒーがある。10分前は、そんなものが飲みたいなどと自分でも思っていなかったかもしれない。これはあなたの1杯についても、毎日世界中で注がれる20億杯の他のコーヒーについても言える。

あなたのコーヒーは魔法のような存在だ。食卓の食べ物も。そしてその食卓も。そしてそれが置かれた家も、そしてそれを作るために運転した車も、シャツも、スマホも、本も壁紙も。その他日常的に使うあらゆるものは、何万人もの人々の複雑なネットワークで作られ、その人々は自発的に自分たちの労働に対して高い報酬をくれる場所に引っ越した。

自由な実業は、別に効率性や最適なリソース利用の話が第一ではない。それは人間の創造性の堰《せき》を切るという話なのだ——みんなが参加し、自分のアイデアを試し、うまくいくか試させるのだ。

だがこれはまさに、それがまともなリソース使用を保証する理由となる。もっと多くのソリューションを試し、消費者からのフィードバックを得られる。そして消費者は、そのプロジェクトがご立派な意図をもっているかとか、もっともらしいかとか、何やら官僚の試験に合格したかとかいう話ではなく、本当に自分のお金で買いたいと思うことでそのフィードバックを出すのだ。

世界中の人々があなたのために協力してくれる。肌の色や信念は思いつく限りの多様さだし、異性愛者も同性愛者も、両性愛者もどちらにも惹かれない人もいる。都市住民も地方住民もいる。菜食主義者も肉食主義者もいる。右派支持も左派支持も、電子音楽好きもヘビメタファンもいる。

ほとんどはお互いに会ったこともなく、お互いの存在すら知らない。実際に会えば多くは相手が気に入らないはずだ。一部はツイッター（現X）上では仇敵同士かもしれない。それでも協力するし、財務的には賢い選択であるにもかかわらず「まちがった」集団にいるというだけで相手に資金提供したり雇ったり雇われたり売ったり買ったりするのを拒否する人は、損をする。もちろん、バカはどこにでもいるが、自由市場ではバカはかなり損をすることになる。

資本主義は「肌の色」など気にしない

だから左派の連中が、資本主義は人種差別で人種差別が資本主義だと主張するのは実に哀れなのだ。それどころか市場経済は、肌の色など気にせず、最高の供給と最高の需要を探し、だれがそれを担当しているかなど気にしないという最初の経済体制なのだ。もちろん、それで万人が肌の色を気にしなくなるわけではないが、そうでない場合に比べればずっとマシとなる（特に資本主義の元となるリベラルな価値観と組み合わさると）。

態度調査を見ると、西側の市場経済は世界で最も人種差別度の低い社会だ。70か国の実証研究で、慈善家ニクラス・ベルグレンと経済学者テレセ・ニスロンは、経済的自由は他の民族集団や同性愛者への寛容と正の相関を持ち、子どもに寛容性を教えるのが重要だという信念とも相関が高いのだと述べている。[12]

みんなアメリカ南部におけるバスや路電や列車での人種分離の話は知っている。それに対し1950年代に、ローザ・パークスと公民権運動が社会の怒りに火をつけたという話もご存じだろう。

私もアメリカ南部は昔からそうだと思っていたのだが、そこでアフリカ系アメリカ人経済学者トマス・ソーウェルの著作を読んだ。それによると、アメリカ南部の鉄道や路面電車やバスは、19世紀終わりまでは系統的な人種差別は行っていなかったという。

その理由は、そうした交通機関が主に私営で、顧客を平等に扱ったからだ——別に所有者が他の南部人に比べて人種差別的でなかったからではない。利益を重視しており、南部の黒人もお金を払う顧客だと認識していたからだ。人種分離は顧客を阻害し、客車も大きなものが必要となり、職員は不愉快な監視作業を余儀なくされる。

南部州が人種差別的なジム・クロウ法〔交通機関や公共施設での人種分離を義務づける州法〕を導入したのは、強欲な資本家たちがお金のことしか考えず、黒人差別を拒否したせいだった。ローザ・パークスが問題のバスに乗ったアラバマ州モンゴメリーでは、人種分離が最初に施行されたのは1900年だった。企業はこうした人種差別法に反対するロビイングを行い、反対の訴えを法廷に持ちこみ、しばしばその実施を拒んで施行を遅らせた。アラバマなどの南部州はこれに対し、差別を実施しない雇用者を逮捕して罰金を払わせ、さらに企業幹部たちを投獄すると脅した。[13]

資本主義がインドのカースト制を破壊しはじめた

私も、市場の力がインドのカースト体制を破壊しつつある様子を自分の目で見ている。インドでは企業が１９９０年代初頭に競争に直面するようになると、いきなり上級カーストを優遇し、単に「ダリット」だからというだけでよい労働者を差別するのは高くつくようになった。ダリットというのは、教育も受けられず、最も汚れ仕事を押しつけられ、「不可触賤民《せんみん》」と呼ばれて他と切り離されている階級だ。

私が会ったダリットのマドゥスダン・ラオは、自分の村からよりよい人生を求めてインド中南部の街ハイデラバードにやってきた。そこで彼は、ある建設業者がケーブル敷設の穴を掘る労働者を十分に集められなかったといって従業員を叱っているのを見た。マドゥスダンは進み出て、その晩にでも労働者25人を集めようと申し出た。その建設業者は、その穴を掘るべき切迫した経済的理由はあったが、特定のカーストの人が掘った穴でなければならないという経済的理由はなかった。だから喜んでその申し出を受けた。

マドゥスダンはトラックを借りて、市外のやる気ある人を集め、その１日でこれまで見たこともないほど儲けた。そこで労働者３５０人を擁する自前の建設会社を作った。「従業員を雇うときにはカーストなんか見ません。技能を見ます」

１９９３年からの20年でインドの貧困は、ダリットたちの間のほうが、インド人全体より

25%急速に低下している。同時に、他の差別形態も衰えはじめた。インド最大の州における調査を見ると、婚礼での座席を区別して高カーストが「汚染」されないようにするという習慣は、この期間に80%低下し、ダリット世帯で食べ物や水を受け取る非ダリットの割合は3%から60%に増えた。ダリット企業の指導者で顧問チャンドラ・バーン・プラサドは、かつてカースト制と闘うために毛沢東主義の反乱軍に加わった。いまや「資本主義がカーストをずっと急速に変えている」という。[14]

自由市場が中央管理よりうまく機能するわけ

何万人もがコーヒーを作ってくれるのは、別にどこかのコーヒー大王が、だれが何をいつ、どうやっていくらで作るかという大コーヒー計画をたて、みんながそれに従っているからではない。実は、それが実現しているのはまさにそんなコーヒー計画がないからなのだ。

このプロセスが機能するのは、その1万人の人々が自分のできることやその改善方法についての個別の知識を活用するからだ。中央集権のコーヒー大王は、こうした複雑な知識を決して中央集権化できない。それができたとしても、だれが何をすべきかという詳細な命令を送り出す前に、利害や技能、供給、状況が変わってしまっているはずだ。

自由市場は、まず何よりも協力マシーンであり、それがあらゆる中央管理よりうまく機能

するのは、それがはるかに多くの人々の知識、才能、想像力を活用するからだ。自由貿易は農民たちが、小麦畑で新しいスマホを育てられるようにするし、繊維労働者は新しいバイクを縫い上げられるし、この本の著者は（運がよければ）トスカナ地方への休日旅行を書き上げられる。自由貿易の錬金術は絶えず、個別の仕事を自分たちが必要とする財やサービスに変え続ける。そうした財やサービスは、自分たち自身ではうまくつくり出せないものなのだ。

何万人もの人が成長率を高めるのは、自分がもう少し賢く働ける方法を考える個人的な動機があり、どの技術や手法が自分のプロセスを高速に、安く、うまくできるようにするかというアイデアを思いつく動機があるからだ――あるいはまったくちがったやり方をすることで、もっと大きな価値が作れるかを考える。みんながコーヒーのことをいろいろ考えてくれるので、こちらが考える必要はないのだ。

中央当局のだれでも、鋼鉄を少しコンテナに増やすべきか、冷蔵庫に振り向けるべきか、あるいはフェロモンを開発する化学者の給料が十分かどうか、あるいはもっと高いが大型のトラクターを開発すべきか、小型で安いトラクターにすべきかは判断できない。どんな官僚も、紙コップのふたに穴を開けて少し多めに香りが出るようにすべきか、あるいはコーヒー豆の袋を持ち上げる工程のうちどの程度を自動化すべきかはわからない。いろいろなソリューションを試し、結果を見て、そこから学んで適応するしかない。

自由市場はソクラテス的な叡智にもとづいている――最も重要なのは自分が何を知らないかを認識することなのだ。私たちは、そのアイデアが最も生産的なイノベーションをもたらすか知らないし、問題に対する最高のソリューションがどれかも知らない。まだ生徒を教える最高の方法や、病気を治す方法、家族生活のまとめかた、リスクに対する保険のかけかた、食料生産のやりかた、最高のカプチーノのつくりかたはわかっていないというのを知っている。知っているのは、ますますよい手法を見つける可能性は、みんながその探索に参加するのが許されるとそれだけ大きくなるということだ。

この結果として過小評価されていること（これは経済思想家フリードリッヒ・ハイエクが何冊かかけて説明している)[15]は、今現在の最高の解決策を義務づけると、それ以上の発展を止めることになるということだ——教育のやり方だろうと、スマホの充電器だろうと、それより優れたものが登場する余地がなくなってしまう。もっと多くのことを教えてくれて、さらなる進歩をもたらしてくれるような、各種の実験や競争が潰されてしまうのだ。

だからこそ、福祉部門には民間の代替物と選択の自由が保証されていることが重要になる。スウェーデンはこの面で、他の国よりも実験している。民間の学校や介護施設が、サービスを安く提供して利用者をもっと満足させられると信じるかどうか、というのは二次的な話だ（とはいえ研究によると、そういう傾向はあるそうだ)[16]。代替案の最も重要な役割は、公共セクターは性質として、すべて1つの型にはめるアプローチを採りたがるので、私たちにとって重要ないくつかの分野でのイノベーションを阻害する傾向があるのを補う、ということだ。この選択の自由は、福祉国家が別のアイデアにオープンで実験性を維持できるかを見る手段だ。そしてそれは、発展を見出すのはまさに驚くような結果がでるときだからこそ必要なのだ。

価格と利潤動機の力

19世紀の半ばに、田舎から若いフランス人がパリを訪れた。そして大いに驚いたことがあった。この大都市への物資輸送が途絶えたら、みんな死んでしまうではないか、それなのに何百万人もの人々がいつも枕を高くして寝ているのはなぜだろう？ パリの巨大な市場には毎朝、ほぼ住民が必要とするだけの物資が並ぶ。多すぎもしないし、少なすぎもしない。なぜなのだろう？ そしてパリジャンたちは、いきなり気まぐれで、それまで考えたこともない新しいものが欲しくなったりするが、店に行ったら当然その新しいものがそこにあると確信している。なぜだろうか？[17]

みんな、この複雑なシステムの存在すら意識していないくせに（ただしたまにお目当てのものが棚にないときだけは除く）、だれもがそれを信頼しきっているようだ。この仕組みを律する秘密の見事な力は何なのだろうか？

その力とは他ならぬ、価格と利潤動機なのだ。

あらゆる情報は局所的であり、ときには本人にすらわからない。来週自分がどれだけコーヒーをほしがるか知らないし、飲料の香りが漂い出てくる紙コップから飲むのが自分にとってどれほど重要かも知らない。鋼鉄産業は、自分たちの製品がメガネのフレームのために必要とされるのか、冷蔵庫用か自動車用かも知らない。

だがみんなが求めているものは行動で明らかとなり、それが目に見えるのは、絶えず需給のシグナルを送り出してそれが価格に反映されるからだ。秋に日が短くなっていきなりもっとコーヒーを飲む量が増えたら、それを売っている人々の所得が増え、コーヒー豆や特製ビニール袋が不足すれば、価格は上がる。

価格は情報を広げる装置として機能する。それは情報を最も単純で最も重要なものへと還元するからだ。つまり、何がうまくいって何がそうでないか？ 人々は何をもっと求め、何をそれほど求めていないか？ だれがローストしたコーヒー豆をもっと求めているか、なぜ求めているかはどうでもいい。重要なのは、ロースト開始のシグナルが送られるということだ。材木需要の増加がコーヒー豆の袋を運ぶパレットがもっと入り用になったせいだろうと、みんながいきなり玄関ポーチを作ろうと思ったせいだろうと、林業会社にはどうでもいい。重要なのは、こうした林業会社がいきなり森林労働者の雇用を増やすことで便益を受けるようになる、ということだ。

自由価格は経済の「GPS」

価格は絶えず、人々の求めるものについての変わりゆく情報を伝えるが、同時にその情報に反応して、他の人々が求めているものに適応するよう奨励する。自由な価格設定と収益機会は経済のGPSとして機能し、地図を示して、行きたい場所に案内してくれるのだ。

だからこそ、規制は常に問題を抱える——必要な規制、たとえば安全や環境保護のための規制ですらそうなのだ。1万人に外から適用された禁止や要件はすべて、その人たちが何かをもう少しうまくやるために、適応し調整する手間と費用と時間を増やしてしまうのだ。

価格設定が規制されず、あらゆる市場参加者の自発行動だけで決められているというのは、経済のGPSが正しい方向を示すのに不可欠となる。政治家たちは経済を制御する能力はあまりないが、余剰や不足を作る方法は知っている。余剰を作りたければ、人々が支払いたい以上の金額を生産者に支払えばいい。すると過剰生産が起こる。これは1980年代のEUの固定された高い農業価格が牛乳の湖や食肉の山をつくり出し、それが貧困国に安値で押しつけられたのだった。

あるいは人々に、実際に支払いたいよりも多くの金額を何かに対して支払うように強制できる。たとえば高い最低賃金などだ。すると条件が悪くて経験のない者たちの労働機会は消える。[18] 逆に政治家たちが赤字を求めるなら、生産者たちに、消費者の支払い意思額よりも明らかに低い価格で売るよう強制すればいい。家賃統制だろうとベネズエラ式の食品価格統制だろうと、結果は同じだ。供給が減り、待ち時間が増え、闇市場が生まれる。ほしい製品を確実に得る唯一の方法は、権力と影響力のある人々とのコネを持つことだ。

価格システムを潰す別の方法はインフレだ。インフレはしばしばどうしようもないものとされるが、急激で全般的な価格上昇は金融的な現象だ。中央銀行がお金をたくさん刷ると（たとえば金融危機やパンデミックでの資金問題に対処するため）、流動性は増えるが富は増えないので、同じお金が同じ数の財に向かうことになる。価格は上がり、人々の購買力が失われる。これは何が起きたかわからないうちに人々に課税する方法だ。だが課税よりひどい。価格システムを歪《ゆが》めてしまうからだ。実際の価格シグナルをインフレの雑音と区別できなくなるのだ。

経済学者ジョン・メイナード・ケインズは、しばしば政治家たちにインフレリスクは小さいと思わせるために利用されてきたが、実はインフレが経済にとって大きな危険だということを理解していた。高いインフレは経済関係を「実に無秩序でほとんど無意味なものにしてしまい、富を獲得するプロセスが博打《ばくち》や宝くじに堕してしまうのです[19]」。

「財産権」は庶民の財産を権力者から守るもの

カール・マルクスによると、経済が私有の生産手段にもとづいており、労働者が自発的にその労働を売り、その調整が市場にもとづいているのが資本主義だ。彼はそれをいささか陰気な形で表現し、階級の間の実在しない対立をつくり上げたが（資本家が賃金労働者であり、労働者が年金基金を通じて企業を所有し、労働者が所有する大量のパートナーシップや共同組合、企業が存在するという資本主義の繁栄をマルクスはなかなか思い描けなかったのだ）、本質は突いており、簡単な定義としては決して悪いものではない。[20]

財産権が基盤なのは、あなたのものと私のものを区別し、財産の使われ方、切り分け方、移転の仕方、売り方をだれが決めていいのか明確にするためだ。強制ではなく自発的な合意にもとづいて行われる限り、財産がどんな形でも移転分配できるよう保証するのは、社会的平和をもたらす制度となる。そして何かが自分のものなら、それをきちんと管理するインセンティブができる。これは古代ギリシャの哲学者アリストテレスが２３００年前に言った通りだ。

財産権はしばしば、金持ちや権力者を保護するものとして描かれてきたが、実は私有財産の法的保護がなければ、むしろ金持ちや権力者だけが支配することになってしまう。彼らがリソースの使われ方を指図できてしまうのだ。

インドでもアフリカでも、何世代にもわたって使ってきた土地の正式な所有権を拒否されてきた人に会ったが、みんないつも同じことを言う。無力感。人生が他人に支配されている。長期投資が報われない、家を改修したり井戸を掘ったりトラクターを買ったりしても無駄だ、と。たとえば森林省の役人はしょっちゅう、袖の下をよこさないと人々の農園をブルドーザーで潰すぞと脅す。そして政府大臣の義理の弟が、その土地を何かに使いたいと思いついたら、いきなり取り上げられてしまう。そうなれば、それまで頑張ってやってきた作業が無駄になる。

コーヒー1杯をつくるのに関わる何万人もの人々が全員、そのプロセスに自発的に参加するとは限らない。コーヒー農園の土地は盗まれ、そこに住んでいた人は強制移住させられたり、地元産業に無理に参加させられたりするのはよくあることだ。場合によると、コーヒー生産には直接的な奴隷労働が関与していることもある。

これらは主に法的な問題であり、政府の最も基本的な仕事は、人々の自由と財産に対する権利を守ることだ。だがこれは商業経済が拡大すべき理由でもある。そうなれば地主たちは完全な統制力を失い、人々はそこにとどまって従属する以外の選択肢を持てるのだ。

極貧から豊かさへと移行した多くの国は、まず土地改革に手をつけた。これは封建構造を解体し、地主貴族から土地を奪い、人々に個別の財産権を与えた。これは政府による一種の再分配に思えるかもしれないが、繰り返されるものではなく、収奪の歴史に対する1度限りの修正だ。それまでの収奪の歴史は何世紀も続いたもので、しばしば人種差別的であり、小規模なエリートが何か働いたわけでもないし、自発的な取引を経たわけでもないのに、巨大な土地を掌握してしまったのだ（政治哲学者ロバート・ノージックの矯正原理を参照）[21]。

多くの場合、土地改革は人々がすでに占有しているのにエリートが認めないものを認知する、という話だ。21世紀初め頃に、革新的な研究プロジェクトが大ざっぱな推計を出した。中低所得国の人々は、非公式には10兆ドルほどの土地建物を持っている――当時の富裕国の株式市場における全企業の総時価にほぼ相当する。政府がそうした占有を財産権として認知しないため、所有者たちはそれを融資担保に使えないし、決して拡張もできず、財産の移転もできない。死んだ資本のままで残り、本当の所有者ではなく権力者に牛耳られたままとなる。[22]

財産権は、しっかりしたインセンティブを作るという話にとどまらず、人間の尊厳に関わるものでもある。私は、きわめて慎《つつ》ましいながら、南アフリカの黒人が正式に自分の土地を登記できるよう支援するプロジェクトの資金提供に関わっていた。同国では長いこと、それを認めないのが公式の政策だったのだ。自分の所有権を証明する文書を受け取った最初の女性の1人は99歳のマリア・マトゥぺだった。それを手にしたとき、彼女は嬉し泣きした。それを不思議がる人もいた。「なぜ？　あなたはもう99歳だし、この土地をそんなに長いこと使えるかどうかもわからないし、未来に投資してもあまりいいことはないのでは？」。するとマリアは答えた。「泣くのは、いまや尊厳をもって死ねるからです」

「強制されず働ける」のは歴史的快挙である

コーヒー1杯について感謝すべき相手の1万人は、もちろん全員が楽しく仕事をしているわけではないだろう。食いつなぐために必死で働いている人もいるだろう。他の選択肢がひどすぎるからという人もいる。多くは自分の仕事が大嫌いだろう。どこで働くにしても、月曜の朝にはその苦労を呪い、自分たちの仕事が「ブルシット・ジョブ」だと思う。仕事はいつも楽しいとは限らない——だからお互いにお金を払ってやらせるのだ！ 自由な資本主義でみんなが仕事に行くのは、別にだれかに強制されたからではなく、お金がいるし、他の方法に比べてこれがマシだと思ったからだ。そしてこれは、歴史的にかなり新しい現象なのだ。

人生は、自分が生きて繁栄するためのリソースを生み出し、使えるようにするための苦闘だ。こうした苦闘を避けようと夢見るユートピア主義者たちは常に、他人にそれを無理矢理やらせるようなあの手この手に落ち着くだけだ。ちょうど紀元前391年のアリストファネスの戯曲『女の議会』と同じだ。

プロクサゴラス：まずは、土地、お金、私有財産すべてを万人で共有しよう。そしてみんなこの共通の富を使って生きるのだ。

ブレピルス：しかしだれが土地を耕すのですか？

プロクサゴラス：奴隷たちだ。[23]

歴史を通じて、強者たちは常に、他のだれかに苦闘を押しつけて、自分はそこから逃れるようにあれやこれやの手を考案した。ほとんどの社会は奴隷制を適用し、人々を他人の財産に貶めた。封建制度は農民を土地にしばりつけて、ご主人のために鞭《むち》打たれて働かせた。現代では、共産主義、ファシズムが人間をこの暗い過去に引きずり戻そうとした。ソ連共産主義者のトロツキーは「唯一の雇用主が国家」である社会についてこう述べた。「働かざる者食うべからずという古い原則が新しいものに置きかえられる。従わざる者食うべからず」[24]

この暗い歴史との決別は、17世紀に古典リベラリズムや、人は自分自身を所有するという概念とともに生まれてきた啓蒙主義思想とともにやってきた。**人間は、他人の目的のための手段ではなく、自分自身の幸福を、自分が最良と考える形で追求する権利を持っているのだ。**

市場経済とそれ以前の制度のちがいは「互恵」

自由市場は、人々が自分の関係と協力を自分で形成する権利を与えられ、それが収奪的になったら離脱する権利を与えられたときに生まれた経済だった。何かを稼ぐなら、他人に奉仕して、相手に財やサービスや、求める報酬を与えねばならないと述べる唯一の仕組みだ。

したがって、明日にはもっとよい形でそれをやる方法を考案しようという動機を生み出すのだ。これにより、貧困と繁栄を隔てる、頑張りと創意工夫の大量供給が可能となる。

自由市場の独自性は、カウンターに行ってコーヒーの支払いをするたびに明らかになる。こちらがありがとうと言い、レジの相手もありがとうございますと言う。野菜を買う八百屋でも、食事代を支払うレストランでも、業者と契約を交わす会議室でも、あらゆる市場ではこうした奇妙な二重のありがとうが聞かれる。「ありがとう」に対して「くるしゅうない」「かたじけのうございます」が続くのではない。お互いにありがとうを言うのだ。なぜなら、それぞれが相手に恩恵をほどこしたからだ。

この相互の感謝は、相手にとって価値をつくり出したというしるしだ。そしてこちらが得る潜在的な利益は、他の人々がその構成要素よりも価値が高いと思うような全体をつくり出した人々に対する報酬となる。他の各種経済システムもまた勝者をつくり出したが、その勝者というのは他人のつくったものを奪った連中だった。**自由市場でも金持ちにはなれるが、そのためには他人を豊かにしなくてはならない**。

奴隷制、封建主義、社会主義、ファシズムは、だれかが命令を発し、他の人は従う。市場経済はむしろ、他人のために最善を尽くし、かわりに彼らに最善を尽くしてもらうということだ。ピラミッド、アメリカ南部の綿花畑、ソ連の製鉄所は、鞭や棒で殴ることで作られた。目の前のコーヒー1杯は、1000もの握手と二重のお礼で作られた（そしてまちがいなく、虐待や抑圧の例もあっただろう——まだ世界は完全ではないのだ）。

この1万人は、しばしば現地の状況に応じ、それぞれ仕事のやり方もちがう。自分1人で働く人もいるし、一家総出で働く人もいるし、民営や公営の企業で働く人もいる。その資金源は貯蓄、銀行融資、ベンチャー投資かもしれない——あるいは消費者協同組合や、キブツや労働者所有の企業で働くことかもしれない。自発的であればどんな働き方でもいい。資本主義が社会主義より道徳的に優れているのは、人は自由市場経済で社会主義者として生きるのは、他人にそれを押しつけない限りその人の勝手だからだ。

自由社会は、できるだけ多くの領域で、強制と殴打の論理を自発的な握手の論理で置きかえる。むりやり命令するのではなく、頼み、申し出て、交渉する。だれが何をすべきか命令はせず、みんなに自分のアイデアを試させて、労働の果実があればそれを自分のためにとっておくのを許すのだ。そして、何も提供してくれないものに対しては、ノーという。

これを書いているいま、スターバックスはスウェーデンの店舗をほとんど閉鎖しつつある。スターバックスが世界最大のカフェチェーンですさまじい財力を持っていても関係ない。我々スウェーデンにはすでにもっといいコーヒー屋があったのだ。

コロナや戦争などの「危機対応」も自由市場が正解

さて、こう思う人もいるだろう：そいつぁ結構だが、すべてがうまくいってればの話だろ？　パンデミックがあったり、自然災害があったり、戦争があったりで、そうしたら政府がいるじゃないか。必死の時には政治家たちは、みんなに適切に行動させたり、必要なものを生産させたりするのに、例外的な力が必要になるじゃないか。

ありがちな解釈は、パンデミックによりグローバルサプライチェーンがあてにならないことがわかった、というものだ。何万人もの世界中の人々がマスクや保護衣や医療技術をつくっているようではダメだ。中国のように、いまや多くの国は国内生産を増やすか、少なくともフィンランドのように保護資材の巨大な在庫を持っておくべきだと考えている。EUの保健長官ステラ・キリアキデスによれば「他国への依存を減らさねばならない」。アメリカのジョー・バイデン大統領によれば「もっと多くの製品をここアメリカ国内で作るよう投資しなくてはならない」[25]。

だが経済について、絶えず変化する可能性について、供給余力と需要についての知識は、分散化された形でしか存在しない。市場の何百万人もの頭の中にあるのだ。

これはつまり、この情報にもとづいて行動する自由は、危機時にはなおさら重要になるということだ。みんな、大いなる社会のジグソーパズルの小さなかけらを持っているが、その動機は絶えず変わるし、特に激変期にはそれが顕著だ。そうなると、何が必要でだれにそれができるかという見通しを当局が得るのは、なおさらむずかしくなる。

つまり、だれが何をいつ、どんなふうに必要とするかについての情報にもとづいて、人々が局所的に活動できるようにして、その何万人もの生産者すべてが、新しい行動の送信する最新の価格シグナルにもとづいて即興できるようにすることが、いつになく重要になってくるのだ。1918年に流行したスペイン風邪の研究を見ると、経済的に自由な国ほどパンデミックの経済ショックによる被害は小さかった。[26]

1993年以来の389回におよぶ経済危機すべてを検討すると、**経済的に自由な国**（100点満点で平均よりも10点以上高い国）**は任意の年に危機にあう可能性が30%低く、危機の影響も他の国ほど深くはない**。経済的自由の低い国（平均より10点以上低い）では、平均GDPは危機にやられると12%下がる。経済的に自由な国ではそれが8%ですむ。[27]これはかなりの部分が、規制の少ない経済だと人々がすぐに新しい知識に適応し、資本と労働力を変な場所にとどめておかず、必要とされる場所に動く機会ができるから、ということで説明できる。

コロナ禍で明らかになったグローバル自由市場の威力

それぞれの危機の後で、ああしておけばよかったと指摘するのは簡単だが、問題は次の危機が何になるかわからないということだ。

2018年の夏に、スウェーデン人は消火活動にもっと投資していなかったと怒っていた。そのときの問題はパンデミックではなく森林火災だったからだ。2019年には、スウェーデン人はいきなり飼料不足に直面したので、飼料栽培用の土地を確保すべきだったと思った。2020年にはそれがパンデミックで、スウェーデン人たちは防護服製造設備をもっと作っておくべきだったと考えた。だが次の危機はパンデミックではなく洪水かもしれない、サイバー攻撃かもしれない、まったくちがうものかもしれない。プーチンがウクライナを攻撃すると、ほとんどのスウェーデン人たちは、我が国に足りないのは武器弾薬だと結論した。

全面的なパンデミックに対処する準備が十分にできていた国でも、医療物資のニーズが20倍に跳ね上がると対応を余儀なくされた。地元にあれだけ工場を持っていても、中国は武漢での病気勃発に対応するため、マスクを20億枚、その他の防護設備を4億点ほど輸入するはめになった。フィンランドの有名な非常用備蓄にはマスク450万枚が含まれた。これはかなりの数に思えるが、パンデミックになったら1日350万枚が必要になった。フィンランドが月曜の朝に倉庫を開いても、火曜日の昼前には蓄えが尽きる。[28]

したがって、最高の防衛は静的な公衆衛生防衛線を作り、来ると思いこんだ次の脅威から守ってもらうことではなく、予想外のできごとに素早く対応できる、移動性の防衛線を敷くことだ。

自由実業と国際貿易はまさにそれをやってくれる。自分が必要なものを自前ですべて生産するために生産能力を集中させるのは、安全に思えるが――戦争だろうと災害だろうと疫病だろうと――カタストロフは通常、ある特定の時期に特定の地理的範囲に影響する。ある地域に生産を集中させたら、自分たちがやられてその生産を最も必要とするときには、その生産地もおびやかされる。

回復力が生産集中で生まれると思うなら、是非買っていただきたいベビーフードがあるんですがねえ。いや、実はない。というのも執筆時点でアメリカではすさまじいベビーフード不足が生じているのだ。まさにそれは規制と関税障壁のおかげで、その生産がほんの少数のアメリカ工場に集中してしまい、そしてその1つに問題が起きただけで全国的に悲惨な不足が生じてしまったのだ。回復力は生産を集中させるのではなく、分散することで得られる。

あのパンデミックのように危機が世界的なときですら、地域ごとにやられる時期はちがった。まずは中国がやられて他国から防護設備を輸入できた。他の国がやられると、アジアの工場が再開しはじめて、逆に輸出できるようになった。

ヨーロッパ国際政治経済センターからの受託調査で、私は危機の間にEUの貿易がどう影響を受けたか調べた。すると自由貿易が救いの神だったことがわかる。2020年3月、EU諸国のEU圏内からの防護服輸入は25%減った――一時は、あらゆるヨーロッパ諸国は手当たり次第なんでも自分が抱えこもうとしたのだ。それ以上のひどい防護服不足から病院を救ったのは、EU圏外からの輸入が1か月で最大44%増えたということだった。その同じ1か月で、EUの外部世界からの手指消毒液の輸入は278%増え、ガスマスク輸入は430%増えた。[29]

これは「フレンドショアリング」――もっと親しい地政学的なパートナーとの貿易を増や

し、競合相手は避けるというもの——の危険をあらわにしている。2020年3月、フランスは防護設備の禁輸を課しただけでなく、自国経由で第三者が送った財を横取りさえしたのだった。フランスは、イタリアやスペインといった脆弱な近隣国が、保健システムで必要な装備の入手を妨害しようとしていたが、その間にイタリアやスペインは中国のようなアジア輸出国から購入できた。これは、中国のほうがフランスより信用できる身近な地政学的仲間だからではない。むしろ中国はずっと離れていて、同じ不足に同時に苦しむ可能性が低いという単純な理由のせいだ。同じ仲良しの地政学的なバスケットに卵を全部集めてしまうのは危険なのだ。

グローバル化が救いにやってきたおかげで、自分たち自身の生産を組み直す余裕ができた。ヨーロッパ全土の起業家たちは、地元の条件、技能、設備でどうやって貢献できるかを考えた。ウォッカ蒸留所や香水メーカーは、手指消毒薬や殺菌液をつくりはじめた。衛生企業は使い捨て手袋や手術用マスクの生産に切り替えた。わずか2か月もしないうちに、マスクを作るヨーロッパ企業の数は12社から500社に増えた。アメリカでは、繊維産業の95%は、初の防護服製造に乗り出した。[30]

ローカル・ナレッジ

危機時の人々の適応能力を疑うなら、地元の店の棚を見てほしい。パンデミックの最初の数週間で、みんな缶詰やコーヒーやトイレットペーパーを買いだめしたのをご記憶だろうか？　特に食品産業は大打撃をくらった。新しい貿易障壁がつくられ、労働者の相当部分は在宅となり、また一部は国境を越えられなくなり、買い物客が自炊者になって食材需要が高騰するとレストラン産業が崩壊した。

だが地元の店の棚ですごかったのは、ほとんど何も起きなかったことだ。昼夜を問わず供給業者を見直し、労働を再配置して、生産手法を調整し、輸送を振り返ることで、食品産業はものの数週間でグローバルサプライチェーンを再構築した。

本当にすごい業績だが、我々消費者はほとんど気がつきもしなかった。それはみんながどうすべきかを指導する食品の王様がやったことではない。**まさに中央集権プロセスではないからこそ機能したのだ**。プロセスの調整はそれぞれ、その場で手に入る原材料とそこにいる労働力を使い、その場所で何ができるかというローカルな知識にもとづいていた――そして他のところでとんでもない不足を生み出さずに何を止められるか、というのもローカルな知識なのだった。

こうした絶えず変化する知識を中央管理するのは不可能だ。それは現場で、工場のフロアでしか見つからないものであり、何百万もの人々の個別行為とともに変わる価格に見られるだけなのだ。この地元情報に基づいて即興する自由は、世界が予想外の形で激変しているときこそ何より重要なのだ。

パンデミックから脱出しつつある現在、配送の待ち時間は長引き、大量のコンテナ船が港湾に行列を作って入港を待つようになった。ロックダウン、外出禁止、新しい検疫ルールや貿易制限などの時期にサプライチェーンが厳しくなるのは仕方ないことだ。船舶はいきなり入港を禁止され、中国の専制主義支配が都市を丸ごと何の警告もなしにロックダウンするのだから。

驚異的なのは、英雄的な起業家たちが絶えずこうした障壁に立ち向かって、サプライチェーンを再構築し、見直して、商品提供を続けてきたということだ。いまや、ずっと規制が厳しくなったのに、パンデミック以前よりも多くの財が世界の海を渡っている。自由市場は考えられる最も困難な耐久試験《ストレステスト》に直面したのに、すばらしい成績で合格してみせたのだ。

私は偉大なアメリカの詩人にして超絶主義者ヘンリー・デヴィッド・ソローのことをつい考えてしまう。ソローは1849年に、貿易と商業はゴムのようだと書いた。なぜならそれは「常に規制当局が絶えず道に設置し続ける障害物をバウンドして跳び越える」からだというのだ。[31]

第3章

自由市場は労働者を救う

私が20年前に自由市場を擁護したとき、論敵はそれが金持ち国をさらに金持ちにして、貧困国を貧しくするのではと恐れた左派の人々が多かった。歴史はすでにその論争にケリをつけた。貧困国がこれほど急速に成長したことはないし、これほど多くの人々が貧困から脱出できたこともない。

いまや私が自由市場支持を論じるときは、しばしば西側の右派ナショナリストから反駁《はんばく》をくらう。彼らは、自由市場が貧困国を豊かにするが、富裕国を貧しくすると恐れているのだ。

「自由市場が職を奪い国力が落ちた」というウソ

西欧と北米の経済が、中国からの安い輸入品によって脱工業化してしまい、特にそれが21

世紀最初の数年に顕著だったという気分がずいぶん広まっている。もはや欧米は何も生産しておらず、古いまともな高賃金の製造業職――たとえば1950年代デトロイトの自動車産業――が消え、私たちがせいぜい望めるのはアマゾン社の倉庫での低賃金職だけだ、というわけだ。賃金は停滞し、地方部は死に絶え、伝統的な労働者階級は一掃され、時にはそれが物理的に行われていると思われている。自殺、薬物の過剰摂取、酒がらみの傷害が、脆弱な集団の中で急増しているというのだ。

ある意味で、彼らは正しい。工業で働く人はますます減っている。筋肉質の男たちが道具を置く時間だと報《しら》せるために工業町に響き渡った工場の笛は、とっくの昔に沈黙した。

だがこれが社会衰退のしるしであるなら、なぜこのプロセスがあらゆる工業化諸国で同じなのかを考えてみる必要がある。慢性的な貿易黒字を抱える強力な輸出国ですら同じ現象が見られる。日本とドイツはこの意味で1970年代に「脱工業化」を始めた。シンガポールは1980年代、韓国は1990年代だ。中国が低賃金と巨額の工業補助金で奪わなければ、そうした職は各国に残っていただろうか？

それを否定する簡単なやり方がある。中国もまた脱工業化しつつあるのだ。[1] 中国では、工場労働者の比率は2013年にピークとなり、その後工業職は年に500万ずつほど減っている。中国企業はいまや、衣料、靴、家具の世界市場シェアを減らしている。私たちの製造業職すべてを奪ったはずの中国ですら工業職を失っているなら、そうした仕事はどこにいったのだろうか？　それはサハラ砂漠以南のアフリカだ。ここは目下、製造業職の比率が増えている世界で唯一の大陸なのだ。

脱工業化が弱さのしるしだという古くさい発想は捨てねばならない。むしろそれは、正しい段階で起こるなら、強さのしるしなのだ。それは豊かになるにつれてあらゆる国が通る段階だ。

そして本当の意味ではもちろん、これは脱工業化という話などではない。それどころか、ベルトコンベアは以前にも増して急激に稼働している。1980年以来、アメリカの工業生産は2倍以上になっている。単にその生産を維持するのに、以前ほどの労働者は要らないというだけなのだ。[2]

2000年代アメリカの製造業世界にズームインすると、560万の職が失われたのがわかる。だがそれは、生産量が減ったからではない。実はアメリカ人たちはむしろこの期間にもっと多くの物を生産している——2010年に1人あたりの生産量が2000年なみだったら、あと300万人追加で雇わねばならなかったほどだ。したがって職が失われたのは、工場が競合に負けたからではなく、それがずっと生産性を高めたからだ。[3] 失われた工業職の87%ほどは、生産が改善されたせいで、貿易により失われたものは13%しかない。

これはつまり、戦略的産業政策で工場がアメリカに戻ってきても、その工場での仕事は戻ってはこないということだ。それらを奪ったのは中国人やメキシコ人ではなくR2－D2やC－3PO〔いずれも映画「スターウォーズ」に登場するロボット〕だったのだから。中国人やメキシコ人もますます多くのロボットを購入している。2010年以来、中国企業は工業用ロボットの数を5万台から80万台に増やした。[4] だからこそ彼らは生産性を高め競争力を持てるのだ。

だからといって私たちの仕事がなくなるということではない——紡績機、機械織機、蒸気機関、自動車、コンピュータ、ATMなど各種イノベーションが仕事をすべて潰しはしなかったのと同じだ。むしろオートメーションはそれを補う産業をつくり出し、購買力を解放してもっと人を雇えるようにする。現在の研究では、工場でのオートメーションが1％増えると、2年後にはその工場での労働力は0・25％増え、10年後には0・4％増えている。[5] だが仕事の中身は以前とちがう。機械と直接競合する手作業は、機械を補う他の職で置きかえられる。

さらに、繁栄が高まるということは、消費のうちで物質的なモノに向けられる割合はますます減り、介護、看護、娯楽、デザイン、研究、開発、教育といったサービスに向かう分がますます増えるということだ。それがまかなえる唯一の理由は、工業のオートメーションのおかげで、購買力のうちそうした製品に向ける割合をどんどん減らせるということなのだ。

「ブルーカラー仕事こそ本物」という幻想

これはまちがっているように思える。というのも私たちの社会心理学と経済論争はしばしば、絵本じみたノスタルジーを特徴としているからだ。どうも「本物の男たち」が物理的に実体を持つモノを作る「本物の仕事」を失ったように思えるのだ——子どもの絵本にあるような仕事だ。かわりに大量に得るのは、満足感のないブルシット・ジョブ（同名の通俗書で人類学者デヴィッド・グレーバーがそう呼んだものだ）で、一時的な契約でしかなく、実際に作られているのが何かもはっきりしない。児童書で、アートディレクターだの、パーソナルトレーナーだの、広報コンサルタントだの、コンテンツ・マネージャーだの、食品配達人だのバイオ技術アナリストだのを主人公にしたものなどあるだろうか？

だが絵本を真に受けてはいけない。そうしたおとぎの工場で実際に働いていた人々の話も聞こう。1950年代と1960年代が西洋労働市場の黄金時代なら、なぜそこで働いていた人びとは、ほとんど例外なしに、汚さ、疲弊、退屈、ボロボロの身体と精根尽き果てた話ばかりするのだろうか？

そうした工場の労働者が子どもたちにしっかりした育ちと教育を与えようとあれほど頑張ったのは、まさに子どもたちが他の仕事に就《つ》けるようにするためだ。ペンシルヴェニア州のある製鉄労働者は子どもたちにこう警告した。「こんなところにきたら、二度と出られなくなるぞ。出るときは、腕か目か足が片方なくなってる。自分のために何かしろ」[6]。ラストベルト工業地帯の生活を描いた名高い自伝『ヒルビリー・エレジー』（光文社）の中ですら、その著者で現上院議員J・D・ヴァンスは、育ち盛《ざか》りの自分や同級生たちみんなの意見が一致したことが1つあったという。「だれもブルーカラーのキャリアなんか持ちたくなかった」[7]

「デトロイトの黄金時代」という幻想

もちろん例外はある。1950年代の、デトロイトの自動車産業労働者は夢のようだったにちがいない。この話は今日の労働市場ノスタルジアに必ずといっていいほど登場する。

だが、本当によかったのか？

歴史研究者ダニエル・クラークは、そうした労働者との大規模なインタビュープロジェクトを実施して、失われたエデン物語が得られると期待した。ところが実際に聞こえてきた話はまったくちがった。「男女、白人、黒人問わず、1950年代を安定した雇用と賃金上昇、福利厚生改善の時代として記憶している人物はほとんどいなかった」[8]。むしろ聞かされたのは、急速なリストラ、経済的不安定、あやうい雇用と失業の繰り返しだった。しばらくは全米の失業の1割はデトロイト市に集中していた。時給は高くても、一時的に呼ばれるだけですぐに追い出されるようなら、年収はずっと低くなる。

クラークが話をした自動車労働者のほとんどは、生計をたてるのに副業を余儀なくされた——運搬人、清掃人、ゴミ収集人、給仕、綿花摘み。「自動車労働者たちはローンの支払いが遅れ、買ったものが差し押さえられたし、住宅ローンや賃料も期日通りに払えなかった。ほとんどの自動車労働者、特に家族持ちは、自分が作った新車の市場には参入できなかった——全米で最も高給取りの工業労働者だったのだが」[9]

「デトロイトの黄金時代」という幻想は、こうした産業で長期のフルタイム職をずっと続けられた人々は、当時のアメリカ人一般よりずっとよい賃金を得ていた、という事実にもとづいている。そしてなぜそうなったかといえば、アメリカ人一般の賃金があまりに低かったからだ。

1953年のデトロイトで雇用されていた労働者の賃金は特に高かった。だから言うなれば、工場の失われた黄金時代というお話はすべて、第二次世界大戦後のきわめて特殊な時期の、ある1年の、たった1つのアメリカ都市にもとづいたものでしかない。その年のヨーロッパの産業はボロボロだったのだ。そして、その幸運な連中はどのくらい給料をもらったのか？　そうだな、強力な自動車業界労働組合は、がんばって時給を1ドル30セントほどに押し上げた――現在の14ドル50セントほどだ。ちなみにこれは、今日アマゾンが未経験の倉庫労働者に支払う初任給より少し低いくらいだ。

経済学者シュムペーターの「ホテル理論」

労働市場でそのときに一番つらい思いをしている部分に注目し、それをもとに現代はプレカリアートの時代だと結論するのは実にお手軽だ。人によってはそれを丸1冊の本に仕立てたりする。

だが人口全体にとって事態がどう動いているか知りたければ、個別のお話だけでは不十分だ。従業員全般にとっての状況がどうだったかを見る必要がある。賃金は停滞したのか、仕事はますます危うくなり、賃金労働者は不安定に投げこまれたのか？

賃金停滞物語は、工場へのノスタルジーとまったく同じ話だ。アメリカからの輸入品でしかないのだ。

確かにアメリカでの賃金上昇は、特に低技能職にとっては何十年にもわたり実に遅かった。だがこの話はすぐに、賃金が上昇しなかったというのが事実であるかのように誤解されてしまう。この主張の支持者ですら、そんなことは主張していない。彼らが言っているのは、今日ある年齢である種の仕事に就いている人々は、1980年の似たような状況で似たような地位にある人よりも大して稼いでいない、という意味だ。今日アメリカの最低賃金を稼いでいる人は、1980年の最低賃金者より少しも改善されていない。だがその賃金を稼いでいるのは、当時と今では同じ人物ではないのだ。

オーストリアの経済学者ヨーゼフ・シュムペーターは、分配問題はしばしば、高くなるほど部屋が素敵になるホテルを見るような形で考えられていると指摘した。今日の国民所得分配のスナップショットを撮って、それを数十年前の様子と比べると、大したちがいは見られないが、最上階の大きなスイートルームはエスプレッソマシンや絹のシーツなど、ますます豪華になっている。だがシュムペーターの言いたいことは、人は同じフロアに一生住み続けることはめったにない、ということだ。それどころか、彼らが高い部屋に移るのはよくあることだ。ラグジュアリースイートの住民はいずれチェックアウトし、ホテルには新しい移民や学生がやってきて、最初の部屋は1階だが、だんだん上の階へと移るのだ。

１９８０年に最低賃金で暮らしていた人の大半は、労働人生の間に賃上げを受け、転職し、昇進してさらに高い賃金を得て等々。今日最低賃金で働きはじめる人も、それを経験するだろう。早ければ1年もすると、アメリカで最低賃金で暮らしてきた人の70％は、もっと高い賃金の地位へと移行する。加えて、最低賃金以下で暮らすアメリカ人労働者の割合は、１９８０年には15％だったのが２０２０年には１・５％に減った。[10]

最貧5分の1層で生まれたアメリカ人のうち、37％近くはやがて上位5分の3に入ることになるし、下から2番目のところで生まれた人の半分もそこに移行する。[11] 最近で最大級の調査の1つによれば、１９８６年の最貧5分の1世帯に生まれたアメリカ児童の10分の1は、26歳までに最富裕5分の1に入るようになる。これはこの調査が開始された１９７１年の世代から安定した社会移動指標であり「世代間の移動性は最近のコーホートではむしろわずかに高まる傾向がある」[12]。これには、格差増大は移動性を減らすと素直に思いこんだ多くの人々が驚かされる。この研究の結論は、なぜ移動性がみんなの期待通りに下がらなかったのかについてもっと研究が必要だと述べて終わる。

5分位《ぶんい》の間の差が増えている以上、これはアメリカにおける社会移動性についてきわめて興味深いことを物語っている。階段は急になったが、その階段を上る可能性は下がっていない。言い換えると、平均的な人物は、むしろ金銭的に生活を改善しやすくなっているのだ（これはアメリカを、スウェーデンやデンマークなどと比べるときには重要な区別となる。貧しいアメリカ人が所得の階層を変えるのは、スウェーデン人やデンマーク人よりもむずかしい。これはスカンジナビア諸国のほうが賃金が圧縮されているからだ。北欧諸国では、所得5分位を1つ上がるには、賃金が数百ドル上がればいいが、アメリカでは数千ドル上がる必要がある)。

低技能の入り口レベルの仕事の賃金が、今日も40年前と比べてあまり上がっていないという事実は、この観点からすると、新しい若者や移民たちの集団がシュムペーターのホテルに入る機会をもらえたと考えることができる。そしてその後ほとんどは高い階に移動できるのだ。高賃金水準でしか参入できなかったら、多くはそもそもチェックインできない。

アメリカにおける賃金停滞の歴史の真実は、アメリカ人は1970年代半ば以来、それまでの数十年よりも賃金上昇が遅くなったということだ。

これは部分的には、それ以前の賃金が急上昇しすぎたせいだ――生産性上昇よりも高まっていたのだ。アメリカは、第二次世界大戦後のヨーロッパ再建期間中に、独特な地位にいた。いったんヨーロッパ自身の経済が立ち直ったら、アメリカ産業の世界支配は持続不可能となった。1950年から1980年にかけて――つまりグローバル化がアメリカに到達する以前から――アメリカ北東部のラストベルト工業地帯では、その後の数十年に比べてはるかに多くの職が失われた。[13] その後の賃金上昇の速度は、費用水準の調整であり、これはアメリカの事業部門が完全に潰れないためには必要なことだった。

むずかしい構造変革が完了すると、アメリカの賃金はまた上がりはじめた。１９９０年以来、インフレ調整済の平均賃金は34％ほど上がった。[14] これはつまり、賃金停滞に関する論争は、主に１９７０年代と１９８０年代の悪しき遺産なのだということだ。それから30年たって、この物語は政治議論を完全に支配するようになっているが、これはこの部門における外部分析の停滞について何事かを物語る。

もちろん平均だけでは低所得者の状況は何もわからないから、このデータをグループに分けるべきだ。税引き後移転後の所得を見ると、低所得者の利益はますます高まる。最も貧しい５分の１の世帯の所得は66％増えたが、中央値世帯は１９９０年から２０１６年にかけて44％だ。[15] 四半世紀で66％の増加を表現する方法はいろいろあるが、どう見ても停滞とは言えない。

本気で停滞論争をやりたいなら、給与のますます多くの割合が、税金回避のために各種の福利厚生として支払われるようになったことはいまの数字で考慮されていない点も念頭に置くべきだ。たとえば健康保険、年金、有給休暇などは、統計や給与費目には反映されないのだ。そうした福利厚生まで考慮すると、アメリカの平均時給は１９８０年以来60％上がっている。[16]

圧倒的多数の人々にとって、今日のサービス職は工業職よりもずっと報酬が高い。グローバル化の文句なしの敗者に関する論争で最も前面に押し出される集団――労働者階級世帯で育ったアメリカ人男性――ですら、72％は父親の同年齢の頃よりも高い賃金を得ている。平均すると、現在の稼ぎのほうが3分の1近く高いのだ。[17] それでも、親の世代はほぼ100％近くが祖父母世代よりも高い賃金を得ているので、その意味では退行したとは言えるかもしれない。だがこれは、祖父母世代は農業と大恐慌時代の極貧の中で育った人々がほとんどだからだ。それよりマシな稼ぎを得るのは簡単なことだ。

確かによい中産階級職のハードルは上がっているが……

だが、中産階級が衰退したという話には一理ある。というのも平均所得をもたらしてくれたようなある種の定形作業は、第二次世界大戦以来どんどん消えてきたからだ。これは多くの製造業職について言えるが、レジや倉庫や銀行および郵便局の窓口係など、請求書を扱ったり、紙幣を受けとり、数えて渡したりする人々の各種の事務員形態にあてはまる。こうした仕事には精度と正確さが必要だが、即興性や社会知能は必要なかった——まさに工業ロボット、コンピュータ、ATMが得意な仕事だ。

だからといって、仕事の総数が減ったわけではない。これまでこの手の仕事に使われていたお金は残っているし、いまやそのお金は他の種類の仕事を買うのに使われている。これはしばしば「新たな中産階級職」と呼ばれる輸送、保健、教育、エンターテイメント、文化での仕事だ。製造業労働者や銀行窓口員は減ったが、技術サポート、配達業者、トラック運転手、ブロードバンドやソーラーパネルやエアコンの設置業者、家族カウンセラー、法律アシスタント、マッサージ師、イベントオーガナイザー、アートディレクター、音響技師、シェフ、講師などは増えた。

それでも、この一覧からは労働市場が厳しくなった様子はわかる。こうした仕事のほとんどは、もっと問題解決が必要だし、即興とコミュニケーション能力が求められる。内向的なITサポート労働者ですら、私ときちんと話をして、しかもこちらの技術オンチぶりに対する軽蔑の念を表に出さないようにしなくてはならない。その結果として、教育要件はほとんどあらゆる作業で上がった。これはつまり、教育水準が低いと、よい中産階級職を得るのがますますむずかしくなってきたということだ——たとえば、高校を出ていないアメリカ人などだ（とはいえ、その人口比は1950年代には40％だったのが10％ほどに減ってはいるが）。

「消えた中産階級」は上階に上った

かつては中産階級職の特徴といえば、それが平均的な給料を提供したということだった。経済学者マイケル・ストレインは、かつてそれを得ていた人々がどうなったかを調べることにした。アメリカの中産階級を、インフレ調整済の平均給与が年額およそ3万5000ドル

所得階層ごとの世帯比率[19]

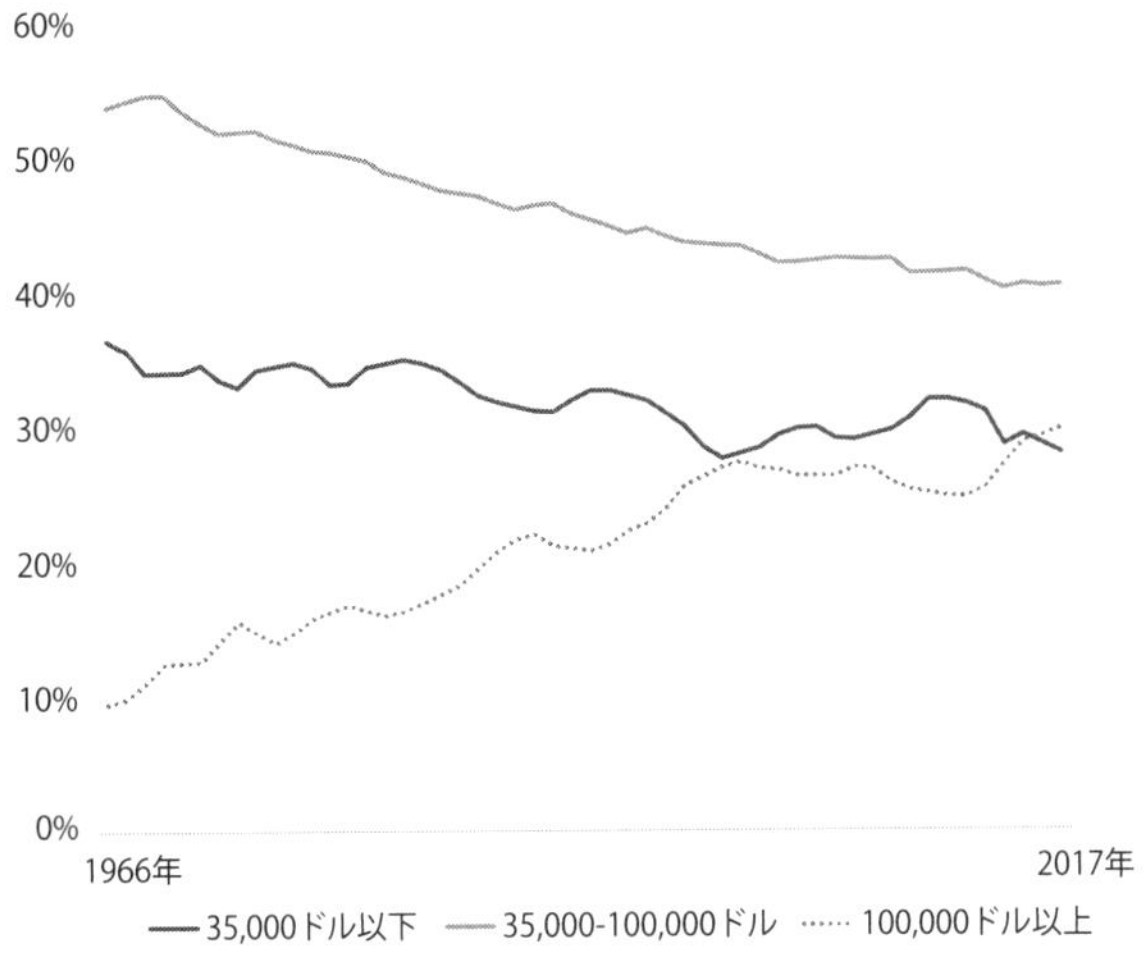

から10万ドルの世帯とした。これは少し恣意的だが、多くの人々の考える中産階級職と対応している。

この数字を見ると、確かに中産階級は崩れたが（1967年から2018年までに、その平均給与を持つ人々の割合は54％から42％に下がった）、みんな重要な質問をしない。その中産階級はどこに行ったのか？

下の階に降りたのではない。3万5000ドル以下の給与の人も36％から28％に減っているからだ。消えた中産階級は上に動いた。1967年以来、次に10万ドル以上稼ぐ人々の割合は1967年以来3倍以上の10％から30％に増えている。底が抜けたのではない。屋根が飛んだのだ。[18]

「祖父がオレの年齢だった頃には、すでに妻と子ども3人を養えたし、1銭も借金せずに家を建てられた。なのに、オレはプレステを買うのにすらローンを組まないとやってけない」という気分になってしまうのはわかる。だがこれは、あなたのお祖父さんは政府に所得の1割しか払わなくてよかったし、当時は勝手なところに新しい家を建てても合法だっただろうという事実を無視している（ついでに1950年頃まで、五分五分でその家にはトイレがなかった）[20]。

さらに、全般的な低賃金のおかげで、家を建てるといった労働集約的なプロジェクトは安くなった。むしろお祖父さんには、夕食に肉がほしくなかったかとか、新しい上着や本、電話、ラジオ、あるいはどこかに移動したかったり、さらには新しい腰骨がほしかったらどうしたかとか尋ねてみるといい。すると古きよき日々よりは、イギリスのコメディグループ、モンティ・パイソンの「ヨークシャー人4人」のコントを思わせるものが出てくるはずだ（「もちろん、ひでえ時代だった」）〔金持ち4人が「家もなかった、飯もなかった、ひどい労働条件だった」と昔の貧乏自慢で張り合うコント〕。

労働時間は今なお減り続け、満足度も上がっている

仕事がますますストレスまみれになっているように感じられ、人の入れ替わりが激しくなり、みんなしょっちゅう転職して働きづめになっているように感じられるなら、その気分がどこから来ているかを考える必要がある。というのも、現在では150年にわたる大規模な

工業化と都市化を経て、実際にはかなり落ち着いた時期になっているからだ。

　１８５０年から２０１５年のアメリカを調査すると、労働市場で最も人材移動が激しかった――最も多くの職が破壊されて生み出された――のはこの期間の最初のほうで、最も転職の少ないのが最も最近なのだ。

　１９５０年代と１９６０年代は、好況の時代として記憶されているが、当時は構造改革がいまより5倍も多かった。[21] 当時は、同じ都市の別の会社に転職するような話ではなく、一家全員がそこを引き払って、国のまったくちがう場所に引っ越すという話だった。１９５０年代と１９６０年代には、アメリカ人口の20％が毎年転居した。それ以来、その比率は継続的に下がった。２０１７年から２０１８年にかけては、それが１９４７年以来初めて10％を下回った。１９４７年は、アメリカ統計局が国内移動性の統計を取りはじめた年だ。そして２０１８年以降もこの数字は下がり続けている。[22]

　今日の問題は人材流動が多すぎるよりも少なすぎることだ。というのも私たちの成長の相当部分は、古い職や企業が消えて、新しくもっと生産的なものに置き換わることで実現されているからだ。これが十分に起きないと、期待するような仕事の品質や賃金の急速な改善は得られない。だからこそ、仕事のあるところで家を建てやすくするのは重要なのだ。

　私たちは、以前に増して働いたりしていない。工業化が一気に進んで以来、労働時間は西側世界で半減したし、ここ数十年でも減り続けている（その減り方は鈍っているが）。１９６０年から２０１７年にかけて、スウェーデン、イギリス、アメリカ、ドイツ、フラン

働く時間は減っている[24]

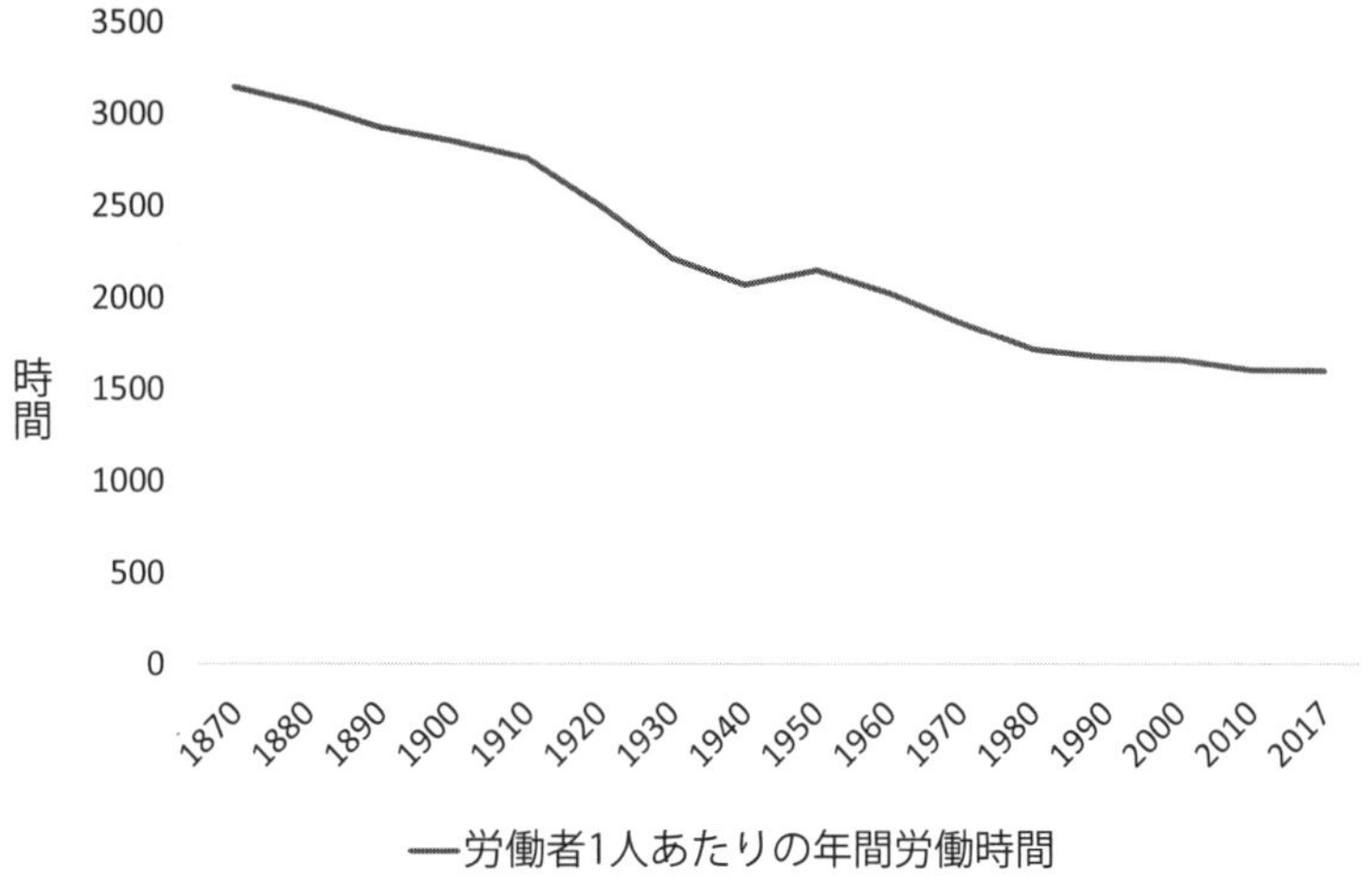

ス、スペイン、イタリアの年間労働時間は、平均で５分の１ほど減った。[23]加えて、人生で働きはじめる時期も遅くなり、退職後も以前にも増して長生きする。

また職場はずっと安全になっている。１９５０年代と１９６０年代には、労働者10万人あたりの職場での死亡者数は20人から25人だったが、この数字は着実に減っている――いまや職業安全健康局によると、10万人あたり３・４件だ。労働者の傷病は１９７２年には１００人あたり10・９件だったのが、２０１９年には１００人あたり２・８件に減った。ちなみに、職場での安全を最も大きく改善する方法は、その人を製造業職からサービス業の職業へと転職させることなのだ。

だが客観的な要因が劣化や不安定性を示さなくても、競争の激化、仕事のペースの激化や柔軟な契約は、不安や心配を生み出し得る。給料、雇用の安定、キャリア機会に満足しているという人の比率が激減していたら、結局のところみんな仕事が悪化しているというしるしなのかもしれない。

だが実はこれらすべての面で、話はまったく逆だ。ギャラップ世論調査はアメリカ人に、自分の仕事にどれだけ満足しているかを1993年以来尋ねている。この四半世紀の間に、競争激化とグローバル化であらゆるよい仕事がダメになったと言われているのに、自分の仕事に完全に満足している人は35%から56%に増えた（さらに「まあまあ満足している」と答えた人もあわせると、いまや9割が満足している）。要求されている仕事量に満足している人は3分の1増え、不満な人の割合は半減した。[25]

「ブルシット・ジョブ」のウソ

現代労働生活の批判者たち、たとえばデヴィッド・グレーバーや社会学者のローランド・ポールセンなどは、人々が職場で電話でおしゃべりしたりメールを書いたり、遊んだりしてサボったりしている時間がこれほどあるのは、実はみんな大して重要で意味ある仕事をしていない証拠だと述べる。[26]

もちろんこれはその通りかもしれない。その一方で、何か緊急の作業をしているときですら、ちょっとした休憩や気晴らしは必要だということかもしれない。肉体的に厳しい仕事をしているときには、定期的に伸びをしたり、ちがう形で身体を動かしたりしなくてはならない。それと同様に、頭を使って作業をしているときにはブラウザゲームの「デスクトップ・タワー・ディフェンス」１試合やユーチューブで知的に伸びをする必要があるのかもしれない（本書の作業中に、私はニック・ケイヴの動画を何本見たことか）。

だが興味深いことがある。仕事時間中に遊んだりメールをしたりする暇があり、またある航空管制当局者のように、勤務時間の75％をポルノ動画サーフィンに費やしても、そいつの業績面で何も気がつかれなかったのであれば（ポールセンはこの例がお気に入りだ）、それは少なくとも職場からの要求や仕事のペースが、全体として非人間的な水準になっているはずがないことを明らかに示しているのだ。

著書『ブルシット・ジョブ』（岩波書店）で、グレーバーはイギリス人の37％が、「自分の仕事は人類に有意義な貢献をしているか」と尋ねられたときに、ノーと答えたというのを大騒ぎする。この話を、37％の人々が「自分の仕事は無意味だと確信している」という話にすりかえることで、グレーバーはますますブルシットジョブが増えているという主張が「統計調査で圧倒的に裏付けられた」と結論づける。[27]

だがグレーバーが尋ねた質問は、自分の仕事がバカげたものでないと主張するためのハードルをかなり高く設定している。この私だって、自分がやっている有意義な作業の中で、人類全体にとってはまったくどうでもいいものなんて、いくらでも思いつく（ついでに、自分が人類の役にたっていると思いますかと尋ねられたとき、イギリス人が多少の謙遜や慎《つつし》みをもって答えた可能性も否定しがたいのでは?)。かわりに、もし自分が「有益な仕事」をしていると思うかと尋ねたら、「いいえ」「めったに思わない」と答えた人は、2015年にはEUでたった4・8%だったし、この数字は2005年には7・8%だったのにそれより減っている。[28]

「職場のストレス」は他所より低い

仕事がどんなにきついかという当人たちの証言が信用できなければ、頬《ほほ》の内側をぬぐってストレスホルモンを計測できる。ある3人の研究者は中規模のアメリカ都市で、1日6回これをやってくれるよう122人に頼んだ。するとそのほとんどはかなりストレスが高かった——働いていないときには。大半の労働者は、職場よりも自宅で家族や家の雑用をやるときのほうがストレスが高いのだ(すると労働時間が短くなったせいで私たちのストレスは高まったということか?)。

もちろんこれは不平等な労働市場を反映したものかもしれない。高賃金で福利厚生の手篤い労働者はますます快適な生活を送り、低所得者たちはつらい仕事をしている、というわけだ。だがその点でも、この調査結果は意外だった。低賃金で労働条件も悪い、社会経済的に弱い人々のほうが、社会経済的に強い人々よりも、職場で感じる満足度が高く、ストレスも少なかったのだ。[29]

1本の研究からあまり大きな結論を引き出すのは控えるべきだし、もっと多くの研究が必要だが（学者はもっとブルシット・ジョブをほしがるときに必ずそう言う）、いずれにしてもこれだけけから、現代の労働市場についての暗黒理論を裏付けるのはむずかしい。一方で、家庭環境が厳しい人々、たとえば家族が崩壊し、家で暴力や虐待に苦しんでいる人々にとって、職場は安全な場所として機能できる、という理論にはぴったりあてはまる研究ではある。

労働市場で感じる不安には、経済的なサイクルがあることが研究で示されている――不景気で高まり、好景気で下がるのだ。だからすべてがいかにひどくなったかを論じたい人は、簡単な手口を使う。不景気のど真ん中で行われた調査を使い、それを好況時の回答と比べるのだ。

そんな手口に頼らず長期のトレンドを見て、いくつかの景気の波をまたがるものの変化を見ると、パターンは安定性とわずかな改善だ。アメリカ、イギリス、ドイツでは、労働市場不安のトレンドは過去40年で、この期間の最後に大規模な金融危機があったのに高まってはいない。研究者たちは主観的に感じられた不安を説明しようとしたが、技術変化や労働市場規制との相関は見いだせない。唯一のまちがいない長期的な相関は、不安は失業率と共に高まるということだ。[30]

「ギグエコノミー」の皮肉な末路

労働市場の中には、新しく、急成長中で、ずっと労働安定性が低い部分がある。いわゆる「ギグエコノミー」だ。常勤職ではなく、タクシーを運転したり食品配達をしたりなど、一時的で不安定な仕事しかない状態だ。確かに、雨の向かい風の中、ほんの数ドルでピザ配達の自転車を漕《こ》ぐ配達員を見ると、これが本当に人類にとって一歩前進と言えるのか、この私ですら疑問に感じることは認めざるを得ない。

ギグエコノミーはまだ新しい経済セクターで、研究は始まったばかりだ。だが興味深い調査結果によると、ギグ労働者は平均的に見れば、常勤雇用者とだいたい同じくらい賃金や労働時間について満足しているらしい。ただし、そのばらつきは大きい。[31]

その理由は、ギグ労働者の圧倒的多数は、他に選択肢がないからではなく、積極的にそういう仕事を自ら探したと答えているということだ。ほとんどの人にとって、それは他の職を得るまでのつなぎか、副業なのだ。しばしば別の仕事の補助収入源だったり、勉強中や起業中、あるいは本当に自分の技能にマッチした仕事を探す間の収入源でしかない。そしてその場合、常勤給与にくらべて報酬がひどく低く思えても、いつ、どこで、どれだけ働くかを選べる機会は長所であって短所ではない。[32]

もちろん、他に何も手がないのでこうした仕事に就く人も、少数派とはいえそれなりにいる。その場合、ろくでもない就業機会でも受け入れねばという圧力は高まり、仕事の満足度は低くなる。しかし他のすべての機会がもっとひどいなら、この仕事はひどさが最低ということだ。「ひどさが最低」というのはつまり「最高」ということだ。配車サービスのウーバーやリフトの運転手を対象としたアメリカの調査を見ると、60％から70％はこの仕事を常勤ではなくギグとして続けたいと一貫して示している。

そしてこれはまた、質問がまちがっている。本当の選択は、ギグ労働者であることと、常勤雇用を得る確率が減ることとの間《あいだ》のものだ。というのも、もし固定給と福利厚生を支払う必要があるなら、企業はだれも雇えなくなるからだ。特に十分な契約を取ってこなかったり、非効率だったりする人物はなおさらだ。カナダが、配達人を独立契約事業者として扱うのを2020年に禁止したら、食品配達サービスのフードラは撤退した。

多くは、ギグ労働者はある仕事をするときにだけ働いていると判断されているのを嫌う。多くのプラットフォームは労働組合や法律によって、労働者を従業員扱いするように強いられた。

しかし利ざやの薄い産業で固定給の常勤仕事がほしいのであれば、ギグ運転手たちは自分のスケジュールにあう好きなときに働くという発想は諦めて、企業にとって最大の収入をもたらす日時や場所に割り当てられるのを受け入れるしかない。

このためニューヨークでは、ギグ運転手たちはもはや仕事のほしいときにだけチェックインすることはできなくなり、シフト制を受け入れねばならなくなった。もう好きなときに休憩したり休みをとったりはできない。ギグ労働はまさにそのためのものだったはずなのだが。

食品配達となると、常勤は、つまり労働者はかなり生産的でなければならない。たとえば雨の中、坂を自転車ですばやく上らねばならず、企業は彼らがそうしているかをモニタリングしなくてはならない。どんなに頑張ってペダルを漕いでも同じ給料しかもらえないなら、遅いサイクリストは放り出される。だから、ギグエコノミーの最悪の側面がこの仕事の柔軟性のある部分を無視して、それを普通の仕事として規制したがることで生じるというパラドックスめいた結果が生じている。経済学者アンドレアス・ベルグが述べるように「かくして一瞬で、自転車に乗れる人ならだれにでもできる簡単な副業だったものが、強く、速く、身体頑健な者だけの仕事になってしまった[33]」。

「中国製との競争」でアメリカ人の職と所得は増えている

これまで書いてきたことはどれ1つとして、うち捨てられた工業風景やラストベルト地帯の惨状が妄想だなどという話ではない。コミュニティは、魅力的な仕事を提供する繁栄した企業のまわりに生まれる。そうしたビジネスモデルがもはや成立しなければ、コミュニティは崩れはじめる。その購買力によって作られた店舗や下請け業者は閉鎖し、若者たちは転出しはじめる。

これは特にアメリカのような若い国では深刻だ。工場は有機的な都市環境に建設されず、何もない場所にできてそれを核に新しいコミュニティが育ったからだ。

今日、アメリカのラストベルト地帯の一部に旅行すると、命も希望もないゴーストタウンにいるような陰気な雰囲気にとらわれてしまう。同じことが、いくつかの古いヨーロッパ工業都市でも感じられる。こうした風景を見たら、グローバル化が中産階級やよい仕事すべてを潰しているのを擁護できる者などいるだろうか？

だがちょっと待った。グローバル化がこのドラマの悪役だという証拠はあるのだろうか？最も広く使われる例を見よう。中国が２００１年のＷＴＯ加盟後にグローバル経済に参加したことだ。

２００１年から２０２１年にかけて、アメリカにおける製造業雇用の比率は毎年０・２ポイントずつ下がり、これは明らかに当事者たちには苦しいことだろう。

だがこの減り方は、それ以前の数十年よりも減り方が少ないのだ。１９６０年から２００１年にかけて、製造業職の割合は年率０・４ポイント近く下がり続けている。だからこれはいきなり始まった新しい現象ではない。長いトレンドが続いているだけだ――しかもそのペースは鈍っている。[34]

批判者たちは、中国からの輸入品との競争で２０００年から２０１５年にわたり、毎年アメリカ人の職が13万件ずつ失われたと述べる。これはかなりの数に思えるが、同じ時期にアメリカ経済から消えた6000万件の職と比べると大したことはない。そうした職の喪失のうち2000万件は非自発的、つまり会社の閉鎖や移転、リストラのせいだ。つまり中国の仕事で消えた職の150倍くらいは、まったくちがう理由で失われたということだ。[35]

だがなぜだかみんな、他の150人の失業よりもそのたった1人の失業者ばかりあげつらう。ひょっとしたらそれは、グローバル資本主義は収奪的だというお話に都合がいいから、というだけではないのか?

だがその大きな数——150——は、失業は常にあることを明らかにしている。技術は変わり、自動化する仕事もあり、必要な技能も変わる。人々は移転し、購買力もいっしょに移転する。消費者は絶えず需要を変える。いきなり、みんな旅行代理店に向かうよりオンラインで自分で旅行を手配しようとする。映画の消費はもうビデオテープ生産を必要としなくなる。ある日、朝にニュースを読むのにあまり製紙工場はいらないと気がつく。

仕事は常に消える。決めねばならないのは、古い消えゆく産業をすべて温存しようとして、生産性と富が劣った弱い状況で消える仕事に直面するのか、それとも構造改革して、新しく競争的な産業で人を雇えるリソースや拡大する産業を持った、強い状況でそれに立ち向かうか、ということだ。後者を選ぶなら、国際貿易ほど優れた仲間はなかなか想像できない。絶えず手法をアップグレードし、得意なことに特化できるようにしてくれるから、絶えず失ったものよりもよい仕事を生み出せるのだ。

毎年、アメリカでは6000万の職が失われ、それ以上の新しい仕事が毎年生み出される。

そしてその新しい職を生んでいるのはだれか？　答はかなり予想外だ。それは中国からの輸入に最もさらされている企業なのだ。彼らは職を失うが、競争への対応として自分がもっと大きな価値を生み出せる分野に特化するのだ。

最近の研究では、中国の輸入に直面した企業は他の企業に比べて、年率２％も多く雇用を拡大したという。[36] 新しくできたのは同じ職ではない、と批判する人も多い。その通り。もっとよい職なのだ。それは付加価値が高い、賃金が高い製造業職や、補助的なサービス業、たとえばエンジニアリング、デザイン、研究開発、マーケティングなどの分野だ。**だから「中国が仕事を奪った」のが正しいなら、かわりにもっとよい仕事をくれたというのも事実なのだ。**

バリューチェーンの川上に向かう方法はいろいろある。ヨーロッパ企業50万社を調べた今世紀初頭の研究では、中国との競争に直面した企業は研究開発投資を増やすことで対応したことがわかった。そして特許申請件数もこうした企業のほうが多かった。その結果の１つとして、ヨーロッパの雇用はもっと革新的な企業にシフトした。研究者たちは、中国との競争は２０００年から２００７年のヨーロッパ経済における技術的更新の14％を後押ししたという。[37]

さらに、国内企業は安い輸入中間財を使うことで生産を拡大できる。輸入が地元の職を破壊するという結論を出す研究は、通常は直接の競合しか見ない。もしスミスさん一家が中国企業の冷蔵庫を買えば、アメリカ企業の冷蔵庫は買わない。だがそれは貿易の一側面にすぎず、最大の側面ですらない。国境を越えるほとんどのものは投入財、原材料、部品で、企業が自分の製品を作るために必要とするものだ。ときには中国から冷蔵庫を買うこともあるが、アメリカの冷蔵庫メーカーがドア、ケーブル、ランプを中国から買って、優れた冷蔵庫を安く作るほうが多いのだ。

最近の研究では、2000年から2007年のバリューチェーン全体を見ると、中国との貿易の影響はむしろアメリカの職を増やしている。平均的なアメリカの地域は、中国との貿易がまったくない仮想的な地域と比べると、雇用を毎年1・3％増やした。結果としてアメリカ労働者の75％は実質賃金が上がった。[38]

iPhone1台の中国の取り分は「1・3％」

だがそもそも仕事を1つたりとも犠牲にしなくてもよいのでは？

iPhoneを見てほしい。ドナルド・トランプは、アップルがなぜ地球の裏側でスマホを組み立てるのか理解できなかった。「アップルの最大の恩恵を受けているのは中国だ――我々ではない」と彼は文句をたれ、アップルに「そのくそコンピュータやモノすべてを他国ではなくこの国で作れ」と求めた。

しかし、本当に中国が最大の勝ち組なのだろうか？

一部の研究者は647ドルで売られるiPhone7を分解した。製造原価は237ドルだが（これはデータ上では237ドルの中国からの輸入のように見える）、それを構成する部品のほとんどは、アメリカ、日本、韓国、台湾製のマイクロプロセッサ、メモリチップ、ディスプレイなどだった。とはいえ一部はもちろん、中国の労働や部品ではある。いくらくらい？　8ドル50セント弱——アメリカの最低賃金と大差ない金額でしかない。つまり、「最大の勝者」であるはずの中国は、みんながiPhoneに支払うものの、たった1・3％を手に入れるだけなのだ。[39]

残りの98・7％は、他の部品メーカーや、アップルとアメリカの労働者、研究者、デザイナー、プログラマ、販売員、マーケティング担当、倉庫労働者、税務当局に行く。

そして、工場を自国に取り戻すほうがいいかという問いへの答がこれだ。こうした決まり切った組み立て仕事は、アメリカ人でやりたがる人はほとんどいない——そしてアメリカなみの賃金でアメリカ人にそれをやらせたら、iPhoneは高くなりすぎて、同社は（たとえば中国のスマホメーカーと）競争できなくなる。もし組み立てが効率的に安くできるところに外注すれば、アメリカ人は高技能職を維持できる——デザイン、部品、ソフト、広告キャンペーンを実施できて、大儲けできるのだ。

ではなぜラストベルト地帯の労働者は悲惨なのか

だがみんながいい目を見るわけではない。私の楽観論を揺さぶる敗者集団が1つある。それは、アメリカにおける高齢の労働者階級、特にアパラチア山脈周辺のラストベルトにいる中年労働者たちだ。

1999年以来、健康悪化と死亡率急増がこの集団では見られる。これは自殺、アルコール関連の負傷、さらに何よりもドラッグの過剰摂取が原因だ。彼らの死亡率はあまりに高まりすぎて、いまや1980年代に逆戻りしている。アン・ケース・ディートンとアンガス・ディートンは、これを不愉快ながら適切な「絶望死」という言葉でまとめている。[40]

これはこの時期の労働市場で最悪の成績となった集団でもある。賃金は市場の他の部分に後れを取り、彼らの多くは労働市場を完全に去り、それが家族や地元社会を不安定にした。

グローバル化のせいにしたい気持ちもわかる。だが、25歳から54歳で労働市場を離れた人々のグラフを見ると、1965年からほぼ一貫して増加を続けていて、規制緩和、北米自由貿易協定（NAFTA）、中国のWTO加盟、景気の上下変動、いずれもこの長期トレンドには影響がない。それどころか、労働力から脱落した男性の比率は、2000年から2019年全体よりも、古きよき1965年から1975年のほうが高いのだ。

ディートン夫妻は、絶望死はグローバル化では説明できないという点では合意する。「グ

働いていないアメリカ男性　1965年 - 2017年[41]

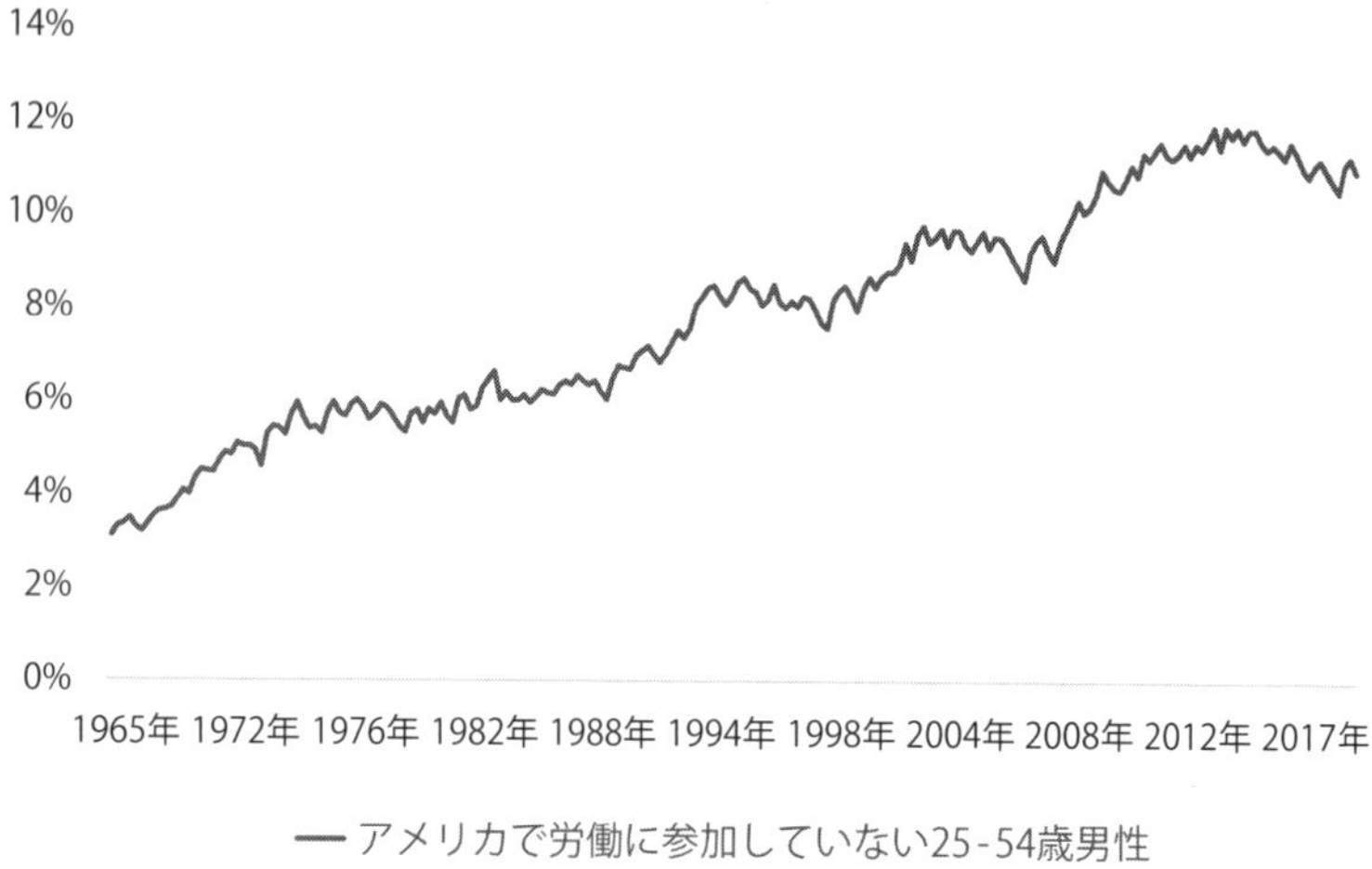

ローバル化とは文字どおりグローバルであり、オートメーションも同様だ」[42]。西側世界すべてが同じグローバル化の道をたどっているし、アメリカより貿易に開かれた国も多い。なぜそうした地域では絶望死が起きていないのか？　西ヨーロッパは影響を受けていないようだし、アメリカでも、ラティーノや黒人ではこうした死亡率増加は見られない（少なくとも第1段階では）。さらに大学の学位を持つ白人でも見られない。だから、この集団ではひどい労働市場状況を特に深刻にしている何かが起きているのだ。

　ディートン夫妻によると、貧困そのものではない。その問題は、白人の貧困と相関していないし、なぜあらゆる年齢層での死亡リスクが、非ヒスパニック系白人に比べてラティーノでは低いのか（そして下がり続けているのか）もわからない。ラティーノのほうがずっと貧しいのだ。

また格差が理由でもない。最も不平等な州であるニューヨークやカリフォルニアは、死亡率が低い。ヘルスケア制度が機能不全でますます高価になっているのが原因らしい。ほとんどの人々は雇用者から健康保険を受けているので（税制のため）、企業は最も生産性の低い労働者を始末したがり、そうした労働者は失業すると保険を失うのだ。

アメリカのもう1つの特異性は犯罪で起訴され、労働市場での差別に苦しむ人々の比率が大幅に増えたことだ。ヘルスケア、教育、職業免許のいる仕事では、差別はときには政府当局により行われている。第3の特異性は、人口に占める帰還兵の割合が多く、彼らはしばしば身体的、精神的な健康状態が悪い。

こうした要因はすべて、民族マイノリティにも少なくとも同じくらい影響を与えている。ディートン夫妻によると、なぜ教育水準の低い白人が過去20年にわたり最も割を食っているかといえば、アメリカの人種差別が減って、黒人やラティーノたちが急速に社会的に前進したからなのだという。これは明らかにきわめてプラスの発展だが、たまたまある集団に生まれついたというだけで優位な地位を得るのに慣れてきた人々には、脅威と感じられるかもしれない。特権に慣れると、平等であることが弾圧に思える、という格言もある。

この問題に拍車をかけるのが、アメリカ政府は職の減少に対し、影響を受けた人々を労働力から除去することで対処することが多いということだ。もっと積極的な労働市場政策をとる国と比べて、アメリカはその度合いがずっと高い。失業者は失業手当、フードスタンプ、障害手当、早期退職手当とヘルスケアを受けられる。これは転落を受け止めるクッションにはなるが、そうした支援のほとんどは、再訓練を受けない、別の種類の仕事に就かない、経済の強い地域に転居しないことが条件となっているのだ。そこで彼らは、もはや仕事を提供できない地域にとどまる。アメリカが失業者に与える金額のうち99％は、失業者がゴロゴロし続けるために払われ、彼らが新しい仕事を見つける手助けには１％しか使われないのだ。

アメリカの福祉制度の「罠」

アメリカの福祉国家は極端なロックイン効果をつくり出す。もちろん、失業や病気で苦しむ人々には何らかの金銭支援を受けてほしいが、仕事を得た瞬間にその支援が消えうせるなら、それは福祉の罠を作ったことになる。仕事に就いたり、貯金したり結婚したりすると金銭的に罰を受けてしまうからだ。

この福祉制度はバカげたことに、右派左派を問わず政治家たちが破壊的なライフスタイルと呼ぶものを奨励するよう仕組まれている。これはアメリカだけの現象ではない。ＯＥＣＤ諸国の失業者の40％近くは、仕事に就いたら80％の限界税率に直面してしまうのだ。[43]

数年前に、福祉生活をしているアメリカ人たちに接触してその状況を調べたことがある。全員に共通した因子は、囚《とら》われたような気分になり、仕組みが理解できないということだった。

子ども4人を抱えるとあるシングルマザーは、5種類のちがった補償を受け取っているが、理解不能だと言う。「5つともちがったルールや規則やガイドラインがあって、何を稼いでいいかいけないか、何が算入されるかされないかについて基準がちがうんです。自分が稼げる金額のスイートスポットがどこなのかを見極めるのはやたらに複雑です」。低賃金職に就いたら手当が減ってかえって収入が減るかもしれないし、給料が年3万ドルに上がったら、多くの手当が消えるので、たった1万5000ドルしか稼がないのと同じことになる。

キースとモニークは、子どもができたので結婚して同居したことで家計に打撃を受けたと言う。一夜にして手当総額が55％減少し、モニークが補助金つきのアパートにいられるかどうかもはっきりしない。「多くの人は、子どもの父親については福祉支援当局には言わないんです。ときどき、自分もそうすればよかったと思うことがあります」とモニーク。

犯罪歴があり、生涯にわたり手当を受給して暮らしてきたエンジェルは、少しでも貯金しようとすると当局のレジに計上されて手当が減るのだと言う。「手当を切られたくなければ、お金をもらって使っちまうことだ」

なぜインナーシティの貧困者があんなに高価なスニーカーをいっぱい持っているのか、不思議に思ったことはないだろうか？　この質問をしたら、答はそれが貯蓄の一形態なのだというものだった。戸棚にいっぱいスニーカーを持っていても、当局は健康保険や補助金つきのアパートを奪ったりはしない。予想外の支出があれば、1足売るか「スニーカー銀行」に出かけて、スニーカーを担保に融資を受けられる。

「仕事を求めて引っ越す」ことができないわけ

経済的に荒廃した地域は、企業が労働力を求めている場所のすぐ近くにあることも多い。ウェストヴァージニア州は打撃を受けたが、もっと魅力的なヴァージニア州やメリーランド州に隣接している。危機にやられたメイン州は急成長中のニューハンプシャー州の隣だ。以前の世代なら、産業が閉鎖されたら失業者は職のある地域に引っ越したが、それがますます困難になってきた。建築規制と慢性的なＮＩＭＢＹ主義（Not In My Back Yard、つまり地元での新しい建設に反対する人々のこと）のおかげで、反対を受けずに家を建てられるのは、だれも住みたくない地域だけになってしまった。すると物件価格が上がり、つまり仕事のために新しい町に引っ越すと損をしかねない。

移動に対する別の障害としては、専門職免許がすでに仕事を持っている人々による部外者排除の手法となったということだ。免許や資格についての法律の対象となる従業員の比率は、１９５０年代には５％未満だったのが、いまや25％強になった。どこか１つ以上の州で規制されている職業は１１００以上だ。看護師、メガネ屋、メークアップアーティスト、花屋まで実に様々となる。そしてその要件は州ごとにちがう。失業したら、州境を越えてまったく同じことをやるにも特別講習と免許獲得が必要となるので、面倒かつ高価で、時間がかかるのだ。[44]

在宅勤務問題に対処するためには、アメリカでもその他の国々でも、多くの改革が必要となる。だが自由貿易と競争を制限しても解決にはならない――みんなが貧しくなるばかりか、敗者をさらに生み出してしまうからだ。

「関税」が解決策にならないわけ

私はときどき、自由貿易のために失業した人々から、なぜ構造改革とやらで自分が痛手を受けねばならなかったのか説明しろと言われる。私はこういう言い方をする。

たとえば製鉄所での伝統的な製造業職を、関税で救えるかもしれませんね。でもそれをやったらどうしますか？　短期的には仕事を救うでしょう。やる気があると思われ、再選されるかもしれない。あなたに見えているのはそういうことです、と19世紀フランスの経済学者フレデリック・バスティアなら言ったでしょう。

しかしあなたに見えていないが、通常はその後に起こるのはこういうことです。鋼鉄が高価になり、自社の製品に鋼鉄を使う倒産寸前の企業の売り上げが減るので、その会社で

Aさんが失業します。いまや鋼鉄製のあらゆるものが高価となった消費者は、他の財やサービスに使うお金が減るので、そうした部門の需要が減ってBさんが失業します。さらに関税は輸出国のCさんの失業につながり、するとそこで我が国の輸出企業から買い物をするお金も減ります。すると輸出企業でDさんが失業します。さらに全体としては成長が低下し、税収も減りますね。

だから自由貿易支持者が失業理由を説明すべき人物1人に対して、保護主義者はその周辺にいる4人に対し、失業理由を説明しなくてはならないんです。自分たちの行動がさらに川下で起こす被害を思い描くだけの想像力がないからといって、そういう被害がないわけではないんです。

政府は、その苦痛を取りのぞくことはできず、それを先送りにできるだけだ。問題は、それが負担を最も生産性の低い企業から、最も生産性の高い企業に移すということだ——もっと革新的で競争力のある仕事を用意してくれたはずの企業が苦しむのだ。関税でも仕事は失われるが、新しい仕事も作れず、被害を受けた人々を助けるリソースもない弱い立場での失業となってしまう。雇用を保護したのが関税ではなく、税金を財源とする補助金だったとしても、影響は似たようなものだ。国家は、他の仕事を作るのに使えたはずのリソースを奪うことによってのみ雇用を生み出せるのだ。

これは仮想的な例ではなく、政治家たちが国内の雇用を保護するための行動を約束するたびに実際に起こることだ。右の例での計算は少し控えめだったかもしれない。各種のアメリカ貿易障壁に関する詳細な分析を見ると、職を1つ救うと、平均で消費者たちにとっては、製造業における平均賃金の6倍の負担がかかるのだ。だから保護主義で救われた仕事ごとに、他の労働者6人を雇えたはずの購買力を失うことになる。[45]

EU離脱で低迷するイギリス経済

イギリスは現在、開放貿易からの撤退によるひどい影響を経験している。これ以上はないほどハードなブレグジットを追求したため、イギリスはEUから離脱したばかりか、マーガレット・サッチャーがあれほど頑張って開始した、ヨーロッパ単一市場からも離脱してしまった。

当初、多くの人々はこれがもたらす劇的な影響を見すごした。自由貿易が終わったのはやっと2021年1月になってからだったせいだ。その後、あらゆるEU諸国に自由に輸出するのに慣れていたイギリス企業は、新しい貿易障壁に取り囲まれているのに気がついた——サッチャーが「国ごとにことなる基準、各種サービス提供の制限、公共事業からの外国企業排除といった陰湿なもの」と評したものだ。[46]多くの中小企業はこうしたお役所手続きに直面して匙《さじ》を投げたので、ヨーロッパとの商取引は3分の1近く減った。

いまのところ、ブレグジットは官僚が実業家と消費者から手綱《たづな》を取り戻しただけらしい。『ザ・タイムズ』紙のブレグジット支持コラムニストであるイアン・マーティンは「ブレグジットが貿易に与える悪影響を否定するのは、現実を否定することである」と書く。[47]

このため経済全体が苦しんだ。ポンドは急激に減価し、輸入品が値上がりして物価が上がった。為替レートが下がると輸出は安くなるが、輸出はパンデミック後に、他のヨーロッパ大国ほどの回復を見せていない。事業投資も後れを取っており、それを押し上げようというきわめて鷹揚《おうよう》な税制優遇も奏功していない。このすべてが組み合わさって、生産性を引き下げ賃金を抑えてしまう。

ブレグジットが「グローバル・ブリテン」を生み出すと期待した人もいた。開放された規制緩和経済となって、全世界と自由に貿易できるようになる、というわけだ。だがグローバル化への意欲はむしろ下がり、結ばれた新しい自由貿易協定も、おおむねイギリスがもともとEU経由で持っていたものの焼き直しにしかならなかった。そしてオーストラリアとの貿易協定はけっこうながら、英仏海峡のすぐ向こうにある、5億人近い単一市場への参加を補えるほどではない。EU諸国との貿易は、イギリスの貿易の半分以上を占めていたのだ。

公式の予測機関である予算責任局は、ブレグジットがイギリスの貿易強度を、何もしなかった場合に比べて長期的に15%小さくすると推計している。これは年間およそ1000億ポンドのGDP減少であり、政府の税収は年に400億ポンド減る。これに対し、リズ・トラス首相が提案した最高所得税率の引き下げは、2022年9月に市場をビビらせはしたが、税収は20億ポンドほど減るだけだった。

貿易をめぐるほとんどの議論で、各種保護主義による最大の敗者が見過ごされてしまう。それは消費者だ。そして最大の被害を受けるのは、中低所得世帯だ。彼らは所得のうち、国際的に取引される財、たとえば衣料、食品、消費家電などに使う所得比率が大きいし、レストランに行ったり不動産や法律サービスといった国内サービスに使う所得比率は小さいのだ。

『クォータリー・ジャーナル・オブ・エコノミクス』誌に発表された研究によると、国際貿易が完全に止まれば、イギリスで最も豊かな10分の1の世帯は購買力をおよそ1割失うという。その人たちは、それだけの損失でも負担しきれるかもしれない。だが最貧層の10分の1の世帯は、もともと小さな購買力を、最大54％も失うことになる。[48] 関税障壁はすべて逆進税であり、貧しい消費者から奪って金持ち生産者に与えるのだ。各種の保護主義の波は、私たちの中産階級と雇用を一掃してしまうのだ。

第4章

トップ1%はなぜ必要？

資本主義で確実なことが1つある。富は平等には分配されていないということだ。この数十年で、超大金持ちの小集団――1%――が大部分を自分の懐に入れて、他のみんなを取り残してしまった。

なぜ資本家どもがそんなに多くを得るべきなのか？　仕事をしているのはそいつらじゃないのに？

イケア創業者イングヴァール・カンプラードが2018年に他界したとき、スウェーデン左翼党青年部議長ヘンリク・マルムロット（ある夏にイケアの倉庫で働いたことがある）はすぐさまこう指摘した。「遺産を共有すべきは我々15万人の労働者だ」。イケアの価値は、カンプラードが創ったのではなく労働者が創ったのであり、いまや「彼が我々から盗んだものを取り戻す」ときがきた、とのこと。[1]

別のそれほど成功していない家具会社ではなく、たまたまイケアの倉庫で働いたからというだけで、富をもらう権利があると思うのはかなり極端な発想だろう。だがこの態度は大いに広まっている。手作業だけが本物であり、ビジネスアイデアを発明し、お金をリスクにさらし、仕事を組織して新しい市場を見つけた人は何も創っていないというのだ。

だからこそ社会主義者たちはいつも、お気に入りの国で政府が企業を接収すると、財が底を尽き、飢餓が生じるので驚いてしまうのだ。なぜだろう？　その国には以前と同じだけの筋肉や頭脳があったのに。消えたのは収奪者どもだけだろうに。

そしてそれが答だ。ベネズエラにはカンプラードのような人物がいないのだ。だからこそ、共有できるようなものが何もない。ポーランドのマルクス主義経済学者ミハウ・カレッキが1962年に、当時社会主義だったインドのような国の悲惨な貧困を見て結論したように「収奪される人々があまりに多く、収奪する側が少なすぎる」のが問題なのだ。[2]

資本家を「搾取屋」呼ばわりする人が見落としていること

スウェーデンの偉大な作家の1人アウグスト・ストリンドベリは、一時はこの若き社会主義者たちの考えを共有していたが、一方で工業主義の絶頂期に暮らしていたので、繁栄にとって起業家がどれほど決定的な重要性を持つか、目の当たりにできた。

自伝的小説『召使いの息子』でストリンドベリは、貧しい村にやってきてアイデアを思いついた労働者の物語を語る。[3] 彼はお金を借り、原材料と道具を買って、農民の少女たちにわらを編むのを手伝ってくれと頼み、農民の少年たちにそれを縫って麦わら帽子にしてくれと頼む。するといきなり新事業が動きはじめた。彼は合意した通りに労働者に支払いを行い、返済も滞ることなく、原材料の代金も払い、それでもちょっとした利益を得る。

この利益で彼はやる気を出し、もっと効率的な生産を開発し、もっとよいデザインをつくり出し、もっと大きな市場を見つけ、絶えず競合の1歩先を行くようになる。事業はますます改善し、いきなり村は栄える。労働者たちも生活が向上し、飢えた者は食べられるようになり、その労働者は——いまや資本家となり——金持ちになった。

だがある日、甘やかされた若き社会主義者がその村に夏の仕事にやってきて（いや、ストリンドベリはそういう言い方はせず「ベルリンからの若造」と呼んでいる）、労働者たちを煽《あお》るのだ。「この資本家はみんなの仕事を利用して金持ちになったんだ」「こいつは泥棒だ」と。彼らの仕事はずっとそこにあり、その仕事をこれほど生産的で、消費者に価値あるものにしたのは彼の新しいビジネスモデルだけだった、という事実をこの若造は無視する。

ストリンドベリの小説では、若い社会主義者は労働者たちを説得して、帽子メーカーのお金と機械を奪わせる。いまや、彼らは何かを売らない限りだれにも支払ってもらえないし、だれも最高の原材料を探さず、機械の修理もせず、生産の効率化もせず、新市場も探していない。村人たちは働き続けるが、利益や給料は間もなく消えてしまう。そしてどの労働者も、その小さな町で工場を興《おこ》すために貯金を危機にさらすなどというイカレたアイデアを思いついたりはしない――その村は間もなく、ふたたび貧困と飢餓に戻ってしまうのだ。

資本家が利益を出したこと自体が「社会還元」

ストリンドベリの論点は、**資本家の仕事はとても生産的であり、それにより豊かになった人々の中で、分け前を最後までもらえなかったのが資本家だ**ということだった。

企業の所有者がお金を儲けるには、サプライチェーンの他のみんながまず取り分を得なくてはならない。顧客は払うお金よりも価値が高いと思う製品やサービスを得なければならない。従業員は、企業が製品をうまく販売するまでに数年かかったとしても、結局利益を出せなくても、契約上の給料を受け取らねばならない。ほとんどの人が、自営になるより雇われたがるのは、支払いを手にするまで待ちたくないし、製品が売れないときに完全に支払いを受けられないのもいやだからだ。

さらに、材料や機械のあらゆる下請け業者も、その会社に納品した分の支払いを受けねばならないし、銀行は定期的に利息を取り立てる。従業員、業者、貸し手がその努力分の支払いを受けて何かが残れば、それは「利益」と呼ばれるが、それが巨額だとみんなえらく腹をたてる。だが実際には、利益が大きいほど喜ぶべきなのだ。各工程の他のみんながまず支払いを受け、さらにこの会社が時間やリソースをみんなの評価するものに変えるという野心で成功したことが示されるからだ。だからこそ、「成功した起業家は利益に対する補償として社会に何かを還元する必要がある」という話は、耳にするたびに苛立《いらだ》たしい。**起業家が利益を出したというのは、彼らが社会に何かを与えたという証拠なのだ。**

「強欲な資本家」の取り分はわずか2・2%

自由市場では、相手がほしいものを提供すれば利益を得る。それがなんであっても。左派の民主党議員バーニー・サンダースは、『ニューヨーク・タイムズ』紙にいささか恥ずかしそうにこう述べた。「私はベストセラーを書いたんだ。ベストセラーを書けば君も億万長者になれる」[4]。**利益とは他の人々から奪うものではなく、他人のためにつくり出す価値からごくわずか手元に残す分なのだ。**

どのくらいわずかなのか？　ノーベル賞受賞経済学者ウィリアム・ノードハウスは、イノベーターや起業家たちが新しい財、技術、手法を経済にもたらすときに、通常の投資収益率に加えて手に入れる利益を研究した。50年にわたるアメリカの統計から得られる結論は、こうした強欲な資本家どもは特許保護や市場への一番乗りという優位性があるにもかかわらず、イノベーションの社会的価値の、およそ2・2%ほどを奪い取るというものだった[5]。

たった2・2%？　なぜそんなに少ないのか？

こういうふうに考えてほしい。ある日、だれかがマイクロプロセッサを半値で作れるプロセスを考案したとする。恩恵を受けるのはだれだろうか？　もちろん消費者たちだが、まずだれよりもイノベーターだ。なぜなら、他の競合より少し下に価格を引き下げるだけで、みんな自分から買おうとするようになるからだ。

だがやがてプロセスは広がり、他の生産者にそれをライセンスして、他の人はそれを真似して、他の人々はそのやり方を学んで独自の手法を開発できるようになる（そしてやがてだれかがもっといい手法を開発する）。

しばらくすると、ほとんどの生産者は新しいイノベーションを利用するようになり、だれも以前より大して儲けたりはしない。だが発明は残り、さらに手間暇を節約するノウハウも残るので、低価格も残る。いまやそれは消費者と人類の利潤となる（特許保護が模倣を阻害するという、ときには正当な懸念もあるが、それでもイノベーションが他の企業や消費者に広がるまでの時間はどんどん短縮されているのだ[6]）。

資本主義は、非資本家には信じられないほどおいしい話なのだ。起業家たちは借金をして、自宅をリスクにさらし、家族や友人を無視して日夜苦闘し、そしてあらゆる逆境をはねのけて成功したら、利益の2・2％を手に入れる。一方、ソファでゴロゴロしつつ映画を見ている私たちは、財やサービスの低価格という形、つまりは購買力上昇という形で98％近くを手に入れるのだ。これは有益な格差の形であり、起業家の手にする利益が増えれば、私たちが得る98％の価値もそれだけ高まる。一方、何十億ドルもの利益の2・2％もあれば、新しいイングヴァール・カンプラードやビル・ゲイツやイーロン・マスクになるには十分だし、そこに加われるという希望だけで多くの人が触発されるのだ。

スウェーデンで最も成功した起業家の1人、スヴェン・ノルフェルトはかつて、市場は「地雷原」だと話してくれたことがある。向こう側には、新しい知識、能力、製品、サービスがあり、それが社会すべてを豊かにできる。だがその道は不確実性、技術的な行きづまり、予想外の消費者、景気の変動、金利変化、気まぐれな政策や、ツキのなさという地雷原に阻《はば》まれているのだ。向こう側への道を見つける唯一の方法は、できる限り多くの人々が敢《あ》えてそこに踏み出すようにすることだ。これは、だれかが安全な道を見つけてみんながそれを辿れるようになる可能性を高めてくれる。

こんなリスクの高い旅に出るよう人々を触発できる何よりの手段は、成功したときの利益の相当部分を手に入れられるという希望だ。ほとんどの人は地雷を踏んづけるが、少数は本当に向こう側に行ける。

必ずしも公平なプロセスではないし、無傷で向こう側に行き着くのが「正しい」人とは限らない——最も頑張った人とは限らず、最も応援された人でもない。だがその他の人々にとって、重要なのはその道が見つかるということだけだ。みんながその後について向こう側にまで行けて、そして次の地雷原に取り組めるようになればいいのだ。人類が先に進むには、この方法しかないのだ。

200年前のご先祖がビル・ゲイツの暮らしを見たら

イノベーションは、それでも大量の収入と富の格差をつくり出せる。一般人の平均給与が年率数%しか増えず、ごく少数の人は何兆ドルの数%を得るなら、やがて両者はまったくちがった世界に住んでいるような感じになってしまうだろう。その少数の人々は毎秒ごとにすさまじいお金を稼ぐので、落とし物の100ドル札をかがんで拾うだけでも損をしてしまう。

こんな差は受け入れ難《がた》いものがある。だが、受け入れようとしたほうがいい。

一瞬でいいから、アメリカの経済学者ドナルド・ボードローが著書で呼びかけているように、おじいちゃんのお婆さんのお爺さんのお婆さんがタイムマシンに乗って1800年から2023年に運ばれ、たまたま超大金持ち——マイクロソフト創業者のビル・ゲイツにしておこうか——の家にやってきたらどうなるかを考えてみよう。[7] ゲイツの日常生活で、彼女が最も驚異的でうらやましいと思うのはどんなことだろうか?

先を読み進む前にちょっと考えてほしい。

何を思いついただろうか? 私個人としては、彼女はまっ先にゲイツが自分や家族の食べ物を得る心配をしなくていいこと、さらにジャガイモとおかゆ以外に、世界中からの新鮮な食べ物があることに気がつくと思う。そして、栓をまわすだけで安全な水が得られるのに驚愕するだろう——自分で水をくみ上げなくてよいのだ。シャワーや風呂のお湯さえ出る。それに加えて、一家の糞尿をずっと遠くの安全なところに送り出してしまえる——流しボタン一押しで！

ビル・ゲイツは、67歳なのに自分の歯が残っているようだし、頭痛をなくすのに錠剤をのめるし、必要なら新しい腰の関節や肝臓すら手に入れられる。未知のコロナウイルスが世界を襲ったら、1年以内にワクチンを用意できる。子ども3人は何十年も前に生まれたのに全員存命中で、おそらく彼らも80代まで生き延びそうだ。

ビル・ゲイツは快適な服をたくさん持っているし、それを着た後は、でっかい箱に押しこむだけできれいになる。真夜中ですら、壁の適切な場所を押すだけであらゆる部屋が明るくなる。おもしろいとか美しいとか思ったものに小さな板を向けるだけで、そのほぼ完全な画像を得られる。信じられないことに、その小さな板を使うと地球の反対側からの動く映像を見られるし、それもリアルタイムで可能だ。家に交響楽団は抱えていなくても、好きなときにいつでもベートーベンやモーツァルトの傑作が聴けるし、VNVネーションだのクラン・オブ・ザイモックスだのといった、変わったアーティストでも聴けるのだ——それも何度でも繰り返し。その同じ装置は、芝生の雑草を処理するやり方から、世界最高の大金持ちはだれかまで、およそ思いつくどんな質問にも答えられるようだ。[8]

さらにそのひいひいひいおばあちゃんが、ビル・ゲイツは馬よりも速く移動できる金属の機械仕掛けでどこへでも行けて、さらに羽のついた筒状の別の仕掛けで、他の大陸にほんの数時間で飛べると知ったら、たぶんおばあちゃんは、自分が夢を見ていると確信することだろう。ビル・ゲイツは王様のような暮らしをしているどころか、まるで魔法使いのようだと思うだろう。

かつての贅沢品が庶民の手に届くものになったのは誰のおかげ？

これが世界の超大金持ちの驚異的な生活だ。だが、あなただってそういう生活をしている。この思考実験で最も驚異的なのはその部分だ。現代の超大金持ちとご先祖の生活を隔てる、最も驚異的なものは、ほとんどがあなたも使っているものなのだ。もちろんちがいはある。ゲイツは、自分が飛ぶための専用の金属の筒を持っているが、あなたは他の人と乗り合いするしかない。そしてお湯やトイレや交響楽団のあるゲイツの家は、あなたの家よりずっと大きい。

だがご先祖の時代の超大金持ちも、巨大な邸宅と召使い軍団を抱えていた。その後に生じた驚異的な新しいものは、あなたもまちがいなく超大金持ちと同じように持っている。**最も重要な財、サービス、アメニティはいまや人類史上の他のどんな時点と比べてもずっと平等に分配されている**とすら私は敢えて主張したい。

なぜそうなのだろうか？　それはビル・ゲイツ、ジェフ・ベゾス〔アマゾン創業者〕、サム・ウォルトン〔ウォルマート創業者〕、イングヴァール・カンプラードなど実に多くの人々が大金持ちになれたのは、各種の財、サービス、アメニティを開発し、ビジネスモデルやプロセスをつくり出したことで、それらを大幅に低価格にして、庶民にも手が届くモノにしたからだ。ゲイツたちの銀行預金を見れば、ドル記号のあとに実に多くのゼロはついている。だがその他の私たちは、もっとよい、単純で快適な人生を手に入れているので、それを見たらおじいちゃんのお婆さんのお爺さんのお婆さんは卒倒するだろう。

でも、実業家は「相続財産」にあぐらをかくのでは？

だが超大金持ちがみんなゲイツやカンプラードのような人々ではなかろう。むしろ、巨額の相続財産や受け身の所得の上にあぐらをかく人々のほうが多いのでは？

フランスの経済学者トマ・ピケティは、資本の利子や価格上昇からの所得は経済成長よりも増え方が速く（r＞g）、相続資産はひたすら増え続けるばかりで、やがて小規模なエリートがほとんど何もかもを所属するのだ、と論じている。このため有名な『21世紀の資本』（みすず書房）で、ピケティは金持ちを絞り上げる手段として、自ら「収奪的な税金」と呼ぶものを提唱する。

ピケティは、こうした税金が大量の税収をもたらすなどという幻想は抱いていない。彼にとって重要なのはそれが巨額の収入を終わらせるということだ。そんな主張をするなら、こうした所得の生成が社会に何か重要なものをもたらしていないということについて、絶対的な確信が必要となる。だがピケティはそんな確信など抱いていない。

ピケティの本が賞賛されたのは、ジェーン・オースティンやバルザックなどの小説に出てくる実業家のことばかり書いて、現代の実業家の話を扱っていないからだ。ピケティの本は確かになかなかおもしろい読み物ではあるが、彼は小説は理解できても実業はわかっていない。彼は最大級の金持ちが実際にどうやって金持ちになったかについては「ほとんど何も知らないも同然だ」と自ら認めているのだ。単に、純粋な英雄物語などはなく、だれしも価値創造と純粋な泥棒との間の「連続体」のどこかにいると決めつけるだけだ。

ピケティによれば「不当に得られた利得や正当化されない富のあらゆる場合を法廷が解決することはできない」ので、「この問題に対処する、それほど乱暴ではなく系統的な道具として」税制がいいのだ、と述べる。[9]

これはまったくバカげている。実業が社会に貢献している部分を完全に無視しているし、強奪されていると思うなら、警察を呼ぶのではなく高い税率を求めろという信念もおかしい。彼の立場は、自分の象牙の塔に安住しつつ、下々の世界のガレージや店舗や工場のことなど胸を張って無視し、それが歴史的に最も豊かな社会に自分が暮らしているという事実とどう関係しているか考えもしないという、フランス知識人の戯画化そのものだ。ピケティは、私の偏見を裏付けてくれる。彼によると、25歳になってから「何度か短い旅行を除けばパリを離れたことはない」とのこと。[10]

同時にピケティは、自由な実業の重要性を無視すべきだという理由をはっきり述べている。彼は、自分のアイデアで利益を得る起業家たちですら、いずれは「金利生活者」になると信じている――利子と資産収益だけで暮らしていける人のことだ。というのもr＞gだし、さらに一家の地位は相続を通じて再現されるからだ。

彼が『フォーブス』誌の億万長者一覧を見ると、ある一定水準を超えたら相続財産は「きわめて高い率で増える」ように見えるらしい。これは平均的な財産よりずっと急速にということだ。したがって、金持ちは残りのみんなを置き去りにしてしまうと言う。[11]

これは奇妙な話だ。というのも他の研究者たちが１９８２年の『フォーブス』誌の億万長者４００人の一覧を見ると、その相続人のうち２０１４年に残っているのはたった69人だからだ。彼らの結論は「王朝じみた富の蓄積というのは、まちがいなくただのおとぎ話だ」[12]というものだ。

別の研究者は、１９８７年から２０１４年にかけて『フォーブス』一覧に残った個人と、その一覧から脱落した３２７人を見て、その平均的な富の増加は、２・４％というみすぼらしいものでしかなかったと計算している。これは同時期に、パッシブ型のアメリカ株インデックスファンドに同期間にわたりお金を預けておけば得られた金額の３分の１でしかない。[13]最富裕層はますます多くを蓄積するどころか、慈善活動や課税、消費、下手な投資判断、そして一部は重い罰金（というのもその一部は本当に犯罪者だからだ）で全体的な富の増大という点で損をしているのだ。

『フォーブス』一覧を見て驚くのは、ロックフェラー、カーネギー、モルガン、メロン、ハースト、スタンフォード、ヴァンダービルトといった名前が見あたらないことだ——19世紀末に「泥棒男爵」と呼ばれた超大金持ちたちだ。金持ち一家を追うと、実は彼らの資産の70％は第2世代で消えることがわかる。第3世代以降には、資産の90％は消える。[14]

ピケティは初歩的なまちがいをしている。彼はいま現在の『フォーブス』誌の成功者リスト——ビル・ゲイツなど——に注目し、その成功をあげつらうばかりで、それほど成功できなかった人たちを忘れ、この一覧から脱落した人々を完全に無視しているのだ。まるで町中をうろついている人々だけを観察して、死人が見あたらないから人間は不死だと結論するのに少し似ている。

興味深いことに、1982年——西側世界が極度に平等だった時期——は、今日の資本主義よりもピケティの王朝帝国に似ているのだ。『フォーブス』大金持ちトップ100人のうち、60人は資産を相続した人物だった。最も多いのはデュポン財閥の200年近く前の財産の相続者10人だった。税金が高いとそうなる。ほとんどの人は雇われ人となり、わざわざ起業しようなどという人はほとんどいない。平等性は結構だが、新しい資産はほとんど作られない。この場合、古いお金が強いままだ。

2020年になると『フォーブス』に入る被相続人の数は半減しており、金持ちトップ100人のうち、財産の大半が相続による人物はたった27人だ。[15] アメリカ人億万長者の相続財産の比率は継続的に低下し、1976年に50％だったのが2001年には35％になり、2014年にはたったの30％強だ。[16] 最も豊かな10人のうち、稼いだ所得もトップ10に入る人――つまり資産を一家から蓄積したのではなく、仕事で稼いだらしき人――の数は1980年以来倍増した。

ピケティのまちがい

実はピケティはその全体的な理論でもまちがっているのだ。キャピタルゲインが所得に占める割合は1970年代以来高まってはいるが、これは金持ち資本所有者のせいではなく、主に住宅価格で説明できる。住宅価格はばかばかしいほどの急上昇を見せたが、他の資本形態よりも均等に配分されている。持ち家は、株式の所有よりは平等に分散されているからだ。住宅を除くと、資本所得のシェアは1950年代以来少し減っている。[17] 格差を大いに懸念し、金持ちに重税を課したがっている経済学者ブランコ・ミラノヴィッチの計算では、資本所得の分布は1975年以来アメリカとイギリスでは比較的安定している（レーガンとサッチャーにこだわる人のために指摘しておくと、この分布はドイツやノルウェーのような国でもあまりちがわないようだ）。[18]

お金を相続するより儲ける人のほうが多いので、超大金持ちの財産は「きわめて急速に増え」たりせず、むしろ平均よりゆっくりしか増えない。また資本所得は住宅市場を除けば経済成長より高い増加を見せたりはしない。

またおじいちゃんのお婆さんのお爺さんのお婆さんのタイムマシンのことも思い出そう。金額で見た格差というのは、人生での有益なものに対するアクセスの格差と同じではない。これを示すしるしの1つは、西側世界における経済格差拡大が、主観的な厚生の感覚における格差増大につながっていないということだ。その正反対で、急成長する西側諸国では所得格差が増大しているのに、むしろ幸福の格差は激的に縮小しているのだ。[19]

幸福格差が拡大しない別の理由は、単に金額での格差すら誇張しすぎたせいかもしれない。というのもほとんどの研究は市場所得を見ており、一部は格差低減のために導入された税金や手当のほとんどを除外しているからだ。アメリカ国勢調査局は、トップ5分の1は底辺5分の1に比べ、16・7倍も所得を得ていると主張する。だがトップの所得を大幅に減らし、底辺の所得を増やす移転をすべて含めると、格差は16・7倍から4倍に縮む。[20]

もちろん世界的には、格差はもっと明確だが、中低所得国が貿易自由化と国際サプライチェーンの時代に富裕国よりも急速に成長したので、世界所得格差は産業革命以来初めて低下した。これは壮絶な変化であり、しかもめまいがするほど急速に低下している。2000年から2018年にかけて世界のジニ係数（所得格差の指標。1点から100点までで示す）は70点から60点にまで下がり、わずか20年足らずで、100年ぶんの世界格差の増加を消し去ってしまった。[21]

世界の不平等、1950年-2018年[22]

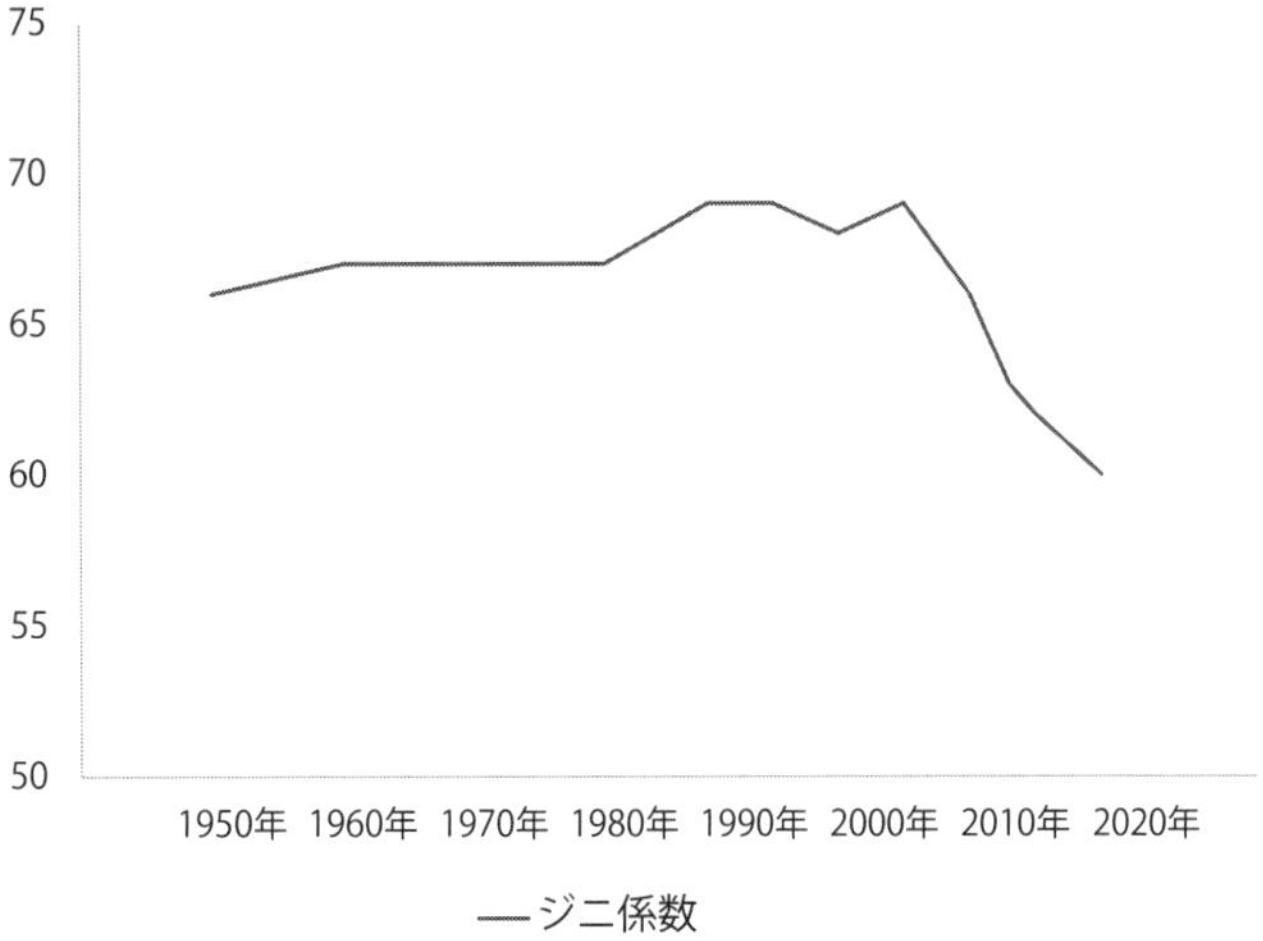

また資産で見ても世界の格差は急増していない。

私はクレディスイスの人気ある年次世界資産の集計にはあまり満足していない。相当部分は完全な当てずっぽうだし、地元通貨の購買力にあわせた調整値を使わないので、貧困国の繁栄を過小評価してしまう。１年単位の劇的な変化はしばしば、単なる為替レート変化の反映だったりする。それでもこのデータもまた、最富裕国が世界の金融資産に占める割合が２０００年から２０２０年に少し減ったことを示しているのは興味深い。最も豊かな10分の１は、シェアを89％から83％まで下げた。トップ１％のシェアは48％から45％に減っている。この時期には資産価格が壮絶に上がったが、それでもこの状況なのだ。[23]

全億万長者の資産を最貧者に分配するといくらもらえるか

それでも、確かに巨大な差が存在する。毎年、援助組織オックスファムはクレディスイスの報告書にもとづいて、世界の分布がどれほど劇的に歪んでいるかを示す新しい計算結果を出そうと頑張っている。

最近では、オックスファムは世界の億万長者2153人が、世界の最も貧しい46億人を合わせたよりも多くの資産を持っていると発表した。[24] まったくイカレた話に思えるし、オックスファムは金持ちがその資産の一部を分け与えさえすれば世界の問題が解決するかのような言い方をする。

このコントラストがこれほど激しく見えるのは、最貧層は株や債券といった金融純資産を何も持っていないに等しいからだというのは理解しよう。そしてその金額から、最貧困者たちの抱える負債を差し引くと、ほとんど何も残らないのだ。

オックスファムは同時に、大学新卒で学資ローンを抱えた西洋人たちも計算に含めている――彼らの手法によると、世界最貧層の10％はヨーロッパと北米に住んでいることになる。だから最貧困者46億人の総資産を集計するとき、まず富裕国の学生ローンと住宅ローンの残高を資産から差し引く。私は以前、彼らの集計方法だと、ブタの貯金箱に総額20ドルの資産を持つ私の娘ですら、20億人をあわせたよりも豊かだということになってしまうぞ、とオックスファムに警告したものだ。

だがそれはとりあえず無視しよう。世界の貧困者は、お金持ちが財産を分け与えたら助かるのではないか？　億万長者の資産をその46億人にあっさり配ったらどうだろう？

そうした紙の上だけのキャピタルゲインを売却により実現しようとすれば、世界の株式市場とほとんどの企業は潰れるが、その問題をなんとか回避できたとしよう。するとみんなほぼ１９００ドルを得ることになる。決して小銭ではない。最貧46億人の年間所得を60％近く押し上げる。だが残念ながら、１年だけだ。そしてお金は消える――そして起業家精神、投資、イノベーションの金銭的なインセンティブが世界的に失われる。

したがって、かわりにその46億人に、そうした資本の収益を与えて毎年所得が増えるようにしよう。あらゆる億万長者のお金を接収し、それをインデックスファンドに投資して、毎年の収益が配当の再投資とともに、インフレ調整後にアメリカにおける過去20年にわたり成功した年月と同じになると楽観的に想定しよう。

すべてがその通りに進めば、世界の最貧困者46億人は、１日あたり追加で32セント得られる（税引き前）。この場合、世界の最貧困者の所得水準をおよそ４％上げられる。バカにしたものではないが、世界の問題すべてを直接解決するほどのものではない。

また、驚異的なことだが、通常の状況で市場から毎年受け取る所得増加よりも少ないのだ。世界人口の最貧層半分は、２００８年から２０１８年にかけて、平均所得が年率およそ６％ずつ上がるのを経験した。最貧層10分の１は、年率８％近い上昇だった。[25] これは複利計算になる。まずは去年の所得が8％増え、そのさらに増えた所得が8％増え、というのが続く。毎年追加で32セントという話ではない。

貧困が長期的に減るのは、こうした安定的な成長を通じてだ——すでにある繁栄を再分配することによるのではなく、もっと多くの繁栄を生み出し、そのために新技術や新手法に投資するのだ。

これは、金持ちや成功者の富を接収する国ではなかなか起きないが、成功したアイデアを持った貧困者が億万長者になれる国では起こる。ベネズエラの独裁者ウゴ・チャベス大統領が示したように、1兆ドルですら、それが絶えず生産的に再投資されなければ、大した効果は持たないのだ。イギリスの政治家ウィンストン・チャーチルが1945年10月の議会論争で述べたように「資本主義に内在する悪は、恵みが不平等に共有されるということだ。社会主義に内在する美徳は、悲惨さが平等に共有されるということなのだ」。

所得格差は不健康の原因ではない

ロンドン地下鉄のジュビリー線でグリーンパーク駅から東へ行こう。するとロンドン生まれの人物の平均期待寿命は、2駅ごとに1年縮まる。ハイドパーク・コーナー駅からホロウェイロード駅まで、ピカデリー線で15分北に向かうと、期待寿命は11年縮まる。[26]

『スピリット・レベル』や『格差のキリング・フィールド』（いずれも未邦訳）といった本は、問題は単なる貧困ではないと主張する。格差それ自体が社会的地位のストレスと健康問題を引き起こすのだと言う。したがって貧困と闘うだけでは不十分だ。巨額資産とも闘わねばならないそうだ。

アメリカにおける絶望死が世界の注目を集めるのに大きく貢献したノーベル賞受賞経済学者アンガス・ディートンは、こうした研究にきわめて批判的だ。「所得格差そのものが人々の健康を大きく左右するというのは事実ではない。（中略）重要なのは低所得であり、格差ではない。金持ちがもっと金持ちになったら、それが他の面でどんなに望ましからぬことだろうと、彼ら自身の所得さえ維持されるなら貧困者やその子どもたちの健康にとって危害となるという証拠はない」[27]。

アン・ケース・ディートンと共著の『絶望死のアメリカ』（みすず書房）で、彼はまた格差というのは論争における「まちがった道筋」だと指摘する。「絶望している者たちは自分自身や住んでいるコミュニティに起きていることのせいで絶望しているのであり、トップ1％が金持ちになったからではない」[28]

この論争で人気があるほぼあらゆる事例は、不平等な国は一般に貧困も多いという事実で説明がつく。そして健康を害するのは、貧困であって所得格差ではないのだ。不平等なアメリカの州は一般にアフリカ系アメリカ人の人口が多く、彼らは長期にわたる人種差別と劣悪なヘルスケアのおかげで、あらゆる所得水準において他の集団よりも不健康なのだ。

ロンドンの地下鉄線ごとの所得の差は大きいが、そこですら因果関係は疑問視されている。所得は、それに関係するライフスタイルほどは重要ではない、とスウェーデンの論客フレドリク・セガーフェルトは述べている。[29] 教育水準が低い人々は喫煙量も多く、食生活も不健康であまり運動もしないが、それは貧しいからではない。煙草は高価だし、歩くのは無料だ。期待寿命の差の大きな理由は、イギリスの最も恵まれない地域では、恵まれた地域に比べ喫煙が4倍も多いことだ。

こうした差は、中上流階級では運動や健康な食生活や健康な生活について配慮するのがステータスシンボルになったという事実と関連している。いまや自分の体調を整えないのは恥ずかしいこととなり、社会的なスティグマのおかげでそうした習慣は急激に広がった。社会エンジニアたちがどんなにやりたくても、政府の命令によって他人の価値観を変えるのはむずかしい。だが実は、それを本当に実現できそうな手法が1つある。2016年に、『ジャーナル・オブ・アメリカン・メディカル・アソシエーション』誌のアメリカ人研究者たちは、高所得者の多い都市に住む低所得者たちは健康状態がよいことを発見したのだ。[30]

びっくりする知見だ。高い所得、よい住宅、華やかなライフスタイルを持つ人々を毎日見ると、地位ストレスが高まり、屈辱的に感じ、病気になるはずでは？　だが実は、同じ所得水準の人に囲まれているよりも、気分がよくなり、長生きをするようになるらしい。なぜか？

この報告の元になった研究者の1人は、習慣が感染力を持つからではないかと言う。「だから金持ちの近くで暮らす貧困者は、金持ちの習慣の多くを自分でも身につけるかもしれない。そうした習慣の一部——たとえばもったいぶった言葉づかい——は健康には影響しないだろう。だが一部は——運動するなど——まちがいなくよい影響を持つ。実際、金持ちの近くで暮らす貧困者は、運動量も多く、喫煙量が少なく、肥満に苦しむ割合も少ないのだ[31]」だれかが『格差は命を救う』を書くのはいつになるやら。

縁故資本主義、または金持ち向けの社会主義

だからといって、格差それ自体が望ましいということにはならない。格差は、それが自分や他人の生活をよくするものをつくり出すときに生じるならよいことだ。残念ながら、あらゆる格差がそんなよいプロセスのおかげではない——ときにはまったく正反対の理由で生じる。これは世界中の専制主義国や腐敗国家でしばしば生じる。ロシアは世界で最も格差の激しい国になったが、これは、エリートが人民から収奪する仕組みをがっちり固めてしまったからだ。だが醜い格差の問題は民主的な市場経済にも存在する。

私が反グローバル化運動と20年前に闘ったとき、黒ずくめの左翼活動家と髪をヘンナで染めたヒッピーたちの支援者の中には、予想外の人物が1人いた。保守派で繊維産業の大立者ロジャー・ミリケンだ。彼は政治傾向を問わず自由貿易反対者に対して鷹揚《おうよう》な支援を行ったが、その理由は簡単だ。ミリケンのビジネスモデルは、貧困国がアメリカ市場に衣料品を

販売できないようにするための高い関税障壁に依存していたからだ。

資本主義は企業が財とサービスの優秀さにより消費者の歓心をめぐって競争するのが基本だ。だが多くの企業はむしろ、政治家の歓心を買い、補助金、関税、規制上の恩恵や救済を手に入れるほうを選び、消費者のことなど気にしなくてすむようにする。自由市場資本主義ではなく、縁故資本主義だ——あるいは時に言われるように、金持ち向けの社会主義だ。

そしてこれは私たちの経済で最大の問題の1つだ。理由の一部は、それが一部の人々に我々の財布に手をつっこむ法的権利を提供するからで、一部はそれが、非競争的なビジネスモデルの延命を許し、経済全体の足を引っ張らせてしまうからだ。

私はパンデミック以前に、アメリカの公共テレビ向けドキュメンタリーを作る仕事で、この現象を調べるために全米を横断したことがある。製鉄会社向けの関税保護、最も魅力的な地域にすでに暮らしている幸運な住民たちの眺望（または住宅価値）を阻害しないようにするための建築規制などを見たのだ。

巨大食品会社が、トウモロコシ、小麦、大豆、砂糖、綿の耕作で巨額の補助金を受け取っているのを見た——その補助金を負担するのは消費者と、補助金なしの果物や野菜を育てる農民たちだ。私の会った専門家たちは、補助金の70％は最大の農地保有者10％が受け取っていると推計していた。これはもちろんアメリカだけの現象ではない。ＯＥＣＤ諸国は毎年3000億ドルを農業補助金に費やしている——1日あたりほぼ10億ドルだ。

最も成功したアメリカの福祉受給貴族には、フロリダ州に住むアルフォンソとホセのファンユル兄弟がいる。彼らは自分たちの砂糖帝国に対する補助金として、毎年6500万ドルほど受け取っている。そのお金の一部を使って、2人は政治的な支援を買い、自分たちの受け取る補助金が途絶えないようにしている。この2人について言えるせめてものいいことは、どちらも政治的な二極化には貢献していないということくらいだ。2016年のどうしようもない大統領選で、ファンユル兄弟は資金集めのパーティーをトランプ用に1回、ヒラリー・クリントン用に1回開くことで自衛した。

大手食品会社が規制を使って家族経営の小規模農家を潰そうとする、恥知らずな試みも目にした。

インディアナ州は、小規模農家がニワトリを家で屠畜《とちく》するのを許しているが、それには安全で実証済みの技術を使わねばならない。これができれば小規模農家は大規模で中央集中型の屠畜場に頼らずにすむのだ。

だがホーキンズ・ファミリー・ファームが大成功を収め、高級レストランに自分たちのニワトリを卸せるようになると、農業大手は州の政治家を説得して例外措置を排除し、ホーキンズのニワトリを禁止させた。これにはニワトリ産業だけでなく、ブタ肉産業やステーキ産業も便乗して、この改定の成立に向けた強烈なロビイングを行った。彼らは、これが通れば一気に小規模競合を潰せるチャンスだと考えたのだ。このときには、怒りの世論のおかげで法案は廃止されたが、ザック・ホーキンズが述べたように、こうしたプロセスで最もありがちな結果は「小規模農家の敗北」だ。

業界の規制が厳しければ、業界としてバカげた過剰な規制に反対して自衛するロビイングを行う正当な利害もそれだけ高まる。ロビイングや政治的なコネづくりにますます大金を投資して、自衛しなければならない。

シリコンバレーのハイテク企業はかつて、政治的ロビイングをしないのを誇っていたが、やがて食卓で食う側でなければ食われる側になってしまうのを悟り、この競争に参加するしかなくなった。いまやシリコンバレーの求人を見ると「公共政策マネージャー」「政府関連部長」といった役職の人材がやたらに募集されている。

さらにもちろん、規制を自分の事業にあわせて競合を阻止するために使う誘惑と機会も生じる。業界の利権団体が、市場は混乱していて、もう少し秩序を導入してアクターを減らすほうが万人のためだと言い出したら警戒しよう。「売買が法律で統制されていたら、最初に売買されるのは立法者だ」と辛口コラムニストのP・J・オロークも言っている。[32]

企業はまた税制を自分有利に変える。スウェーデン人として私は、スウェーデンの家具巨人イケアがテネシー州メンフィスに大型店舗を開いた様子を目の当たりにするという、あまりありがたくない体験をした。イケアは950万ドルの免税を条件に出店したのだ。多くの大企業は、新地域に進出しようかと考えるときに、議会に対してこの戦術を使う。「出店してあげたら何をくれますか?」というやつだ。それに対応するような免税を受けていない地元の家具会社に取材すると、なぜ自分たちが高い税率を支払って、ライバルがもっと熾烈な競争を仕掛けられるようにしなければいけないのか、と尋ねられてしまった。

破綻企業を国が救済してはいけないわけ

さらにもちろん金融市場がある。

破綻したら納税者に救ってもらえると思っている銀行や金融会社だらけだ。さらにトレーダーどもは、中央銀行は低金利や流動性増大の約束を使って、何があろうと弱気市場を避けると高をくくっている。

これで株式市場は本来の意義を失ってしまった。企業の時価を計測するはずだし、貿易戦争やパンデミックや不景気で企業が損害を受けたら、株価は下がるはずだが、いまやかえって株価は上がってしまうのだ。というのも中央銀行があらゆる危機に対し、金利引き下げと経済の資金注入で対応するからだ。これは投機バブルを生み出し、それが最終的に破裂したらますますつらい事態になる。

それぞれの段階で、中央銀行がそういう行動を取る理由は理解できる。住宅バブルが破裂したり、企業が債務危機に直面したりすると、その影響は深刻になりかねない。唯一の問題は、人々の愚行の結果から人々を救おうとすれば、世界が愚か者だらけになるということだ。

経済がドットコムバブルから回復するのを支援するため、金利は2001年に大幅にカットされた。もう貯金しても利息がつかなくなったので、格付け機関や政府がお墨つきを与えた唯一の部門で、だれもが異様な債券を探し回った。その部門とは住宅市場だ。これが

2008年の世界金融危機をもたらし、これについては拙著『金融大失敗』(未邦訳)で書いた。その危機から抜けだすため、さらに大きな刺激と果てはマイナス金利さえ導入された。[33]したがって負債依存がさらに進行したし、これは住宅購入者や格付けの低い企業では特に顕著だ——まともな金利を支払っていた唯一の人々だ。

パンデミックがやってくると、もちろんこうした高リスクの融資に対する金利は急増し、債務不履行《デフォルト》の波を避けるために中央銀行はさらに買い入れたが、これは最も返済可能性の低い負債で投機を行ったヘッジファンドなどに対する実質的な補助だ。そしてこの際限なしの金融拡大は、株と住宅価格を妄想じみた水準に押し上げ、多少なりとも平時の状況に戻ったときには、その転落はさらに深いものになりかねない。

ここでも、このふるまいは理解できなくもない。だれも危機が必要以上に深刻化してほしいとは思わないし、巨大なリスクをいったん補助してしまうと、それが破綻したときにはさらに高くついてしまう。

問題は、こういうやり方で国が市場の力を無力化してしまったということだ。あなたが十分に金持ちになり、金融市場にとって十分に重要な存在になれば、重力が逆転してあなたは上にしか転落できなくなる。株式や大都市マンションといった資産を持つ金融上層階級は豊かになるが、ほとんどの人々はこれをインフレとさらなる公的債務という形で支払わねばならない。残念ながら、ここ数十年で拡大する格差の相当部分は、本章でこれまで述べてきたようなイノベーションや投資によるものではなく、政府が投機屋に甘い顔をするという事実から生じている。

この政策は無責任な行動を奨励する。資本主義は利益とともに損失の仕組みでもある――正しいことをやれば利益、ダメなことをやれば損失だ。損失は絶対的なまでに決定的なシグナルとなる。破綻する企業は一掃され、資本はそいつらからもっと競争力あるビジネスモデルへと移転されるべきであり、人工呼吸器などつけられてはいけないのだ。企業や投機屋たちが、投資が失敗しても救ってもらえると知っていたら、唯一の駆動力はレバレッジを高め、ますます異様な資産を探し、ますます高いリスクを負担して活動を増幅することになってしまうし、ツケはすべて政府にまわせると確信してしまえる。このようにして、私たちはリスクなど安上がりなものだという認識を固定化してしまい、ますます多くのダメな投資を経済の中に積み上げてしまう。

ゾンビ企業

この1つの結果は、経済がますますゾンビ化することだ――死に損ないのビジネスモデルだらけになってしまうのだ。

国際決済銀行（ＢＩＳ）――各国中央銀行が所有する国際金融機関――はゾンビ企業を、あまりに利益が小さくて利払いすらまかなえず、時価評価があまりに低くて明らかに見通しの悪い企業と定義している。

富裕国において、上場企業の中でゾンビ企業とされるものの割合は急増している——1980年代末には20社に1社だったのが、パンデミック前には6社に1社となった。これが過小評価だと信じるべき理由がある。多くの問題を抱えた企業は未上場で、パンデミックでその数は増えたからだ。[34]

ゾンビ企業が、特に世界金融危機以来これほど一般的になった理由は、極度の低金利が長く続いていることだ。おかげで銀行は、（借入費用も低くなったことだし）そうした企業を無理に倒産させるのにあまり興味がなくなる。融資先を倒産させると、銀行は損失計上をして資産をめぐる長期的な紛争に入らねばならないからだ。

ゾンビ企業は、中央企業がふくらませた市場なら債券をずっと発行しやすくなる。だからヨタヨタと歩き続けて、本来なら産業のもっと活力ある新参者たちに行ったはずの資本と労働をしばりつけてしまうのだ。

BISのレビューは、ゾンビ企業が1ポイント増えると、経済の生産性上昇率は0・1ポイント下がることを示している。すると1990年代半ばからのゾンビ化は生産性上昇率を1ポイント引き下げたことになる——西側経済における成長問題の大きな一部だ。

資本家たちのための社会主義は、他の社会主義形態と同じくらいダメだし、資本主義を再び利益と損失の仕組みにすることほど重要な改革はない。市場リベラルの論旨は無慈悲だ。事業は競争力があり、支援など不要か、あるいは競争力がないので支援に値しないかのどちらかなのだ。

第5章

独占企業は悪なのか

さて反論する人もいるだろう。わかったよ、頑張って働き、消費者に待望の財やサービスを提供することで大金持ちになった起業家の例もあるかもしれないよ。でも大企業がその規模のおかげで、市場の大部分を支配し続け、業者や従業員たちに言うことを聞かせることもできるのでは？

それとハイテク企業はどうなんだよ。その支配力を使って我々についてますます多くの情報を集め、人々の時間の使い方を支配して、気に食わない声をだまらせるのにそれを使うんじゃない？　我々は向こうを探し出すわけじゃない。向こうはそこらのあらゆる場所にいて、連中の製品やサービスを使えば使うほど、みんな心理的にぬけられなくなり、感情的に枯渇《こかつ》させられるんじゃないの？

『グローバル資本主義擁護論』で、私は大企業の支配力は落ちていると述べた。当時はそれが正しかったが、もはやちがう。ＯＥＣＤ全体で、市場の集中は進んだ。一部の大企業はますます全国市場の大きな部分を占めるようになり、限界費用（製品やサービスを追加で1単位生産するのにかかる費用）よりますます高い価格を設定できるようになった。

権威ある報告書で、バラク・オバマ大統領の経済諮問評議会は1997年から2012年にかけて、アメリカの産業13部門のうち10部門で、売上がますます少数の大企業に集中するようになったことを示している。[1] 強力な独占企業がますます多くの地元市場を食い荒らしているというイメージが頭に浮かんでしまう。

多くの人は、この発展を西側経済における生産性の停滞と関連づけている――労働や資本といった投入から、得られる産出がなかなか増えないという問題だ。

「大企業」は我々にとって有益

大企業支配の心配をするときが来たかを検討する前に、まずはなぜ独占について心配するべきかという問題から始めよう。

昔からある懸念は、市場を支配する企業は製品開発と供給を制限し、価格を引き上げて賃金を引き下げる、というものだ。消費者も従業員も、他にあてがないからだ。そんな結果が見られるようなら、警鐘を鳴らすべきだ。

前章で示した通り、確かにそういう例はある。政治家たちに頼んで競合を遠ざけておき、自分たちが資本と生産性を破壊し続けられるようにする企業はたくさんある。

だがそれは支配的なトレンドではない。それどころか、**新たなビジネス手法、研究開発、イノベーションに最も投資するのは大企業なのだ。**[2] 加えて、**大企業は価格をつり上げるより引き下げるほうが多い。**イケアやウォルマートのような企業が強い地位を保っているのは、税制優遇のせいではなく、効率的な生産と物流システムのおかげだ。そのおかげでどこよりも製品を安く売れるのだ。ハイテク産業の多くの企業は、製品を無料であげてしまうことさえある。そして**その地位を利用して賃金を抑えるどころか、平均すると大企業ほど賃金が高いのだ。**従業員1000人以上のアメリカ企業は、100人未満の企業に比べて、2倍ほどの賃金を支払っている。[3]

これはつまり、「新しい独占」というナラティブはどこかおかしいということだ。

どこがおかしいかは、市場シェアが様々な地理的水準でどこまで少数の企業に集中しているのかを見ると明らかになる。市場の集中は全国レベルでは高まるが、実は地域や地元レベルでは下がるのだ。

これは矛盾しているようだが、同じ変化を見る2つの方法にすぎない。村にカフェが1軒しかないところへ、いきなりスターバックスがそこに出店したら、集中は地元では下がるが、全国的には高まる。スターバックスはすでに全米最大のカフェチェーンだからだ。

だから全国的な独占の高まりに思えるものは、地元で見れば選択肢と競争が増えるということになる。そしてこれはよい報せだ。私たち消費者は地元環境に暮らしているのであって、全国の集計表の中にいるわけではないからだ。

サービス業の産業革命

経済学者エステバン・ロッシ＝ハンスベルクとチャングータイ・ツェーの推計では、アメリカの集中増加のうち93％ほどは、大企業がますます多くの場所に出店した結果だという。これは主に、サービス部門で生産性を高めるというむずかしい作業に成功した新しい小売業者群となる。革新的なビジネスモデルとデータ処理への大規模投資で、彼らは自分たちの手法や提供物を、地理的・時間的に変化する需要にすばやくスムーズに適応させられるようになったのだ。これは、集中の高まりがアメリカの競争法緩和の結果だというありがちな発想よりも納得がいく。このパターンは他のＯＥＣＤ諸国でも同じで、競争法が厳しくなったＥＵですら見られるのだ。[4]

これで学者たちにあれほどの頭痛を与えた多くのパラドックスが説明できる。アメリカの生産性は１９９６年から２００５年にかけてピークを迎えた。歴史的平均より1ポイント高かったのだ。そしてこれは、市場集中が最も急速に高まった時期でもある。[5] その後に生産性の伸びが下がったという事実は、スーパースター企業よりゾンビ企業のせいが大きい。スーパースター企業は効率的なのできわめて大きくなり、これで紙の上での市場支配増加と生産性上昇が両立する理由が説明できる。彼らの情報技術への投資はきわめて高くつくが、それが単価を引き下げ、おかげで他の企業よりも限界費用にのせる利ざやを増やしつつ、顧客には低価格を提供できるのだ。ロッシ＝ハンスベルクとツェーはそれを「サービス業の産業革命」と呼んでいる。[6]

「独占企業の横暴」は過去の話である

これらは経済の足を引っ張る怠け者の独占事業者などではない（そういう連中もいるが）。彼らは創造的な起業家であり、ペースをあまりに上げてしまったので、他の人々がついてこられなくなっただけだ。

これは単純にますます多くの限られた場所を占有し、他の人々の受け取る支払いを懐に入れて儲けるような「独占資本主義」ではない。[7] むしろビデオゲームの「マインクラフト」的な資本主義だ。オープンな環境で、他のプレーヤーは主に敵というよりパートナーで、リソースを引き出して集め、ますますよい道具を手に入れて、1人のときもあるし協力してやることもあり、ブロックを積み重ねてますます巧妙な構築物をつくり、それによりゲーム全体を他人から見ても美しく、おもしろく、エキサイティングにするのだ。

かつて我々が独占企業を懸念したのは、消費者にきちんと奉仕してくれないからだ。だが企業が優れているために大きくなったら、話は別だ。もちろんそれは他の企業に対する脅威になるが、それは本来あるべき姿だ。経済発展は、生産性が高い革新的な企業は他の企業を打ち破ると想定しているのだから。

あなたがどう思ったかはわかる。どこへいってもスターバックスとテスコスーパーマーケット、H&Mだらけになったら嫌じゃないの？　奇矯な地元の代替物の余地があるべきでは？

その苛立ちはわかる。魅力的なお気に入りのカフェが、効率的なチェーンに取って代わられ、バニラ＝ゴミクズ＝ラテなんとかを出すようになると、私もわなわなするほど腹が立つ。だがそういう魅力的な場所が、みんなの言うほど魅力的であるなら、人々は購買力でそれを表現するはずで、そうすればそういう店はチェーン店の隣にあっても問題なく栄えるはずだ。一方で、人々がそこに行かないのであれば、みんなのグチは口先だけでしかないということで、したがって社会の変化について泣き言を言う権利などない。その変化は自業自得なのだから。

資本主義は「結果を出さない資本家」に無慈悲

長期的には、他の企業もこうした大企業から学び、競争を開始する。ハッと気づけば、多くの大企業も姿を消しているだろう。そして彼らが低価格とよいサービスを使って生み出した市場支配力を利用し、むしろ価格を引き上げたりサービスを低下させたりすれば、それは競合にとっては攻撃合図となる。今日では支配企業は無敵に思えるが、転落直前まではどの企業もそんなふうに見える。**資本主義は、成果を出さない資本家には無慈悲なのだ。**20年前に『グローバル資本主義擁護論』を書いたとき、私は世界最大の電話メーカーであるノキアが「ほんの数年前はフィンランドで自動車のタイヤやブーツを作っている中小企業だった」のをだれが覚えているだろうか、と修辞的に尋ねた。今日の質問はむしろ、ノキアが2001年に世界最大の携帯電話メーカーだったのを覚えている人が何人いるか、ということだ。

2020年の『フォーチュン』500アメリカ最大企業一覧のうち、1955年の開始以来継続してランクインしている企業は51社しかない。これはつまり、最大企業の9割近くが倒産したり買収されたり、あっさりランク外に落ちたり廃業したりした、ということだ。[8]

理由は言うまでもないが、確立した企業は常に自分たちを成功に導いたビジネスモデルを保護し発展させようと頑張って戦う。だがこれは、自分たちの製品の販売を食い荒らすような新しいイノベーション開発をむずかしくする。ビジネス史を見れば、市場を支配していた企業は多くの場合、技術的には次世代の画期的な製品を十分に生み出せた企業だらけだ。IBMは高速なパーソナルコンピュータを開発できたし、コダックはデジカメ、ソニーはデジタルミュージックプレーヤー、レゴはマインクラフト、ブロックバスターはビデオのストリーミングを開発できた。だがどの会社も自分の古い市場にいささか安住しすぎて、次の大きなものを取り逃してしまったのだ。

オーストリアの経済学者ルードヴィヒ・フォン・ミーゼスは、市場の批判者が市場を企業権力と同一視するのは、実業家と資本家が舳先《へさき》にいて経済という船を制御しているのがだれにでも見えるからだ、と述べた。

「市場社会のあらゆる経済問題の方向性は実業家の任務なのである。彼らの任務は生産の制御となる。彼らは舳先にいて船を操る。軽率な観察者であれば、彼らが至高の地位にいると思うだろう。だがそうではない。彼らは無条件に船長の命令に従うよう縛られている。実業家も農民も資本家たちも何が生産されるべきかを決めることはない。それをやるのは消費者である。実業家が市場価格の構造により伝えられる社会の命令にしっかり服従しなければ、損失に苦しみ、倒産し、舳先の立派な場所から排除される。消費者の需要を満たすのがもっとうまい他の人々がそれに取って代わる」[9]

最も重要な反トラスト政策は、自由に取引させて市場を開放しておき、船をうまく操れる他の人々が競争できるようにすることだ。

オバマ政権の経済諮問評議会が、アメリカ市場がますます集中の度合いを高めていると結論したときには、アメリカで生産されている財しか見ないという初歩的なまちがいをしでかした。これはつまり、たとえばモトローラが携帯電話のシェア100%だと思ってしまうということだ。当時アメリカ国内で携帯電話を作っていたのはモトローラだけだったからだ。彼らの分析した市場には、iPhoneもないしサムスンもファーウェイもなかった。[10]

中央銀行の経済学者2人が、1992年から2012年にかけてのアメリカ産業における市場支配の状況を見たが、彼らは消費者が外国から購入している財も考慮した。すると集中の高まりはすべて消えてしまった。最大級の20社の市場シェアは下がっていたのだ。[11]

資本主義は「消費者が資本家を監督する手段」

ちょっと誉めすぎだろうか? 企業をあまりに理想化しているように聞こえるって? でっかいいじめっ子たちが、公徳心あふれる善良な起業家に思えるって?

もしそうなら、説明が足りなかったようだ。ウソをつきだまそうとする人がいるのは知っているし、各種の企業に盗っ人や強盗が隠れているのも十分に知っている。

だからこそ自由市場が必要なのだ。善意だけに頼れたのであれば、その人たちに独占力と関税保護を提供したことだろう。まさに善意をあてにできないからこそ、自由競争と消費者の選択でそれを統制しなくてはならないし、また独立司法システムと自由なメディアも必要なのだ。**資本主義は、資本家たちを人々の統制下におく方法なのだ。**

だからといって、実業界でもしょっちゅうスキャンダルが見つからないわけではない。フォルクスワーゲンによる排気試験の捏造《ねつぞう》、医療ベンチャー企業セラノスのインチキな血液検査、サム・バンクマン゠フリードが設立した暗号通貨取引所ＦＴＸなどだ。

同時に、こうした詐欺《さぎ》がすさまじく注目され、あまりに激しい市場の反応を引き起こすのは、まさにそれらが例外だからだ。市場には不届き者に対する防御策が組みこまれている。事業は信頼にもとづく自発的な共同作業だ。信頼を抱かせないような相手とはだれも共同作業をしたくない。

これは必ずしも十分とは限らない。信頼の詐欺師たちは私たちの限られた情報をこちらに不利益な形で使うからだ。格安航空会社（ＬＣＣ）は相変わらず魅力的なフライト時間の航空券を販売しているが、それを月曜早朝のとんでもない時間のものと絶えず切り替え続ける（「あ、細かい字の但《ただ》し書きをお読みにならなかったんですか？」）。いかがわしい金貸し業は、実際の金利を曖昧《あいまい》にして、法務執行官を自分たちの取りたて人であるかのように使う。そして一部企業の顧客サービスはあまりに慢性的に人手不足なので、返金請求がまったく受け付けてもらえない。あらゆる実業家がヒーローというわけではないのだ。

企業がウソをつくインセンティブは低い

だが経済学者タイラー・コーエンは、起業家精神の信頼性を評価するためのおもしろい問題を提起している。彼らは普通の人間なみにウソをつくのだろうか？

これははっきりしない。人間は必ずしも真実一路ではないからだ。平均で、10分間の会話で2回ほどウソをつくし、そのときの相手は最も身近な人々だ。あるいは出会い系サイトのプロフィール欄を見よう。ある調査によると、53％は自分がプロフィールでウソをついたと認めている（そして筋金入りのウソつきはウソを認めるわけがないから、これはもちろん過少な数字だ）。みんなえらく若い頃のプロフィール写真を使いたがるので（10年前、体重10キロ前）、多くのプラットフォームはいまやタイムスタンプつきの写真を要求するようになった。そして就職しようとするときの経歴書については言うまでもない。あるリクルーターは、40％の経歴書は真っ赤なウソが書かれていて、76％は経歴をよく見せるよう加工し、59％は重要な情報が書かれていないという。[12]

データ分析の助けを借りると、みんなが友人や親戚にどれほどウソをついているかもわかる。ソーシャルメディアでは、私たちは自分が休暇中の幸福な一家で、運動をし、エキサイティングな食べ物を食べ、トーマス・マンの『魔の山』を読んでいるようなふりをする。だが匿名の隠れ蓑《みの》でオンライン検索をするときには、人間関係の悩みや身体の具合の悪いところについて調べるし、『魔の山』が実はどんな話なのかというアンチョコを探すのだ。

データ科学者のセス・スティーヴンズ＝ダヴィドウィッツは最近、こうした不一致を研究してその結果を著書『誰もが嘘をついている』（光文社）にまとめた。女性が自分の夫について語るときの乖離《かいり》を見てみよう。ソーシャルメディアに投稿するときは、夫についての描写は「すばらしい」「キュート」「親友」だ。匿名検索で率直な意見を求めるときには、夫はむしろ「バカ」「むかつく」――あるいは「おかま」だ。[13] 確かに、匿名検索は禁止されたものに偏りがちだというのは忘れないようにしよう。他の人とは話しにくいことを探そうとするからだ。だから夫の人格についての真相は、インスタグラムとグーグルの間のどこかにあるのだろう。

実際問題として、人は自己イメージをよく見せたいときには真実を曲げ、自分を実際より少しよさげで興味深い人物として提示するし、赤裸々な真実が引き起こしがちな口論や気まずさを避けたいときに真実を歪める。だから実業で（そして学術界でもジャーナリズムでも政治でも非営利団体でも）各種の組織や個人が同じことをやるのは意外でもなんでもない。ちがいは、企業はこのリスクを減らすための制度や統制メカニズムを開発するために頑張るということだ。信頼は売り物になるのを知っているからだ。テスコやスターバックスにだまされるよりは、訪問販売のセールスマンにだまされる可能性のほうが高い。

私の大好きな研究の1つは、英米の図書館から最も盗まれている本を一覧にしたものだ。道徳哲学者たちが実業家を特にいかがわしい連中として描きたがるという見方がいささかでも正しければ、将来の資本家たちが勉強するはずの経済学教科書や経営学文献が最も盗まれやすいことになりそうだ。だが実は、最も盗まれやすい本は道徳哲学の本なのだ！　難解な現代の倫理学作品は、主に教師や研究学生しか読まないが、倫理学以外の本と比べて50％も盗まれている（だが私として認めたくないことだが、ジョン・ロックやジョン・スチュアート・ミルといった古典リベラル派の本はさらに盗まれやすいようだ）[14]。

計画的陳腐化：いわゆる「ソニータイマー問題」

『グローバル資本主義擁護論』批判者の一部は、現代の消費者社会すべての根底に存在する、ある詐欺の形態を無視していると述べた。これは通称「計画的陳腐化」と呼ばれるものだ。つまり企業は製品の寿命を縮めるために、意図的に欠陥や欠点を組みこんでおいて、新しいものを買うよう強制しているというのだ。

ある批判者によると、これこそが現代の成長モデルの根幹なのだそうだ[15]。古いｉＰｈｏｎｅがソフトウェアアップデート後にいきなり速度が低下するのは変だと思わないだろうか？　なぜ家の洗濯機は7年で壊れるのに、コインランドリーの機械は何十年も洗濯し続けられるのか？　そしてなぜ１２０年も消えずにつきっぱなしの「１００年電球」がカリフォルニア州リバーモアの消防署にあるのに、うちの電球は切れたりするんだろうか？

フランスとスペインのドキュメンタリー番組『電球の陰謀』によるとその答は、世界中の企業が1925年にカルテルを結成し、電球の寿命を縮めて価格をつり上げることにした、ということなのだそうだ。それさえなければ、みんな100年電球を持っていたはずなのだという。

確かにそういうカルテルはあったが、すぐに潰れてしまった。その原因の1つは、スウェーデンの消費者協同組合ルマファブリケンが、競合に対抗して安い電球を作ったことだ。カルテルは同年に、ルマファブリケンと同じ水準まで価格を引き下げるしかなかった。興味深いことに、ルマファブリケンは永遠に保《も》つ電球を作ろうとはしなかった——高価すぎたし、光量も不十分だったからだ。

リバーモアの電球が輝き続ける理由は簡単で、現代の金属フィラメントよりずっと太い炭素フィラメントを使っているからだ。だがこれは電気から光を作るにはひどく非効率な手法なのだ。19世紀初頭にタングステンのフィラメントが代わりに使われるようになったのは、より高温に耐えられるので、より明るい光が出るからだ。副作用として、線の劣化もはやいが、お金を節約して環境も救いたいなら、ときどき電球を換えるほうがずっといいのだ（そしてリバーモアの消防団とちがい、使わないときは消したほうがいいですよ。電球の寿命はそれで縮むけれど）。

あるいはもっとよいことがある——技術の発展の恩恵を活用し、いまや少ない電力でたくさんの光を生み出す省エネLED電球を使おう。しかも従来の電球の寿命が1000時間なのに対して、こちらは10万時間近く保つのだ。

低い耐久性が合理的なこともある

ほとんどの場合、お金さえ出せば、ずっと長持ちするずっとよい製品が手に入るが、すべてはその人の優先順位次第だ。いま自宅にある洗濯機よりずっと高性能の洗濯機は買える。耐久性の高い洗濯機は、5000ドルから2万ドルでいろいろ販売されている。だがそんなものを買うために借金をしたら、ほんの数年でずっと優れた、はるかに省エネの製品が登場したときにどうしようか?

耐久性の低いものを選ぶのは、個人の懐具合と利便性、かける時間と将来開発への期待の間で、そこそこのバランスが取れた行動なのだ。明確な正しいバランスがあるわけではないから、いちばんいいのは各種のソリューションをお互いに競わせて、消費者が自由に選べるようにすることだ。そうすれば他のみんなもそこから学べる。

自動車の場合、寿命が長いと再販価値も高まるから、耐久性は重要な競争優位となる。だからこそ今日の自動車は、私の子ども時代より2倍の走行距離をたたき出せるのだ。1960年に製造されたアメ車のうち、15年後にも健在だったのはたった7%だった——今日では、アメリカの全自動車の平均年齢は12年を超えている。[16]

また他の場合には、開発速度が速すぎて、顧客はすぐに新しいモデルを求めるようになる。これはスマートフォンで顕著だ。そうなったら、何十年も保つ高価なモデルに消費者がお金を払うとは考えにくい。場合によっては、私たちは自分でもあきれるほどケチだ。価格だけに注目したら、基本的な部品で作られた、味も素っ気もない製品しか得られない。コスト削減のため、メーカーはバッテリーや他の部品を交換するのに必要な小区画を作らなかったりする。どうせ9ドル90セントのコーヒーメーカーや39ドル90セントのプリンタを買う連中なんて、交換部品に大したお金を払うはずがないのだし。

iPhoneには計画的陳腐化が組み込まれている？

計画的陳腐化が本当にある可能性は否定しない。メーカーが積極的に製品の寿命を縮めるような例はあるのかもしれない。だが論争で言われるほど多くはないだろうし、それをやっているのがバレた企業はすぐに市場に処罰される。フランスには計画的陳腐化を禁止する法律があるが、1つたりともそれを立件できずにいる。

古いiPhoneがソフトウェアアップデート後に動作が遅くなるようになったため、フランスの消費者保護当局がアップルに罰金を科したという2020年の事例は世界中で報じられた。だが、ほとんどの人はアップルが計画的陳腐化で有罪とされたのではなく、その変化について利用者に伝えなかったのが悪いとされただけだ、という点を見ていない。

この背景としては、多くの利用者のｉＰｈｏｎｅが２０１６年末のＯＳアップデート後にクラッシュしたということがある。その理由は、古いバッテリーは充電が不十分だと、新アプリの各種負荷に対応できないということだった。この問題を解決するため、アップルは負荷が高まったときに、一部の作業をピークに達したときに長めに分散させることでクラッシュを防止するような機能を次のアップデートで入れた。

これはまさに、計画的加齢の正反対だ。ほとんどの人は、クラッシュするスマホよりは動作のトロいスマホのほうがいいので、これはむしろ寿命を延ばしている。フランスの法廷もそう判断した。アップルはいまや利用者にこの機能を伝え、利用者は定期的にクラッシュするｉＰｈｏｎｅのほうがいいのであれば、その機能をオフにできる。

その一方で、資本家たちは古い製品をわざわざ壊れるように作る必要はない。むしろ定期的に、ちょっと機能が増して少し薄いデザインの新製品を定期的に出し続け、みんながこまめにアップグレードしたくなるよう誘惑できる。これは反商業主義者のお決まりの議論だ。資本主義は、人々の物ほしさと他人に見下されてはならないという不安に働きかけて、新しいニーズをでっちあげるのだ、というわけだ。

だがそんなにバカげた製品でも、たとえばフードを縫い込んだブレザーや、デニムで作ったジャンプスーツ、特製デザインのトイレブラシなどであっても、新しい消費財はまったく新たにでっち上げられたニーズの反映だったりすることはほとんどない。人間は常に、自分の美しさ、地位、利便性、安全、通信、輸送、娯楽を拡大するための各種機会を追求してきた。絶えず変わり続けるのは、それらを満足させるための手法だけなのだ――洞窟壁画からインスタグラム、狼煙《のろし》からスマホ、刺青《いれずみ》から、えーと、刺青に逆戻りするまで。

流行を追うのは「進化で身についた本能」

人類学者や考古学者たちは、自分たちをまったく装飾していない人間文化など1つたりとも発見していない。美容産業が、人間たるもの身繕《みづくろ》いして装飾すべきだと教えてくれるより10万年も前から、ご先祖たちは肌を彩《いろど》るための希少な染料を得るべく、持ち物すべてを差し出し、命を危険にさらすことさえあった。ネアンデルタール人たちを操るようなラグジュアリーブランドはなかったが、それでも彼らはネックレスやブレスレットを作るための最高のワシの爪をめぐって戦った。

消費者文化は商業的な利権からの圧力の結果だと信じたがる人は多い。だが共産主義が崩壊したら、そこの人々だってそんな圧力なしに、すぐにジーンズやレコードプレーヤーに群がった。タリバン支配下のアフガニスタンでは、21世紀初頭には女性がアングラ美容室に出かけ、鞭打ち刑の脅しにも負けずに、ブルカの下で自分たちの顔を塗りたくった。2001年にタリバンが倒れたとたん、アフガニスタン人たちは行列をなしてメーク用品、テレビ、ビデオデッキを買った。
西側の知識人はそれを尊厳にもとる行為と考えた。「圧政の終わりを祝うためにアフガン市民たちが消費者家電を買っているのを見るのは、何と気が滅入《めい》ることか」とある西側ジャーナリストは嘆いた。[17]
だが人間の本性というのはそういうものだ、と考古学者ブライアン・ヘイデンは述べる。彼は中東、極東、北米、オーストラリアの先住民たちと暮らしたことがあるのだ。商業主義のせいなどではない――人間はそういうものなのだ。「私が接触したあらゆる文化の人々は例外なしに、手に入る工業財の便益を得たいという強い願望を示す。『非物質主義文化』などというのはおとぎ話だと私は確信している」[18]
この消費にはある種の落ち着きのなさがうかがえるが、それは計画的陳腐化のせいではなく、何かに慣れてしまって新しいものに惹かれるというのは根深い人間の本能だからだ。
大ブランドが高価なキャンペーンを行い、古い自分の名前を捨てさせて、そのブランドのフレッシュな名前（特許取得済み）を買わせようとする動きは見られない。それでも子どもにつける名前には、極度に強いファッショントレンドがある。今日の保育園に行って、子どもたちの名前を聞いてみよう。子どもに名前をつけるとき、みんなユニークな名前を考えるが、ユニークすぎてもいけない（だからしばしば祖父母の代から名前を借りるのだ。それは懐かしい一方で目新しいからだ）。
何にでも流行があるというのは、商業的な理由よりはむしろ進化上の理由のせいだ。人は安全を求める一方で、新しいものも経験したい。エキサイティングでいたいが変人扱いはされたくない。目立ちたいが、社会からつまはじきにはされたくない。だからこそ、ヘアスタイルや衣服を少しずつ更新するが、極端には変えないのだ。みんな人と同じはいやだがあまりにちがうのもいやなのだ。その境界線は、いつも変化し続けるし、他の人の行動にも左右される。みんなが自分の趣味をそうやって変え続けると、ファッションが生じる。**人が気まぐれなのは、企業が儲けるためではない。私たちが気まぐれだからこそ、企業はそれで儲けるのだ**。[19]

いや、おっしゃりたいことはわかる。そんな流行を追いかけるなんて、とんでもなく浅はかでバカげた話だ。他人の消費はしばしばばかばかしく思えますよね？　他の人が高価な腕時計だのスポーツカーだのに目の色を変えているのを見ると、しばしばこっちのほうが恥ずかしくなるし、なぜ台所をそんなしょっちゅう改装したいのか、なぜソファにそんなにクッションをたくさん置きたいのかは、まったく理解し難い。

その一方で、私は壁一面を本で覆いつくし、世界文学に取り囲まれるあらゆる瞬間を楽しんでいるが、訪問者が最もしばしば口にするのは、こんなにたくさんの本が必要なんですか、というものだ——すべてはオンライン上にあるでしょうに？[20]　告白しよう。おそらくお気に入りの本の初版を所有する必要はないのだ。親愛なる読者のみなさん、そもそもあなたは本書を買う必要があったんですか？

確かにそういう見方はある。他人の行動や虚栄心を見下し、卑《いや》しい消費に走っていると考えるのは実にたやすい。だがそれなら、自分はそんなものに従う必要のない自由な経済に暮らせるのは、何とも幸運なことではないか？

「サービスが無料なのは我々が売り物だから」というけれど

ハイテク産業ほど名声から急激に転落した産業部門はない。ほんの数年前には、ハイテク企業はエキサイティングで創造的だと思われていたのに、いまや邪悪な独占企業で、人々の個人情報を売り渡し、人々を催眠術にかけて本当の生活を無視させてしまう。

こうした企業はすさまじいネットワーク効果を利用する。フェイスブックにいなければならないのは、実に多くの人々がすでにそこにいるからで、あなたがそこに加わったら、このプラットフォームは他人にとってますます手放せないものとなる。するとフェイスブックはますます多くのデータを得るので、サービスや広告をますます多くの人々に向けてカスタマイズできる。データこそは「新しい石油」だから、ソーシャルメディアや検索エンジン、地図サービス、電子商取引、支払いアプリ、ストリーミング、アプリによるタクシーサービスなど、各種のデジタルサービスにおいては成功がさらなる成功を生むのだ。

同時に、ソーシャルメディアをめぐる論争は非常に暗いものへと転じた。かつては民主主義の救世主と思われていたＳＮＳが、いまやその墓掘り人とされる。

その批判者の半分は、あまりに多くのコンテンツが検閲されていると怒っている。残り半分は、削除されるものがあまりに少なく、ヘイトとウソが広がるのを放置していると怒っている。左派は、それが右派のイカレぽんちども や偽情報のプラットフォームだと考える。右派は、それが変に意識の高い左派のキャンセルカルチャーのスクツだと思っている。多くはアップルが金を取りすぎだと怒り、フェイスブックやグーグルがお金を取らないと文句を言う(「このサービスが無料なのは、我々が売り物だからだ」)。ソーシャルメディアはよくてもバカげた時間の無駄だ。最悪ならそれは二極化とフィルターバブルと、孤独と社会的圧力を生み出し、人々の目玉を広告にくぎ付けにするためだけに存在しているのだ。

こうした企業についてどう思うにしても、実に多くの人々がそのプラットフォームに群がる様子を見て、それのどこが好きかについて述べるのを見ると、それらがすさまじい価値を生み出したのはまちがいない。

インタビュー調査によると、最も普及したサービスのいくつかが消えたら、人々はとんでもない金額を支払ってでもそれを取り戻したいと言う。検索エンジンには驚異の平均1万8000ドル、メールには8000ドル、デジタル地図には3600ドル——それも毎年。この3つのサービスだけでも、人々の支払い意思額を元にアメリカの1人あたりGDPに入れたら、平均的なアメリカ人はいきなり50%豊かになったように見える。[21] こうしたハイテク巨人は、すさまじい価値の製品を生み出し、それを私たちにほとんど無償でくれるのだ。はいはい、繰り返すと「このサービスが無料なのは、我々が売り物だからだ」。みんなこのせりふには耳にタコができているはずだ（そして私もそれを述べた）。だが本来何万ドルもするはずの商品が、以前に見たものより少し関係が深い広告を見るだけで手に入るのなら、決して悪くない取引だろう。ほとんどの人はそう思う――そして思わなければやめればいい。

個人情報の問題は深刻だが、それについてはみんな、個人としては十分にわかっていることがある。これはトレードオフの問題であり、完璧な解決策などないのだ。批判者たちもそのへんは納得してほしいものだ。私は自分の個人情報をあまり明かしたくはないが、一方でオンライン店舗が以前の購入履歴をおぼえておらず、自分で調べねばならないとイラッとしてしまう（私個人としては、先に進む道は利用者が自分のデータをコントロールし、訪問するウェブサイトのデータ管理を系統的に制御する情報銀行の市場が生まれることだと思う。EUの一般データ保護規則［GDPR］などのバカげたルールではダメだ。あれはウェブをサーフするとき、何も読まずにいろいろチェックボックスをクリックさせられるだけの代物《しろもの》だ）。

「SNSにはバカしかいない」？

議論の場には思えないかもしれないが、インターネットを通じたコミュニケーションの民主化という希望は本当に実現している。実は突然、ほとんどの人々は世界中のほぼあらゆる情報にアクセスできるし、自分の意見も言えて友人や似た者やパートナーを世界中で見つけられる。まさに革命だ。

いまやあちこちで失望の声が聞かれるのは、社会的に進歩的だったインターネットの先駆者たちが、自分のような人々こそ世間の会話の主導者になると思っていたせいだ。彼らは、もしみんなが自由に声を上げれば、ちがう価値観を持つ人々も声を上げるということを考えなかった。そこにはナショナリストや反ワクチン論者もいて、そうした人々はメディアでは脇に押しやられがちだから、デジタル領域に本気で取り組む理由があった。オバマの2008年選挙戦が、ソーシャルメディアと的を絞った広告で票を獲得したときには、ジャーナリストたちは歓喜の涙を流したが、同じような手法を2016年にトランプが使うと、それは催眠術に近い邪悪な人心操作だと批難されたのを思い出そう（ちなみにこれは、トランプ人気が最も高い層はインターネットを最も使わない、地方部の高齢者だったという事実とはなかなか相容《あいい》れない主張だ。ソーシャルメディアの利用者で見ると、トランプはその前の共和党大統領候補ミット・ロムニーよりもひどい成績なのだ[22]）。

通信技術をめぐる論争はあまりにしばしば、それが人々を1人残らず軟弱なラテ飲みリベラルか、排外主義の反動主義者のどっちかにしてしまうのでは、という話になってしまう。だが実際には、みんなの昔からの姿を、よかれ悪《あ》しかれ、あるがままに示しただけだったとしたら？

もちろん、それがいいかどうかはわからない。人がいきなり自分自身を世間にさらし、生煮えの思いこみや偏見まであらわにするというのは、必ずしも文明の進歩ではない。みんなが食卓とデジタルマスメディアのちがいを早く学んでくれることを是非とも期待したいところだ。

だが、インターネットにはバカしかいないと苛立っているなら、バカは昔からいたことを思い出そう。ただそいつらが以前は視界に入ってこなかっただけだ。さらに、自分がそういう考え方をするのは、自分がツイッターなどでの政治レスリングを見ているせいなのかもしれない、ということはお忘れなく。そうした場では、各種闘士は自分の部族の看板を背負って派手な立ち回りをしなければならず、繊細さや複雑さや、まともな文明的行動は報《むく》われない。

だが世界の大半の人々にとっては、そんなことに関心を示すこと自体、頭がおかしい。ほとんどの人はインターネットを、対等な人々を見つけたり、地元の環境や鳥類学、スチームパンクSF、サッカー、完璧なチャーハン、船外機のレストア、レナード・コーエンの海賊盤《ブートレッグ》レコード、ロシアのウクライナ侵略に関する最新の洞察といった、自分の関心事に没頭するために使うのだ。あるいは赤ワインソースのつくり方、壊れたジッパーの直し方、会社年次報告の読み方、しみ抜き、葬式の服装についてサッと調べるのに使う。さらに、それはまったく新しい思想、文化、研究、物語、音楽の世界を拓《ひら》いてくれた。その代償としてなら、多少のイカレた連中も容認していいかもしれない。

「フィルターバブル」論のウソ

人々がオンラインのフィルターバブルに囚われているという話は大量にある。だが人々は、実は以前よりずっと反対意見にもさらされている。というのもある側面では自分と同じ意見を持つ人が、必ずしも他の分野でも同意見とは限らないからだ。

反対意見からどれほど人が孤立しているかという指数を見ると、新聞を読む人々は、オンラインでニュースを読む人々より少し孤立していることがわかるが、職場やご近所や家族は、それ以上に均質化された意見のバブルなのだ。最悪のエコーチェンバーは、みなさんのご家庭の食卓なのだ。[23]

アメリカにおける政治的な極端化はしばしばソーシャルメディアのせいだとされる。だがこの動きはソーシャルメディアが生まれる以前からのもので、ツイッターやフェイスブックよりもトークラジオやケーブルテレビに時間をかける高齢世代が主導している。西側9か国の分析でスタンフォード大学とブラウン大学の研究者たちは最近、政治的な極端化がそのうち5か国でむしろ低減したことを発見した――そしてそのどれも、アメリカよりもインターネット利用率が高い国だったのだ。[24]

プラットフォームの倫理的責任？

いやわかります。オンラインには山ほどのガラクタもある。何かが大きければ、そこに収まるゴミクズもそれだけ多くなるのだ。また、あらゆるものについて、ちがった対立する話がいきなり大量に出てきたので、単純な答や、ありのままをきっぱり語ってくれる人を渇望する小集団は、激しく反発することもあるのだろう。

プラットフォームは、どれだけ陰謀論やヘイトメッセージを片づけねばならないのか？ウソやハラスメントがプラットフォームにはびこっている一方で、まったく無害だったり、ただの皮肉だったり、緊急性を持つメッセージ（および人物）すら追放されるのを見たことがあるだろう。これは、企業が無能か邪悪である証拠だ、と言う人もいる。私は、それがむずかしい仕事なのを示しているのだ、と思う。何かが礼儀正しく正気な社会の許容限界をはるかに超えるものだったとしても、そうした人々がますますヘイトまみれのアングラなオンライン環境に押しやられるのがいいのかどうかは、だれもわからない。

これらはむずかしいトレードオフで、明らかな答はなく、いろいろな解決策を試すしかない。この仕事を政府当局に任せれば簡単になるとか、大規模ハイテク企業のプラットフォームを解体して、何百ものちがったプラットフォームができればマシになると示すものは何もない。

もちろん、常にあらゆるものが得られることで子どもたちが受ける影響については、ことさら注意が必要だ。フェイスブックからリークされた報告書によると、ティーン少女の少数とはいえかなりの割合――4%――は、インスタグラムで気分が沈むと信じている。[25]だがそれほど認識されないのは、同じ報告で少し多い割合――9%――が、インスタグラムで気分がよくなると述べているという事実だ。

ソーシャルメディアには、社会的圧力やいじめがあるが、それは本物の学校も同じだ。そうした問題を認識して対処するにあたり、ソーシャルメディア――または本物の学校――の存在を悪者視する必要はない。結局のところ、ティーンの81%は、ソーシャルメディアで友人たちとの絆《きずな》が深まると述べるし、68%はソーシャルメディアのおかげで、逆境でもだれかが応援してくれると思えると述べているのだ。かなりの多数派は、それが排除して不安にするよりも、包摂し自信を与えてくれると述べている。[26]

この話全体が複雑であり、ウェブをうまく使ってそのマイナス効果を減らすには、大量の学習と実験が必要だ。だが私に言わせれば、ハイテク産業が社会に与える影響が全体としていいのか悪いのかという議論は、83歳の身障者未亡人と話をしたときに決着がついた。彼女はネット中毒がどうしたとかいう論争などまったく興味がなかった。「わたしはコンピュータが大好きですよ。知りたいことはなんでもググれるし、決して1人きりにならずにすむから」

「支配的SNSの独占は破れない」はまちがい

ハイテク企業の貢献についてどう思うにせよ、彼らがその主導的な地位を固めてしまい、小規模なライバル企業を買い漁り、他の連中は競合を試みることさえ割にあわないような「イノベーションの影」をつくり出す危険性がある。もっと優れたサービスを提供できるかもしれない潜在的な競合がいても、利用者がその競合の新サービスになじみ、データを移して、十分な数の利用者に同じことをさせるのは高くつきすぎるから、私たちもそいつらにチャンスを与えないのだ。

『ガーディアン』紙のハイテクコラムニストは「現代の支配的なソーシャルネットワークは、その独占を失うことなどあるのだろうか?」と問う。絶対ない、というのが彼の答だ。「いまのトップ企業は、経済学者たちが『自然独占』と呼ぶものへの道を着実に歩んでいる。利用者たちは、自分自身についてのデータを提供するために、あまりに多くの社会資本を注ぎこんでいるから、別のソーシャルネットワークに乗り換えるだけの手間に見合わないし、特に新規利用者が増えるたびに、人々の交流ネットワークという価値が高まるからなおさらだ」

だが理屈の上ではいかにむずかしく思われようとも、他のだれかがもっといいものを提供したら、独占を破るのは現実に可能だ。なぜそれを断言できるかといえば、いまの文章は今日のフェイスブックの話ではないからだ。これは2007年に書かれたもので、当時は完全に支配的だったソーシャルネットワークの「マイスペース」についてのものだったのだ。[27]

当時は「予想外」だったGAFAMの台頭

新規の競合の市場参入がいかに不可能と思われていたかを考えると、これがあまりにしばしば起こるのは奇跡的なことだ。そもそも現在のハイテク大企業——グーグル、アマゾン、フェイスブック、アップル、マイクロソフト（GAFAM）は、考えてみればすさまじい新興企業ばかりだ。

2001年にスウェーデン語版の『グローバル資本主義擁護論』を書いたとき、グーグルは創業3年目の新参者で、IPOを果たすのはさらに3年先で、ヤフー、アルタビスタ、MSN検索といった検索エンジン大手と戦っていた。

1998年3月には『フォーチュン』誌に「検索エンジン戦争の勝者ヤフー」という記事が出ている。この記事によれば、多くの人はヤフーが次のアメリカ・オンライン（AOL）にすらなれるかもしれないと考えているとのことだ（はて、それってどなたでしたっけ？）。[28]実は、そこには類似性が確かにある。ヤフーとAOLはどちらも後に電話会社ベライゾンに買収され、同社はその後、大量の損失を出してから、最近になって両社を50億ドルで売却したのだ。

当時、アマゾンは利益を出せない新興のオンライン書店だった。そのたった1年前、有力な投資銀行リーマンブラザースは、アマゾンは無能で、赤字を垂れ流し、1年以内に倒産すると警告していた（その8年後にリーマンブラザースのほうが倒産するのだが）。

2001年の時点でマーク・ザッカーバーグはまだハーバード大学を退学してフェイスブックを創業していなかった――まだハーバード大学にすら入っていなかったからだ。当時支配的だったソーシャルネットワークは、シックスディグリーズ、AIM、フレンドスター、そして何よりも重要なマイスペースだ。マイスペースはあまりにホットで、グーグルは2006年に同社と3年の広告契約を結べたのがブレークスルーだと考えたほどだ。この契約は、カリフォルニア州の有名リゾート地ペブルビーチの華やかなパーティーで調印され、ボノや当時のイギリス首相トニー・ブレアといったゲストが招待された。やっとグーグルも大物とつるめるようになったか、というわけだ。

一方でアップルは、パーソナルコンピュータ時代の古参だが、その後はずっと危機ばかりだったので、初期に支配的な地位を得ても、急変する市場では大した意味を持たないという事実を象徴する存在だと思われてきた。だがスティーブ・ジョブズが会社に復帰し、2001年末にiPodを発表してアップルにも新たな希望が生まれた。

2003年にアップルはやっと、わずかばかりの年次利益を計上できた。インフレ調整されたその年次利益は、現在のアップルなら14時間で稼ぐ金額だ。だがそれは、同社が携帯電話に革命を起こしたことで初めて可能になったものだ。当時の携帯電話市場はノキアに支配されていた。「顧客10億人。携帯電話の王者にだれが追いつけるだろうか?」と『フォーブス』誌は2007年10月に問うている。「そんな携帯電話会社も、ノキア以上に人々の電話利用法について知ることはできない」から「ノキアはウェブと同義語になる歴史的な機会を持っている」[29]。

もちろんマイクロソフトもずいぶん昔からいたが、もたついてモバイルインターネットへの移行に乗り遅れてしまった。そして、パーソナルコンピュータのオペレーティングシステム(OS)から、アップルやアンドロイド製品でも動くクラウドベースのサービスにビジネスモデルを完全に切り替えて、やっとカムバックを果たした。

著書『ハイテクパニック』(未邦訳)でアメリカのジャーナリストのロビー・ソアヴェはこう書く。「未来からの訪問者が2006年の私——高校を卒業したばかりの年だ——に、もう数年もすればマイスペース、AOLインスタントメッセンジャー、MSN ホットメールのアドレスもいらなくなるよと言ったら、ああオレは突発事故で死ぬのか、と思っただろう」[30]

GAFAMが忘れたい「黒歴史プロダクト」一覧

新しい巨人たちが、先人たちよりもその地位に安住できると信じるべき理由もない。代替物よりも優れた、安くておもしろい製品やサービスを提供し続ける限り、利用者は獲得できる——だが利用者は無料の新サービスを得られるが、それを提供する企業のほうは、そのための費用を全額自分で負担するしかないのだ。

ときには、彼らが何をやっても成功する、お金を刷るに等しい会社だと思ってしまうが、それは今日の彼らのトップセラーしか見ていないからだ。

だがみなさんはアマゾンのファイアフォンやグーグルグラスやマイクロソフトのZuneミュージックプレーヤーをご記憶だろうか？　GAFAMの発表する製品の多くは鳴かず飛ばずだった。というのも、それが提供したものはつまらないか、すでにあるか、ややこしすぎるか、醜すぎるか、高価すぎるか、ひたすらお寒い代物だったりしたからだ。

マイクロソフトは、音楽サービスのグルーヴミュージック、スピーカーのインヴォーク、フィットネスブレスレットのマイクロソフトバンドやiPadクローンのサーフェスRTでまったく成功しなかった。「ビングる」は「ググる」ほどは一般化していない。マイクロソフトの携帯電話キンは大失敗で、代わりに出てきたウィンドウズフォンもダメだった。失地回復のため、マイクロソフトはノキアの携帯電話部門を2013年に買収した。だがマイクロソフトの携帯電話は復活しなかった。ノキアの携帯電話が潰れただけだった。

フェイスブックはおそらく、2013年にフェイスブック・ホームという独自アプリでモバイル市場に参入しようとしたのを忘れたいと思っているはずだ。これは特別な携帯電話アプリだったのだが、1か月で値段を99ドルから99セントに引き下げねばならなかった。おそらく同社は、検索エンジンのグラフサーチ、写真共有アプリのフェイスブックポークやその後継スリングショットもなかったことにしたいだろうし、さらにフェイスブッククレジット、フェイスブックディール、フェイスブックオファーも忘れたいだろうし、フェイスブック通貨のリブラについても同様だ。

アマゾンもまた、市場に受け入れられずに投げ捨てるしかなかったプロジェクトを大量に擁している。たとえば独自のファイアフォン、写真サービスのスパーク、ゲームのクルーシブル、アマゾンウォレット、ファッションや赤ん坊製品を販売していた子会社、さらにオークションサイト、食品配達、チケット販売、旅行代理店、ポップアップ店舗などがあった。

グーグルの新規分野参入能力は、ソーシャルネットワークには通用しないようだ。同社はオーカット、グーグルバズ、グーグル+をつくっては潰した。同社のパクリ版ツイッターであるジャイク、位置情報サービスのドッジボール、百科事典ノル、ゲームのグーグルライヴリーと最近のグーグルステイディア、ワークツールのグーグルウェーブ、メディアプレーヤーのネクサスQ、デジタルディスカウントブックレットのグーグルオファーも同じ運命に見舞われた。そしてあれほど話題になったグーグルグラスはいまや「あの人は今?」フォルダにぶちこまれている。

アップルは、スティーブ・ジョブズが復帰するまではほとんど消えかかった企業だったが、彼の配下ですら同社はいくつかヘマをしでかした。たとえばソーシャルネットワークのピング、ステレオスピーカーのｉＰｏｄハイファイ、スマートスピーカーのホームポッドや、接続用のファイアワイヤー（確かにＵＳＢよりも能力は高いが値段が高すぎる）などだ。最も恥ずかしいのは、おそらくアップルの地図アプリ発表で、その第一世代はあまりにバグが多くて不完全だったため、ＣＥＯティム・クックが謝罪して、怒った利用者たちに競合製品を使うよう推奨しなければならなかったことだろう。

失敗は成功するための手段

これらを含め、確立した企業がやらかしてきた実に多数の失敗については、何もおかしなことはない。失敗とはもっと賢い方法でやり直す手法であり、新しい教訓を学べるのだ。最も成功する企業は絶えず新しい実験を開始して、何がうまくいき何がダメかを理解しようとする。

そしてそれが重要なのだ。新製品や新サービスで成功するのは、その企業が大きいからではない――マーケティングに何百万ドルかけても、ちょっとダメな製品を発表したら、全方位的にバカにされる。反対に、彼らがここまで大きくなったのは他の代替物よりも優れた製品やサービスをたくさん出して感謝されたからだ。マイスペースと比べて、フェイスブックは高速で広告も少なく、絶えず利用者たちのニーズに適応し続けた。グーグルがサービスを開始したとき、既存の3大検索エンジンは当の「ヤフー」や「アルタビスタ」を検索してもそれが自分の検索に引っかからなかった。

ザッカーバーグが「フェイスブック規制」に賛成する真の理由

問題は、こうした企業がいつまで革新を続け、競合に負けずにいられるかということだ。ほとんどの人が思うよりも急速に失速する可能性はあると思う。理由は簡単で、AOL、DEC、アルタビスタ、パーム、ブラックベリー、ノキア、ネットスケープ、ヤフー、マイスペース、コンパック、コダックが、どれもしばらくは最先端の地位を維持しつつ、技術パラダイムの次の変化に生き残れなかったのを見てきたからだ。ハッと気がつくと、他のでかい立派な企業がこの一覧に名を連ねることになるだろう。

残念ながら、そうした巨人たちの時代が終わってもその地位を安泰にしておく方法はある。パラドックスめいているが、その企業を抑える手法だとみんなが思っている「規制」である。

複雑な規制は、確立した企業ならば専門家の部門により対処できる固定費をつくり出す。だが従業員が少なくて資本も少ないスタートアップにとって、そうした規制は直接的な参入障壁となる。アメリカ経済についての研究では、市場集中が進むのは、規制が最も急増する産業部門だとされる。[31]

フェイスブックが、連邦通信品位法の第230条を廃止するのに再び関心を持つようになっているのは、この文脈で理解すべきだ。この条項のおかげで、アメリカのプラットフォームはコンテンツのモデレーションを行っても、他人が自分たちのサイトで公開するものについて、訴訟の心配をせずにすむのだ。これがないと、プラットフォームはきわめて厳しいモデレーションを行うリソースを用意して、何ひとつうっかり表に出たりしないようにできない限り、ヘイトスピーチやハラスメントに対してすら対処できなくなる。

マーク・ザッカーバーグがこの条項廃止に前向きなのを見て、一部の人は彼が、フェイスブックはもっとしっかり監視されるべきだとようやく学んだのだと思った。実は、これは競合他社にとっての費用を上げるという古くさい手口の最新版というだけの話だ。

人々が投稿するすべてをほぼリアルタイムで読み、検討し、モデレーションするのは、巨大なインフラすべてと従業員6万人を擁するフェイスブックにとってすらきわめて高くつく。だがザッカーバーグにとってそれ以上に重要なのは、小規模のライバルたちにはまったく対応不能になるということなのだ。マイスペースがこんな規制を導入するのに成功していたら、いまも君臨し続けており、ボノやトニー・ブレアはいまも同社のビーチパーティーに参加し続けていたかもしれない。

1つ私が恐れているのは、政府と大企業があまりに密着しすぎて、政府は企業にますます保護を与え、かわりに企業はそのときの与党政治家たちが好むように運営や行動を適応させるようになることだ。社会のちがう領域の間には、ある程度の健全な敵対関係があるべきで、それぞれがオープンで分散化されたシステムの中で釣り合いを取るようにしなくてはならない。大きな政府と大企業が手を組んだら、小規模プレーヤーたちはひとたまりもない。

データは新たな「砂」である

大規模プラットフォームが無敵だと多くの人が思う理由の1つは、データそのものに価値があるという誤解だ。だがデータは新しい石油ではなく、「新しい砂」なのだ。砂はそれ自体としてはあまり価値がない。しかしそれを適切に（シリコンに）精錬すれば、人類が持つ最強の生産力（データチップ）をつくり出せる。データも同じだ。ウェブとデジタル化のブレークスルー以来、私たちはほとんどあらゆる部分で情報の余剰を抱えて暮らしてきた。それ自体として、情報は大した価値はないが、それを精錬、分析し、詰め合わせれば、新しい情報やマッチングを見出して、それにより他人が探しているものを見つける支援を儲かる形でできるようになる。そしてそれには大量の努力、すさまじい闘志と絶え間ないイノベーションが必要となる。[32]

これはつまり、単に大量のデータを抱えているからというだけで無敵のリードを持っている企業などいない、ということだ。これは技術政策の専門家ヨアキム・ヴェルンベリがデジタルパラドックスについてのすばらしい研究で説明していることだ。[33] むしろ逆もあり得る。

もちろん大規模市場を持っていれば、低価格でよいサービスを生み出せる「規模の経済」が生じる。そしてその場合には、企業の規模拡大は消費者にとっていいことだ。私たちがそうした便益を獲得できるからだ。

だが規模には不経済もあり、それが企業の拡大に限界を設ける。彼らの価値の相当部分は、知識および個人のマッチングなので、プラットフォームが大きくなると混雑しすぎて雑音が増える。みんながそこにいると、探している人は見つけにくくなる。若者は親と同じプラットフォームにいたがらないとか、出会い系サイトがあまりに一般的で無味乾燥になるといった副作用も生じる。

すると、何かもっと狭く限定的な、人の個別性やそのある特定部分だけをうまく表現するものに対する需要が生じる。そのほうが、似た者同士を見つけたり、もっと絞った結果を見つけたりしやすいからだ。

だから、競合は似たような広いプラットフォームを提供する別の巨人から来ると思ってはいけない（それにフェイスブックが2つできても、利用者にどんな得があるのかははっきりしない）。むしろ多くの小さくニッチなプラットフォームからくる可能性がある。

別のおもしろい含意もある。イノベーションの影は実在する。大企業は、小さな付加的な改善には投資額を増やし、小規模なライバルをすばやく真似ることはできる。これはつまり、ベンチャー投資家や起業家が、巨象たちのすでに踊っている分野に投資しても、あまり見返りがないということだ。だがヨアキム・ヴェルンベリは、この直感に反する行動はよいことだと考えている。すでにあるものと似たものに大規模なリソースが無駄遣《づか》いされることはなく、従来のビジネスモデルに簡単には組みこめない、急進的で転覆的なイノベーションのある分野に向けられるということだからだ。第2のフェイスブックができたり、ちょっと大胆な絵文字が増えたりするよりも、万人を豊かにするものが得られるのだ。

大規模プラットフォームの新たな闘い

市場リーダーたちが少し長めに頂上に残る方法の1つは、小さな革新的企業——ユーチューブやインスタグラムからオキュラス、ディープマインドまで——を買収することだ。これはときには、ほとんどインチキとすら思われている。古い吸血鬼どもが、若き活発なスタートアップの生き血をすることで、自分の寿命を長引かせているように見えるからだ。

だがこれは、重要な分業だ。古いビジネスモデルを守るのに専念する確立した企業は、急進的であるほど革新的になるのはむずかしい。一方、スタートアップは市場についての知識も、投資資本も、規制システムを切り抜ける能力も、開発、マーケティング、販売のインフラもない。力をあわせることで——ワクチンの場合はファイザー製薬とビオンテック社のように——真のイノベーションがすぐに、機能する製品になる。

これが重要なことだ。だれがなぜやるかはどうでもいい。それが現実のものとなり、消費者が恩恵を受けるのが重要だ。

買収される機会は、発明し、開発し、起業する意欲を強化する。そうなれば地雷原すべてを自分で切り抜けなくてもすむ。潜在的に有望なアイデアがあり、それが地雷原の向こうにいるだれかに評価されればいいのだ。

この論争は、我がティーンの子どもたちの休暇滞在先のWi-Fi接続なみに現実から後れを取っているし、フリーズする回数もそれより多いほどだ。

まさに多くの人々が大規模プラットフォームを、不可侵の独占事業体とみるようになったそのときに、そうしたプラットフォームは初めて手強《てごわ》い競争にさらされはじめた。

過去5年で、最先端企業の市場シェアはオンライン広告、クラウドサービス、アプリストア、ビジネスソフト、ライドシェアの分野で実は低下しつつある。ビデオストリーミングと食品配達で、先端企業は市場の4分の1以上を失った。[34]

その理由の一部は比較的新しい参入者だ。パンデミックの時期には、みんな確立された企業のビデオサービスではなくズームを使っていた。スナップチャットとティックトックが登場し、いきなり古いソーシャルメディアは年寄りめいて見えるようになった。既存大手はさらに力を増しているから、新参企業に覆されることなどあり得ないと言われていたのに、ティックトックはたった4年で利用者数10億人に達した――フェイスブックの半分の時間だ。セールスフォースはますますクラウドサービスで強気になり、カナダのショッピファイは、5年でアメリカの電子商取引の70分の1から10分の1のシェアを占めるまで成長した。オンライン決済ではペイパルがますます重要になってきた。

さらに、古参企業がやっとオンラインに乗り出しつつある。ディズニーはストリーミング市場に参入し、ウォルマートやターゲットや各種ローカル小売業者はオンラインショッピングに大規模投資をしている。アマゾンは絶えずイーベイや地元の小売店と競り合っている。GAFAMがふんぞり返って札束を数えているだけと思っている人は、彼らがさらされている熾烈な競争圧力を誤解している。

加えて、大企業は絶えずお互いをスパイしあわねばならない。マイクロソフトとアルファベット（グーグル）は、クラウドサービスをめぐってアマゾンと競争を始め、それが株価に圧力をかける。アマゾン、アップル、マイクロソフトは、オンライン広告をめぐってグーグルおよびフェイスブックとケンカを始めようとしている。フェイスブックはアマゾンに反撃するためフェイスブックショップを立ち上げた。アップルTVとアマゾンプライムは同時にネットフリックスを追いかけている。

『エコノミスト』誌の計算によると、GAFAMの売り上げのうち、競合と重複する部分の比率は2015年以来、22%から38%に上がった。[35] もっと生死に関わる形で、アップルはその広告依存の競合たちが生きづらくなるようにするため、iPhone利用者にある特定企業によるオンライン追跡を避ける設定を提供するようになった。

さらに、大規模ハイテク企業のめざましい成長が起きたのは、低金利と株式市場絶好調の時期だった。こうした企業はこれからつらい時期に突入する。本章をまさに書き終えようとしたとき、こうした無敵とされる企業の最新の業績ニュースが入ってきた。2022年11月には、売り上げ低下と株価崩壊の中で、アマゾンは1万人ほどの従業員を解雇すると発表した。そしてグーグルも同様の手に出るという報告も聞こえてくる。マイクロソフトはすでに同年夏以来、3度目のレイオフに入っており、アップルは新規採用停止を発表した。フェイスブックの親会社メタは、雇用の1割を削減した。

GAFAMの最大の競合は「リアルな友人」

企業が検索サービスを支配することで、人々が見たり考えたり買ったりするものを統制する能力を獲得するのではと恐れているなら、彼らには他に80億の競合がいることを思い出そう。何かを見つけ出し、考えや行動や買い物について別の意見を得たり提言を得たりする最も一般的なやり方は、グーグルやフェイスブックに尋ねることではなく、友人や連絡先にメッセージを送って尋ねることだ。巨大ハイテク企業の最大の成果は、そうした形のアドバイスをかつてないほど簡単にしたことなのだ。

第6章

産業政策がダメなわけ

成功した企業やイノベーション、成長がそんなに重要なら、市場に任せておくにはいささか重要すぎるのでは？　少し手助けしてあげたらいかが？

イタリア系アメリカ人のスター級経済学者マリアナ・マッツカートを紹介するとき、インタビュアーは政治家や当局の諮問機関での役職をいろいろ挙げるが、それに対して彼女は「実はあと30くらいありますけどね」と答える。その人気も無理もない。マッツカートが提唱する理論は、彼女の顧客たちこそが発展の英雄だ、というものなのだから。

政府機関のお気に入り経済学者、マッツカート

私の世界観では、実業がイノベーションや成長をつくり、それが公共部門の資金を生み出

す。だがマッツカートは話が逆だと言う——国家が研究やイノベーションの資金を出して成果を上げ、それを民間企業が使って収益性ある製品を作るのだ、と。

ｉＰｈｏｎｅを構成する重要なもののほとんどすべてが政府から来ているというマッツカートの図は有名だ。彼女の見方では、政府は月に宇宙飛行士を送れるんだから、カリスマ的な政治家とビジョンを持つ官僚たちがとにかく方向を示し、正しい技術やソリューションに資金をつければ、他の問題もほとんど解決できるはずだという。そうしたら、その知識が商業化され、新しいイノベーションが開発されるのだそうだ。

だからこそ、「ムーンショット」だの「ミッション指向のイノベーション」だのがすべての社会的な課題について必要となる。マッツカートいわく、「まず何よりも、ミッションは大胆で啓発的でありながら、広範な社会的意義を持たねばならない。人々の生活を直接改善する野心的なソリューションを開発するという意図を明確に示し、想像力を刺激するものでなければばならない[2]」。

積極的な産業政策は金融危機の間に人気が出てきた。またもや政府が勝者を選び、特定の企業やプロジェクトを先に進めるよう資金をつけることになった。パンデミックとウクライナ侵略で、各国がサプライチェーンの心配を始めるにつれて、この視点はますます多くの支持者を得た。

テクノクラート的な保守派は、自分たちが共通の善のためにリソースを指図できると信じている。このため彼らは、ナショナリスト的な保守派と団結した。そうした保守派は、野心的な産業政策こそは生存の条件であり、それは単によい製造業雇用を創出するにとどまらず、西側が明日の事業分野を支配して、中国との地政学的な競り合いにおいて自分たちの技術システムに機会を与えねばならないと思っているのだ。中国共産党は、戦略的に考えて、未来の技術が「メイド・イン・チャイナ」だけになるような計画を立てている。私たちのライバルはそういう連中なのだ、と言うのだ。

マッツカートは他の学者たちからは批判されている。この分野で彼女は系統的な研究に頼らず、政府の関与と成功を示す各種のお話をするばかりだからだ。そうした個別の伝聞は、全体的な効果について何も教えてくれないのだ。

さらに、そうしたお話の多くですら彼女はかなり小細工をしている。学術的なレビューをした経営学者クリスチャン・サンドストレムの反論によれば、マッツカートがスマートフォンで重要な部品や技術について述べると称しつつ、トランジスタや集積回路、デジタル画像センサや、その他商業的な利益のために開発された多くのものについて触れないのは話を歪めているとのこと。さらに、マイクロプロセッサ、液晶画面、セルラー技術は、マッツカートの言うような政府開発ではなく、民間企業の開発だという。[3] 彼女の証拠は伝聞でしかなく、伝聞は捏造されることも多い。

「軍がインターネットを発明した」説のまちがい

だがマッツカートの考えにはもっと根本的な問題がある——イノベーションに対する実にナイーブな見方だ。

彼女が1960年代のアポロ月面着陸計画の話を嬉々として蒸し返すのは不思議ではない。これは彼女のお気に入りの、ミッション指向のテンプレートが本当に当てはまる唯一の業績だからだ。大統領が目標を設定し、アメリカ航空宇宙局（NASA）が計画し、調達し、実施し、その過程で技術発展が促された。これはきわめて明確な目標で、限られた能力実現に限定され、政治的な意志があまりに強くて、予算が絶えず超過したという事実も無視できた。

だがイノベーションがそんなふうに起こることはめったにないのだ。

もう1つマッツカートお気に入りの事例は、もちろんながら、インターネットだ。階層的で先見的な当局が未来のソリューションを指摘できて、それをやり遂げたという話だ。開発したのはアメリカ国防総省の特別機関、国防高等研究計画局（DARPA）。当時はARPAで、マッツカートはここが「常にきわめて積極的なミッション指向」だったから大好きだ。

マッツカートによれば、インターネットの開発にはこのミッション指向が必須だったのだという。「国家だけが——あらゆる逆境に逆らってでも——『不可能なこと』を敢えて考えられたのである」。つまり核戦争でも生き残る通信システムをつくり出そうとしたのだ。政府は「インターネットの可能性を夢想した」だけでなく「それをやりぬくだけのビジョン、リソース、辛抱強さを持っていた」――後にインターネットとなるARPANETは、「国家による強力な後押し」を必要としたのだ。[4]

お話としてはおもしろいが、実際にはそんなふうには起こらなかった。コンピュータ同士のネットワークをめぐる各種アイデアは、1960年代にあちこちで考案されはじめていた。大学や民間企業が各種の情報技術を開発しはじめていたからだ。

1963年にボルト・ベラネク・アンド・ニューマン社のJ・C・R・リックライダーは、後にインターネットのインフラのソリューションとなる多くのものを描いた「銀河を渡るコンピュータネットワーク」を提案できた。同時に、民間シンクタンク、ランド研究所のポール・バランは、分散型通信ネットワークの提案を思いついた。

リックライダーがARPAに移ったときには、メインフレームコンピュータをつなぐネットワーク構築を手がけていた――このプロジェクトが1969年にARPANETとなり、それがインターネットの先駆となった。

だがこのプロジェクトは軍のニーズとはまったく関係ない。

その発端は、上司ロバート・テイラーが複数のコンピュータを同時に使うために、ちがう端末とちがうログイン手順を往き来しなくてはならないのにうんざりしていたことだった。時間がかかるし、他の研究者との共同作業もむずかしくなる。

このプロジェクトを開始するプロセスは、何やら遠大な5か年計画だの戦略的なNASA委員会だのとは似ても似つかない。テイラーはあっさりARPAの管理職のところへいって、コンピュータをつなげる作業を始めていいかと尋ねたのだった。あらゆる逆境をはねのける「不可能」を実現すべく、巨大な国家支援計画を考案するどころか、テイラーは（かなり話を盛って）「もうやりかたはわかっています」と言ったのだった。上司は「おおいいね、やりたまえ」と言って予算をつけた。その会合は20分で終わった。[5]

当のテイラーが述べている。「ARPAnetは戦争などを考えて構築されたわけではなく、ARPAnetはインターネットではない」[6]。これには異論もあるが（この創造物語の実に多くの部分はいまだに論争が絶えない。実に多くの人が、ちがった段階で、ちがった重なり合う形で積極的に関与したからだ）、テイラーは本当のインターネット――ネットワークのネットワーク――はやっと1975年にゼロックス社によって作られたとする。彼らのイーサネットがARPANETに接続されたときだ。

ARPAを通じて政府は多くの形で関係はしたし、調達や研究資金も出している。だがその結果として生まれたものは、公的資金の嬉しい予想外の副作用でしかなく、カリスマ的な指導者が人々を大規模プロジェクトに関わらせるという、ミッション指向のイノベーション概念とはまったくちがったものだ。政府が「『不可能』に敢えて挑むことができた」などという話ではない。

どんな大統領も「デジタルなグローバルネットワークで通信することを決めた」などと演

説したことはないし、どんな国防総省も、巨大な政府支援により世界的なコンピュータネットワークを構築するなどというビジョンあふれる構想を発表したことはない。そしてだれひとり、テイラーですら、自分がいろんな端末の間でうろうろしたくなかったというだけで、世界がどんなに変わるかなど予想もつかなかった。

イノベーションは「計画」からは生まれない

最近、マッツカートはインターネットがなぜ発明されたかというお話をすり替えた。近著では、このネットワークは核戦争を生き延びるためのものだったという話は消えて「人工衛星が通信できるようにする」ためのものだったという話になっている。[7] おもしろいのは、彼女がまたもまちがっているということではない。むしろ彼女が、いつも同じ形でまちがえるということだ——いつもインターネットが、何やら巨大で重要な計画にもとづいて壮大な政府支援を受けたものだと信じてしまうのだ。

1989年のインタビューで、インターネットの先駆者ロバート・テイラーは、マッツカートが思いつくはるか以前にそうした考え方を直接否定している。マッツカートはARPAが常に「きわめてミッション指向」だったと主張するが、テイラーはむしろアメリカの政治家たちが、自分の離職後にますます「ミッション向け資金提供」にばかり注目するようになり、それが「作業の質をとんでもなく引き下げた」と文句を言っている。

テイラーは、イノベーションは主に実用的な問題を1歩ずつ解決したときに起きるもので、これにより絶えず知識の範囲を広げて新しい機会を見つけ、すると突然まったく新しい世界が開けるのだと言う。もし政治家たちが、ある結果をあるやり方で要求するようなミッション指向の政策を採るなら、「本当の進歩を実現する機会を次から次へと逃してしまう。というのも我々が長年やってきたのは、いろんなものにぶちあたるということだからだ。計画してやったわけじゃないんだ」[8]。

マッツカートが何と言おうと、軍や政治家が勝者を選んだわけではない。彼らはリックライダーやテイラーなどが何をやっているか、まるっきり見当もついていなかった。

実はアメリカ国防総省は、数年前に類似のアイデアを正式に提示されていたのだった。ランド研究所のポール・バランは1965年に自分のアイデアをアメリカ空軍に売りこもうとして、こうしたネットワークは軍事攻撃に耐えられると論じたのだ。だからこのアイデアを夢想したのは政府ではない――国家はそれを無視したのだ。バランの接触相手は、発想には理解を示したが、国防総省内の権力闘争のおかげで防衛通信局にまわされてしまい、そこはこの分野の技術能力がなかったので放置された。「デジタル技術もまったく理解しておらず、最先端のハイテク開発もわかっていなかったから、連中はまちがいなく失敗すると感じました。さらに彼らはまったくやる気がなかった」とバラン[9]。そこで彼は提案を引っこめて、その後数年はその発想を公的に広めるのに費やし、インターネット構想の重要なインスピレーション源となった。

これだけいろいろあっても、マッツカートはインターネットの手柄を先見の明ある政府に与えようとして、自分の理論の範囲を狭めて、それがたまたまプロセスの中で何らかの部分に触れたものにいろいろ関係していました、という話にしてしまう。その政府が、何が起きていたか知らなくても、こんな結果を求めていなくてもお構いなしに。だがそんなのは、NASAによる月面着陸のミッション指向イノベーションとはまったくちがう代物だ。

インターネットの誕生に関する各種のまちがった矛盾する主張に加え、彼女は因果的なつながりを一切示さず、連想による賞賛に走る。革新的なハイテク企業を創業した人物が、公立の大学教育を受けたというだけで、彼女は政府こそが主導的な力であり民間部門はそれに寄生しただけ、と言うのだ。

だがイノベーションは、だれかがアイデアを思いついたら、機械のボタンを押せば起こり、反対側から発明品が出てくる、というようなものではない。子ども向けテレビ番組とはちがうのだ。

科学啓蒙家マット・リドレーによる技術史への野心的な貢献の書、『人類とイノベーション』(NewsPicksパブリッシング)は、**偉大なブレークスルーは決して政府の計画だの孤高の天才だのから生じるものではなく、賑やかな知的エコシステムから生まれるもので、ちがった分野や活動の間で絶え間ない相互影響が生じなければならない**というのを説得的に示している。イノベーションは複雑な協力、驚き、インスピレーション、即興の網の目に依存している。大きな跳躍は、予想外の組み合わせと偶然から起きることもある。これはつまり、あらゆるイノベーションには大量の人々や機関が関わっているということだ。[10]

マッツカート式の、つながりがあれば何でも誉めるというやり方を採れば、誉めるべき人はいろいろ出てくる（リックライダーやバランだけでなく、何らかの世界デジタルネットワークについて希望的なビジョンを持った人はたくさんいた）。そして西側世界の政府は各国のGDPのほぼ半分を占めるのだから、そうした政府がほとんどのものに、どこかの段階で関わっていなければ、そのほうが不思議だ。特に調達や、教育の資金提供では果たす役割があるだろう。これは、アイデアを思いついてボタンを押すのとはちがうし、あるいはもうちょっとそのボタンをたくさん押すと、さらなるイノベーションが反対側から出てくるような話ではない。

「ポルノ産業」こそ技術発展の立役者である

積極的な産業政策についてのマッツカート式の本を書いて、政府をポルノ産業と置きかえることだって十分にできる。考えてみてほしい。いくつかの技術発展において、ポルノが重要な役割を果たしたのは周知の事実だ。印刷、写真、映画、ビデオストリーミング、オンライン支払い、チャット機能、P2P《ピアツーピア》ファイル共有、バーチャルリアリティ（VR）は多くの場合に、肉欲を満たすために開発され普及した。歴史研究者ジョナサン・クーパースミスはこう述べる。「その中身の問題がなければ、ポルノは新技術を見事に素早く開発、採用、普及させた産業として大っぴらに賞賛されただろう」[11]

政府にできてポルノ産業にできないことがあるだろうか？　そしてポルノ産業は各国GDPの半分を使える立場にはなく、最大でもコンマ数％というところだが、それでも情報技術のほとんどあらゆるイノベーションに繰り返し関与している。

私が積極的な産業政策の新しいチアリーダーたちの1人なら、ここから技術イノベーションを刺激するために、ポルノ産業に血税を注ぎこめと結論するだろう。だがこれはまちがっているし、それはマッツカートの見方すべてがまちがっているのと同じだ。こうしたイノベーションは、ポルノ産業の年次委員会会合から生じたのではなく、他のイノベーターや産業との、混乱して絶えず変わり続ける相互作用や競争と、変わり続ける顧客需要から生じるのだ。

政府のイノベーション事業は死屍累々

経済学者たちが1980年代以降に産業政策をこれほど懐疑的に見るようになったのは、別にみんなが新自由主義になったからではなく、みんなが失望したからだ。産業政策は大規模に試され、結果は期待とは似ても似つかないものになってしまったのだ。

1960年代と1970年代アメリカのイノベーション連邦プログラムは「サクセスストーリーとはお世辞にも言えない」と、リンダ・コーエンやロジャー・ノールら5人の経済学者は述べている。彼らは最初は産業政策に好意的だったのだ。6つの野心的な連邦プロジェクトについて費用便益を分析したら、「もとがとれた」ものですら1つしかなかった（NASAの通信衛星）。4つは「ほぼ救いようのない失敗」だった。[12]彼らの本は『ハイテク利権』（未邦訳）と題されていた。というのもそうしたプロジェクトが継続されたのは、地元に何か見せるものを政治家たちに提供したからであって、成功したからではなかったためだ。

スウェーデンによる企業支援についての評価でも、研究者たちは支援を受けた企業の生産性、回転率、従業員数、高学歴従業員や研究者の比率のどれについても、統計的に有意な影響を見いだせなかった。よい影響は1つだけだ。補助金を受けた中小企業は、他よりも売り上げが高かった――だがこれも初年度だけだ。

産業政策は、ムーンショットというよりは砂糖による一時的な血糖値上昇のようなものだ。研究者たちの結論は次の通り：「プラスの影響欠如は、選択的な事業支援と関連する費用から見て懸念されるものだ。直接の実施費用、企業における利権追求行動の誕生、競争上の不公平などといった費用が生じるからだ」[13]

経済学者ジョシュ・ラーナーが腰を据《す》えて、政府が積極的に起業家精神とイノベーションを刺激するために何ができるかという本を書いたとき、その執筆があまりに気が滅入るものだったので、彼はその本を『破れた夢の大通り』（未邦訳）と名付けた。彼はマッツカートと同様に、積極的な産業政策の成功例があることは認めた。特に、すでにわかっていて実績ある技術に追いつくため、貧困国がそれを使うときは効果がある。だがラーナーはまた手間をかけて、反対側も見た。「有効だった政府介入1つにつき、何十、いや下手をすると何百もの失敗があり、巨額の公的支出がまったく実を結ばなかったのだ」[14]

この論争でNASAの月面着陸計画が、これほど栄誉ある地位を与えられている当然の理由は、それが成功したからだ――1960年代以来山ほどあった、公共イノベーションの他の試みとはちがう。リチャード・ニクソン政権のガン撲滅戦争、増殖炉、石炭からの合成燃料、英仏の超音速旅客機コンコルド、ミニテル〔フランス独自のインタラクティブな情報通信サービス〕、大量の造船所や製鉄所、最近のドイツのエネルギー転換、トウモロコシベースのエタノール、地域水素戦略や、セルロース燃料の試みなどはすべて失敗している。

「クエロ」をご記憶の読者はおいでかもしれない。これはグーグルの支配を終わらせるはずの、ヨーロッパ版検索エンジンだった。「攻勢に転じ、壮大な活動を動員しなくてはならない」、さもないと「明日の力を」失ってしまう、とフランス大統領ジャック・シラクは、2005年4月にこのプロジェクトをドイツ首相ゲルハルト・シュレーダーと共同で立ち上げたときに演説した。[15]だが納税者からのすさまじい努力をもってしても、巨大なクエロ・コンソーシアムの政治家、企業、研究所は、そもそもその検索エンジンが何を検索するべきなのかについてさえ合意できなかった。翌年、そのプロジェクトは崩壊した。

政治プロジェクトは、財やサービスを販売するよりも自分を売りこむほうが得意なので、外部世界は最初は不安ながらも畏敬の念をもってそれを受け取り、自分たちも後れを取らないために同じ産業政策で応《こた》えねばならないと信じこんでしまう。ニクソンは、アメリカにも超音速旅客機がほしいと思った。それは単に、ヨーロッパ人たちがコンコルドを開発したからだ。共和党の政治家ニュート・ギングリッチは、ミニテルがフランスを「20世紀末までに世界最先端の情報処理社会」にしかねないと信じて、アメリカ政府も似たようなことをやれと求めた。検索エンジンコンサルタントのブラッド・ファロンは2006年3月に『エコノミスト』誌の取材に対し、グーグルに比べて「クエロのほうが先を進んでいる」と述べた——その時点でクエロは、どんな製品を開発すべきかさえまったく決まっていなかったのだが。[16] そして今日では、西側の政治家たちは、中国の中央集権イノベーション戦略に後れを取らないために、勝ち組を選ばねばならないと考えている。

新しい産業政策はしばしば、古いものと対比させて構築される。いまの発想は古い陳腐化した産業構造を生かし続けることではなく、新しい革新的な企業を奨励することだ。だが、昔だって産業政策はそういう口実で売りこまれていたのだ。失敗したプロジェクトが、あらかじめ破綻すると決まった産業を支援していたように見えるのは、岡目八目にすぎない。当初そのほとんどはムーンショットで、最新技術を使って商業的に有望と思われたものをやろうとしていたのだ。

ドイツの脱原発計画の末路

いまやそうしたプロジェクトの破綻ぶりがわかったので、積極的な産業政策についての新しい本にこれらの事例が登場するとは期待できない。そうした本の著者たちは、今度こそちがうぞ、今度こそうまくいくぞ、という印象を与えたがるからだ。

だが例外が1つ。マリアナ・マッツカートは本当に、ドイツのエネルギー転換について述べている。

これは原発を廃止して、再生可能エネルギーに投資するというもので、2010年に始まった。当初マッツカートは、これを「統合戦略実施のお手本」とまで述べ、現代の月面着陸に匹敵すると述べた。だが最近になって、彼女もこの政策に大きな問題がいろいろあると認め、主にこのプロジェクトの善意だけを誉めるにとどめている(無理もない。彼女自身がこのプロジェクトの顧問の1人なのだから)。[17] そして、確かにウソではないだろう。もし新産業政策の成功を意図だけで判断していいなら、私もそれが大成功になると予測できる。

だが結果のほうを気にする人々にとって、ドイツのこの新政策は、かなり壮絶な大失敗だ。

2019年にドイツ会計監査院は、この変化が過去5年だけでも1600億ユーロかかっており、その支出は「結果と極度につり合わないものである」とのこと。[18] あらゆるものをトップダウンで転換させようという試みは、電力系統全体に不安定性と不確実性をつくり出し、原子力を廃止することで、ドイツはかえって石炭火力を使わねばならないという倒錯が生じた。すさまじい政府の後押しの結果、ドイツの二酸化炭素（CO_2）排出量は他の国よりも減り幅が小さいだけでなく、費用もかかった――税金と、EU内で最も高い電力価格という形で。

エネルギー専門家ディーター・ヘルムに、ドイツのエネルギー転換の3目標（排出削減、競争力増大、安全性拡大）について尋ねたところ、彼は簡潔に答えた。「どれか1つに失敗したら、政治家が責任を取るべきです。しかし3つすべてに失敗するというのは、大した成果ですよ[19]」

国の産業政策はトレンドを後追いするだけ

確かにあらゆるイノベーション過程に失敗はつきものではあるし、民間でも失敗する。失敗があまりないというのは、十分にリスクをとっていないということだ。だがちがうのは、**公的支援はリソースを失敗から成功へと誘導する多くの本質的な仕組みを除去してしまう**ということだ。

民間プロジェクトは、所有者、出資者、顧客からの無慈悲なまでに率直なフィードバックにさらされている。そうした人々は、自分が損をするようなものの一部にはなりたがらないからだ。費用、売り上げ、利益、価値評価の絶え間ない数字の流れが、何が成功して何がそうでないかを常に示し続ける。

公共プロジェクトもまたフィードバックにさらされているが、自分のお金を危険にさらした出資者や、選択を行う顧客からではない。政治家や当局は市場の中では活動しておらず（していたら機会やリスクに対応する習慣ができただろう）、自分のリソースを投資していないので、長期的に何が大きな価値をつくり出すか見極めるよう迫られてはいない。

政治家たちは一部のプロジェクトにイデオロギー的な関心を持っている。また重要な有権者や献金者ともうまくやっていきたいし、自分が何かをやっていると証明し、多くの記念写真や雇用機会を在職中に生み出したい。重要な変化に貢献した人物として歴史書に名を残し――あらゆる経済技術的な論理に逆らって――自分の地元有権者の間に生産のなるべく多くの部分を提供したいと考えている。

政府当局はしばしば、単なるチェックリストの確認役を任されており、資金の受け取り手として、政治的に目下求められているものの組み合わせに適合する企業を見つけようとする。そして産出を自分でコントロールしないあらゆる状況と同様に、自分の財務的な投入を成功の指標として強調するようになる。スウェーデンエネルギー庁の元高官は、彼らの勝者選び手法をこう説明した。「予算をつけるたびに、ケーキでお祝いしましたよ」。

年次予算を使い切らないと、翌年には予算が削られ、成長して雇用する機会も減る。したがって、この元高官によるとこういう理屈になる。「もっともらしい応募があれば、認める。

なければ、手持ちでいちばんもっともらしいものを承認する」[20]。すると、プロジェクト評価はいささか怪しげになる。イエスマンが報われ、問題はしばしば見て見ぬふりをされ、批判者は脇に押しやられる。

だからこそ、開発を統制しようとする政府の活動は、しばしば宇宙開発機関NASAよりは、スウェーデンの王立船ヴァサのような結果となる——この船は王様の強引なスケジュールと仕様にあわせて作られ、1628年の処女航海で、1キロほど進んだだけで沈没した。

総じて、政府がみんなの気づいていなかった驚異的な機会を発見することなどめったにない。むしろ最新のトレンドを後追いするだけだ。そこでは最新のバズワードだらけのプレゼンテーションがとびかい、食事は最高だし、引っこみ思案なエンジニアよりもクールな起業家たちとつるめる。

ご立派なビジネス誌と同様に、政府はIT産業からバイオからゲームからグリーン技術へと鞍替えし、いまや「本物の人々のための本物の製造業職」だ。2009年にジョシュ・ラーナーが本を書いたときには、アメリカ50州のうち49州が、他の州からバイオ企業を誘致するためのクラスターを作る構想を持っていたし、50州目もその後同様のものを作ったとしても私は驚かない（そしてその1つでも成功すれば、まちがいなく政治家たちが夢想しなければ実現しなかった、驚異的な不可能プロジェクトの例としてマッツカートの次の本に取りあげられるだろう）。

生活保護実業家たち

政治家たちが生産に本当の不足を見つけてそれを直そうとする場合もある。たとえば半導体などだ（これは別にサプライチェーンが崩壊したからではなく、半導体需要が増えたせいだ。生産と輸出は空前の水準になっている）。だがそういう場合には、そんな不足はみんなとっくに気がついていて、純粋に商業的な理由からそれを一刻もはやく解消しようと頑張っている。ＥＵとホワイトハウスが何十億ドルもの半導体生産補助金を提案したら、それは企業向け生活保護でしかない。あらゆる拡張計画が実現したらもっとひどい過剰供給が生じる。

ドイツの半導体メーカーのインフィニオンは、巨大な儲かる企業に納税者のお金を渡す愚を、２０２２年11月のツイートで図らずも示してくれた。「記録的な売り上げ」で、ドレスデンに新工場建設計画があると言いつつ、その後に漠然と脅すような但し書きがついているのだ。「適切な公的資金が条件」[21]

あらゆる産業政策の補助金は納税者が負担し、それは他の民間企業に便益をもたらせたはずの購買力を削《そ》ぐ。また最高の収益をあげそうなプロジェクトより、政治的に優遇されたプロジェクトに労働力をひきつける。

加えて補助金は企業の行動を変えてしまう。自由市場では、企業は拡張をやめるタイミングについて強力なシグナルを受け取る。もし最後の１ユニットが、売値よりも生産費用が高いようであれば、それを作るのは純粋な資本破壊となる。すると事業転換、縮小、閉鎖の頃合いだ。だが積極的な産業政策では、いきなり補助金や共同出資が関わってくる。つまり拡張し続けるともっとお金がもらえるようになる。すると資本破壊が合理的となる。

政府は勝ち組を選ぶのが苦手だが、負け組のほうは政府を選ぶのが得意だ。数人の研究者は「生活保護実業家」という人種を同定している。これは系統的に各種の政府当局詣《もう》でをして、自分たちの事業をもう少しだけ延命させるという人々だ。[22] 最高の製品を作って顧客を惹きつけるかわりに、彼らは最高のプレゼンをでっちあげて政治家や官僚をひきつけるのだ。注文書を増やそうとするかわりに、役人のパブロフ反射を刺激するような流行語を書類にちりばめるやり方を学ぶ。こうすることで、有能な職員にたっぷり給料を出せるが、生産性の低さとイノベーション欠如により、経済の他の部分で求められているリソースを拘束してしまうのだ。

生活保護実業は、人間はお金儲けをするためならいかに創意工夫をこらすか、という見事な実例ではある——そしてそれは、地方、地域、国、ＥＵのそれぞれのレベルに補助金ばらまき機関があって、それらがしばしば相互にまったく調整がとれていないという事実により後押しされている。

中でも最もやり手だったのはあるスウェーデンの実業家で、１９９７年から２０１３年にかけて、なんと38もの補助金を受け取った。[23] その能力を世のために使い、補助金ではなく市場を探し求めるようなインセンティブがあり、資本破壊ではなくイノベーションに対して報酬を受け取るような仕組みになっていたら、これほど創意工夫のできる人ならどれほど国民経済に貢献したことだろうか。

こうしたすべてのおかげで、産業政策は破れた夢の大通りとなってしまう。実に悲しいのは、ずっとよい事業環境をつくり出せるようなイニシアチブはいろいろあるということだ。法的な安全性、効率的な官僚制、よいインフラ、建設の自由、よい教育システム、自由な労働移住だ。だがこうした条件を作るためにエネルギーや政治資本を投下するかわりに、政治家たちはこぞって、支援する個別ビジネスモデルを選ぼうとする。ジョシュ・ラーナーが指摘するように、これはテーブルの準備をしないうちにメインコースを出すようなものだ——最も楽しい活動には集中できても、ディナー全体は台無しだ。

トップダウンではダメな理由

最近の本『起業家としての国家への疑義』(未邦訳)で、イノベーション研究者30人が、産業政策へのトップダウンアプローチが悲惨な成績しか上げていないことを示している。「イノベーション政策は、成長と更新への障害を取りのぞく話であり、的をしぼった支援を配ってまわるのは、既得権益を強化するのが常である」[24]

政府は、たとえば大学などを通じ知識の開発と分散に資金を出すことで、間接的にイノベーションに貢献できる。お金を出すとき、あまり変な重点分野などの方向づけをしないのであれば、あらゆることを知っている必要もないし、将来を見通す力も必要ない。賢い人にお金をわたし、何やら異様な予想外のかたちで賢くなるよう奨励し、そして市場の分散的なエコシステムに、そうした洞察を使って社会的価値を創るイノベーションを開発させるのだ。

だが理論的な知識は応用とはちがうし、発明はイノベーションとはちがう。知識が社会を豊かにするプロセスや製品に変わるためには、何か別のものが必要であり、問題が生じるのは、政府がある特定技術やビジネスモデルを刺激しようとするときだ。その段階ではむしろ、ますます変化する投資家、イノベーター、産業家、および消費者のエコシステムの中で実験を分散させる必要がある。この段階で政府が介入したら、知識の量を拡大できない。それどころか、1つの道を示して資本と労働をその方向に引っ張ることで——地雷原を乗り越える道筋を見つけるために、無数の道を受け入れるのではない——彼らは知識の量を減らしてしまう。[25]

私の直接的な批判にさらされていない、もう1つのイノベーション政策の形は「賞」だ。お望みなら、イノベーションにインセンティブをつける、とも言える。だれかが新しい重要なワクチンや電力の長距離無線伝送を開発したら、何百万もの札束を受け取るのだ。

この賞は、だれがそれをやるべきか、どうやって実現すべきかには口出ししないが、自分の知識を使う機会があると思い、自分のやり方でやろうとするあらゆる人に広範なインセンティブを与える。単に正しい目標を定めるだけの話なのだが、これは一見するほど簡単ではない（もし簡単なら、おそらくそのイノベーションの開発は賞なんかなくてもすさまじく儲かるはずだ）[26]。

こうした理由があるからこそ、ナショナリストたちの研究に対する態度はバカげているのだ。彼らの態度は、国（あるいは少なくとも私たちのような国々）が何らかの知識複合体や技術を「所有」しなくてはならないという発想にもとづいている。

だが私たちが実にしばしば基礎研究や基礎知識の補助を政府に許す理由は、まさに競合に自分のブレークスルーを利用されないようにするのが困難なので、そうした研究費用の負担は商業的な勢力にとってあまり魅力的ではないからなのだ。だれかが窒素を固定し、光ファイバーに光を通し、DNAを切り貼りする方法を考案したら、他の人々が同じ知識を使うのはなかなか阻止できない。そしてそうした発見をしたのが習近平《しゅうきんぺい》の選抜隊だった場合ですら話は同じだ。その洞察はすぐに世界中に広がる。国にとって重要なのはむしろ、その洞察をどう利用するかということなのだ。

長きにわたり、この種の研究に大規模に出資したのは西側世界だけだった。その成果はみんなが使えて、それに対する支払いは不要だった。いまや、他の国々が台頭してきたために生じた問題はある。たとえばその研究が専制主義国の軍事増強や市民の弾圧に使われる場合だ。そしてその場合には、そのアクセスを制限するために手を尽くすべきだ。

だが他の国も基礎研究をやるようになるなら、彼らが世界的な知識の蓄積に貢献してくれるのをありがたく思うべきだ。重要なのは大量のベンチャー投資、エネルギッシュな起業家、好奇心旺盛な消費者がいて、絶えずその知識を使い技術や製品を開発するための新手法をためし、生活、経済、能力の改善につなげることなのだ。

これは分散型システムでやるのが最もよい。技術開発や事業開発はリスクが高く、予想できないプロセスであり、結果を生み出すのは各種実験の総和であって、一発屋のムーンショットではないのだ。最初はきわめて高価な技術やビジネスアイデアが、将来は何倍にも元が取れる成功をもたらすと思えば、その未来の収入をいますぐ使えるようにするタイムマシンにアクセスできる。それは金融市場と呼ばれるものだ。銀行預金者、エクイティ投資家、ベンチャー投資家は、未来の収入の相当部分と引き換えに、今日の消費を控えるようにするのだ。

特定技術に資金をつける政治家たちは、そうでなければ起きていたかもしれないイノベーションや産業からリソースを引き離してしまう。そして、どうして彼らのほうが何百万人もの出資者、企業、研究者、消費者よりも、何がうまくいくか知っているはずがあろうか？　市場で毎日のように活動し、山ほどのデータを持っている人々ですら、次に何が成功するかなど知らない（ＧＡＦＡＭの大量の失敗製品一覧を思い出そう）。ならば市場の外から覗いているだけの御仁《ごじん》に何がわかるのか？

私がまちがっているのかもしれない。政治家や官僚は、実はときには私たちのような下々の連中よりも先見の明があるのかもしれない。だがもしそうなら、税金ではなくその当人たちのお金をリスクにさらしてほしい。ヨーロッパ版の検索エンジンやセルロースからのエタノールこそが未来だと彼らが本気で信じているなら、少なくとも人々にお金を要求する前に、自分の貯金をプロジェクトに注ぎこんでほしい。

世界は広いし、多くのちがった関心や、多くの立派なアイデアが資金を求めている。なぜ月面着陸を開発のお手本とするべきではないのか？　その最も重要な理由は、社会全体がトップダウンの単一目標に従属させられるべきではないからだ。どんな政治的ビジョンにも、天井知らずの予算などつけてはいけない。それは他の人々から予算を奪ってしまう。その人たちだって未来に向けて独自の夢があったのだ。そうした人々が、当人にとって最も緊急性の高い問題解決に取りくむのを邪魔してはいけないのだ。

アポロ月面着陸計画の「異様さ」

確かに、アメリカの政府プロジェクトがなければ、月面着陸は1969年には起こらなかったというのは事実だ。宇宙マニアとしては、あれがないのはいやだ。

だが、実際のところそれは何のためだったのか？　月面基地も、アステロイドの資源採掘も、宇宙のソーラーパワーも、宇宙観光も、火星行きの旅も外宇宙探検も実現することはなかった。まさにそれが政治的シンボリズムだけの話だったからこそ、月面着陸は壮大な記念写真撮影の機会に毛が生えたものでしかなかったし、プロジェクトとしても持続的な宇宙旅行インフラ構築にはまったく関心が向いていなかった。そして政治的な関心があまりに圧倒的だったから、アポロ計画の費用は天井知らずとなり、おかげでプロジェクト自体は可能となったが、ちょっと長い目で見るとまったく持続不可能となった。

月面着陸は、産業政策の新たな希望のシンボルとしては異様なものだ。というのも、そこからは何も産業が出てこなかったからだ。月面に旗をたて、そして戻ってきただけ。前人未踏の、おうちに帰ってくるだけのプロジェクトだったのだ。

皮肉なことに、宇宙がやっと征服されはじめるようになったのは、それが民営化され、スペースX、ブルーオリジン、ヴァージン・ギャラクティックといった企業が登場してきたからだ。彼らはムーンショットなどを狙っているのではなく、実験し、即興し、ムーンショットなど目指さず細かい改善を積み重ね、絶えず新しい手法や収入源を探している。1歩ずつ、彼らは人類を地球外でも生きられるようにするための費用を引き下げているのだ。

NASAの宇宙打ち上げシステムSLSは、人類を再び月に連れて行こうとするものだが、1回ごとに20億ドルかかると見積もられている。NASAの親玉が2019年に、スペースXの技術を使うほうが素早く安上がりだと提案したら(打ち上げ1回ごとに1000万ドルと予想)、アメリカの政治家たちに袋だたきにされて、諦めねばならなかった。最大の批判者は上院歳出委員会の議長リチャード・シェルビーで、彼はたまたまSLS

開発の最先端センターとなるマーシャル宇宙飛行センターのあるアラバマ州出身の議員だったりするのだ。「私はNASAがやることに、ひとかたならぬ関心を持っている。そして地元がらみの利害もいくつかある。きみたちは、いまのまま続けたまえ。予算はつけるから」[27]

だから産業政策は宇宙でもうまくいかないのだ。中国ですらうまくいくのだろうか？

第7章

中国経済、虚像と実態

拙著『グローバル資本主義擁護論』は中国語に翻訳された。これは中国が次第に開かれてきたという、慎ましいながらも個人的なしるしだろうと私は解釈した。だがそれには限度があるのもわかっていた。中国語版の販促ツアーにでかけたら、どこへ行っても私服警官がついてきて、会った相手を記録していた。これほどがっかりしたこともなかった。あの本は中国で書いたものだったからだ。緊張関係はずっとあったが、同国の30年にわたる画期的な経済進歩に続いて政治的な開放も起こると期待していたのだ。なぜなら、どんどん豊かになり教育水準も高くなる人口を抱えながら専制主義国家を維持し続けるのはますますむずかしくなるからだ。

同書で私は、中国共産党の労働収容所や政治犯、新疆《しんきょう》でのウイグル人弾圧について言及したが、これは以前の毛沢東主義体制の名残《なごり》でしかなく、中産階級と国際世論の圧力で、それも次第に緩和されると信じていた。

だが私は完全にまちがっていた。過去10年で、中国は政治的にも経済的にも、専制主義的なUターンをとげた。

共産党も批判者も「中国経済の成功要因」を誤解している

2012年に総書記になって以来、習近平は自分に権力を集中させて、ほとんど毛沢東的な政治モデルを復活させた。香港の自由は叩き潰され、新疆には強制労働と洗脳の巨大キャンプが構築された。中国は南シナ海で毎日のように隣国との国境にちょっかいを出し、たえず台湾に軍事侵攻するぞと脅しをかけている。

以前なら、党の支配権を疑問視しない限りはちがった見解を口にする余地もあったのに、検閲はいまや熾烈となりあらゆる面に及ぶ。異論を唱えれば国外にいようが誘拐される。中国人は、もはや鄧小平《とうしょうへい》が指導したように「事実から真実を求め」ようとはしない。いまの憲法には、国民は「習近平による新時代の中国の特色ある社会主義思想」を学ぶべきだと書かれている。

この新しい中国モデルが世界および平和共存の可能性にとってどんな意味を持つか、という懸念により、中国をめぐる新たな暗い話が生まれてきた。特にアメリカでは、アンチ中国論こそが唯一の超党派的な課題だとされているのでなおさらだ。

そのお話とは、こんな具合だ。

中国の経済的奇跡は、共産党の戦略的な産業政策と、おめでたい西側諸国のおかげで可能になったものだった。

２００１年に中国のＷＴＯ加盟を認めたことで、西側世界の私たちは、中国がこちらの技術を盗み、補助金つきの財をダンピングしたときにも防ぎようがなかった。西側の産業は破壊され、中国はその黒字を使って軍とともに未来の産業を構築できた。

本当の自由化や民主化の条件が揃ったなどと信じたのが甘かった。損失を最小限に抑えるには、中国の輸出をブロックし、その産業政策を真似て、未来の技術やビジネスモデルをめぐる綱引きに勝たねばならない。

要するに、中国を倒すためには、こちらも中国になる必要があるのだ。

この種の議論に含まれる失望は私も共有している。私は、中国の未来と、その専制主義モデルが外部世界に対して持つ影響について深く懸念している。だがこの全般的な失望は、ほとんどあらゆる面で不正確なお話につながってしまっている。そんなものを真に受けたら、中国だけでなく西側も大まちがいをしでかすことになってしまうのだ。

中国を豊かにしたのは党ではなく「草の根資本主義」

そもそも論から始めるなら、**戦略的計画が中国を豊かにしたというのは、中国共産党のばらまいたウソだ。**それどころか、国際政治学者ワン・ニンとノーベル賞受賞経済学者ロナルド・コースが『中国共産党と資本主義』（日経ＢＰ）で示したように、**草の根資本主義をつくり出し、改革プロセスすべてを動かしたのは、一連の民衆反乱だったのだ。**[1]

飢えた農民たちは、１９７０年代末に集産農業を解体し、土地の私有化を始めた。一族ごとに土地を分割所有するという秘密誓約書をつくり、もしこの陰謀が党にバレ、だれかが労働収容所に送られたら、その子どもたちは村で養うと約束した。だが生産が激増するとなかなか隠しおおせるものではない。私有農業は、ある農民の表現では「鳥ペストのように」拡大した。「ある村がそれにかかると、国全体が感染する」[2]

農業生産性が急上昇したおかげで、地方住民たちは時間の一部を農業以外に使えるようになった。彼らは計画経済の外で活動する小企業を立ち上げた。その企業で使う材料確保のため独自のバイヤーを送り出し、消費者を求めて独自の販売員を送り出した。結果として、彼らは古い硬直した国有企業を出し抜き、消費者を単純ながらも多様性ある、市場価格の製品になじませたのだった。

この成功によって、都市部の失業した若者たちも、１９８０年代初頭に似たような企業を作る権利を要求するようになった。毛沢東の支配下では2000万人の若者たちが地方部に下放《かほう》された。国有企業には彼らの仕事がなかったからだ。毛沢東の死後、彼らは都市部に戻り、雇用を求めた。抗議を始め、ときには強硬手段に出た。いくつかの都市では若者たちが鉄道を封鎖した。政府は仕方なく、1983年から都市部で小規模事業を認めるようになり、これによってレストランや小売業、果ては製造業にまで革命が起きた。

党も手口を学んで、経済特区を認めた。そこでは企業は計画から解放され、香港や台湾すら含む外国からの技術や投資で実験できるようになった。これは大都市からはかなり離れたところで行われる、限定的な実験として意図されたもので、その失敗――または成功――に計画経済があまり影響を受けないように配慮されていた。ある副首相によれば「広東省のまわりに柵を設け、他の省が資本主義の悪影響から隔離されるようにしなければならなかった」[3]。

だが鳥ペストや民間農業と同様に、こうした特区が可能にした驚異的なイノベーションと生産性から国を隔離するのはむずかしかった。広東の僻地《へきち》はやがて中国最大の経済となった。人口たった3万人の古い漁村深圳《しんせん》は、1000万人以上の住人を抱える世界的な経済センターとなった。

構造改革に踏み切った共産党

この村落、都市、特区での起業ブームは、国有企業にとって圧力となった。彼らは消費者市場を失って赤字を垂れ流すようになっていたのだ。したがって、かなりためらいはしたが、党はきびしい構造改革に着手した。これによって国有企業は締め上げられるか、民営化されるか、閉鎖されることになった。

1996年から2002年にかけて、国有企業での労働力は4割以上も減った。[4] 価格統制の廃止と大規模な税制改革との組み合わせで、統合された全国市場も生まれた。これまでは周縁部にしか存在を許されなかった市場の力が、いまや実質的に計画経済を置きかえたのだ。周縁が中心を乗っ取った。

だが国有企業の衰退は新しい問題を生み出した。労働者の住宅はこうした企業の労働者集団が所有していたのだ。雇用企業が倒産して、こうした人々がホームレスにならないようにするにはどうしようか？

答は住宅の民営化だった。1998年以降、都市の物件は労働者の財産となった。その労働者たちは、いまや自分が投資したり、ローンを組んだり、販売したり交換したりできる資産を持っているのだと気がついた。その結果が住宅市場であり、不動産ブームが起きて建設部門が全力で稼働しはじめた。

改革プロセスは新しい不均衡を生み出した。地方部の労働者たちは、農業生産性が高まると失職したし、都市部のダイナミックな市場は労働力を必要としていた。移住者は都市部に住みたがった。そこでの工場労働は汚く危険ではあったが、収入は農村の5倍だった。

このため共産党は、最大の改革に乗り出した——国内の境界を廃止しはじめたのだ。毛沢東時代には、だれも故郷の村を離れることは許されなかった。そして何とか都市にたどりついた人は、食べ物すら買うことが許されなかった。いまやその仕組みが崩れはじめた。

2003年には、警察が強制的に人を故郷の村に連れ戻せる法律が廃止されたので、史上最大の移住の波が生じ、これがさらに以前の起業家精神と不動産市場に拍車をかけた。ものの数年で、2億5000万人が都市に押し寄せ、労働者、消費者、新興起業家という20世紀の強力な経済エンジンとなった。1980年から2010年にかけて、北京の人口は900万人から2100万人に、上海は1100万人から2000万人に増えた。[5]

WTO加盟

最後の大改革は中国のWTO加盟で、これはやっと2001年に承認された。その目立つ結果は輸出の激増だが、中国の改革者が主に意図していたのは、自国企業を競争にさらして、国際的にも自国内でも強化することだった。最も重要な成果は、中国経済の開放継続だった。

平均的な中国の関税は1992年に40%だったのが、2004年には10%を割った。[6]

第3章で述べたように、中国が西側の工業風景を荒廃させたという見方は完全にまちがっている。この貿易は西側と中国の両方を豊かにしたのだ。多くの中国からの輸出品は、実は西側企業が中国で作った製品だ。

残念ながら、こうした協業の多くは、技術と知的財産が中国のパートナーに移転されるという条件のもとでのみ許可された。その条件が契約書に書かれていなくても、あまり関係はなかった。しばしば、スウェーデンやイギリスの会社が中国に工場を開くと、近くに中国の工場ができて、同じ製品のちょっと安いバージョンを生産しはじめるのだ。

知識と技術の窃盗は大量だし恥知らずなものだったが、決して中国に限ったことではない。歴史をふり返れば、スウェーデンとイギリスの企業も、経済発展の同じような段階で同じことをやった。アメリカにいたっては、発明を密輸し、ヨーロッパの職人たちにわいろを送って秘密を聞き出すという公式の政策すらあった。[7] 変わったのは、アメリカ人は政策を変えるよう外国に強いられたわけではなく、自分たちがもっと発明をたくさんするようになり、したがって特許や著作権保護の価値を認識するようになってきた、ということだった。

いま、中国では同じことが起きている。10年にわたり、米中貿易全国委員会は、アメリカ企業に過去1年における中国の知財保護の変化について尋ねている。「過去1年で改善が見られた」と答えた企業の比率は、この10年で平均47%だ。「悪化した」と答えた企業はたった3%だった。強制的な技術移転は大きな懸念事項だが、アメリカ企業が中国で経験する最大の懸念事項27項目のうち、24位に登場するだけだ。[8]

こうした濫用《らんよう》に対処する最高の方法の1つは、WTOのルールを使うことだ。というのも、知的財産と政府補助に関するいくつかの問題はWTO合意でカバーされているからだ。

WTOの批判者たちは、この組織は無力であり、紛争解決の仕組みはアメリカに不利にできていると主張する（「WTOではほとんどあらゆる訴訟に負ける」とトランプはグチった）。そして中国はWTOで負けてもその裁定に従わないのだという。だがアメリカが中国に対して申し立てた苦情のうち、アメリカは20件のうち20件すべてで勝っているし、中国のアメリカに対する申し立ては3分の1しか認められていない。さらに唯一の例外を除き（それもアメリカは放棄することにした）、中国はその裁定にもとづいて対応した。

つまり――このプロセスにいろいろ欠点や問題があるとはいえ――中国はアメリカよりもプロセスに従っている。アメリカはときどきWTO裁定を完全に無視したりするのだ。[9] 中国にフェアプレーをやらせる手段は、多国間貿易協力から撤退することではなく、それを拡大し深めることだ――そして私たちもきちんとルールに従ったほうがいいのでは？

貧困脱出にまったく貢献しなかった「5か年計画」

なぜみなさんの時間をこんなに取ってまで中国での改革の波についておさらいをしている

のか？　それは中国の経済的成功をどう解釈するかという問題が、同国の選ぶモデルや、西側がそれをどう受け止めるかにとって決定的な役割を果たすからだ。

中国共産党は、１９７０年代末からの経済発展は自分たちのおかげだと言いたがる。これは西側で中国に対してカンカンに腹をたてる批判者たちも共有している見方だ。これは、共産党がどれほど戦略的で賢いか、そして中央集権と産業政策で何が実現できるかについて、まちがったイメージをつくり上げる。共産党としては中央集権と産業政策をさらに進めたがるし、西側の批判者たちは、西側も経済強化のために中国を見習わなければと思ってしまう。

これは、中国の現代史の根本的な読みちがいから生じている。**自由化の波は共産党が起こしたものではない。彼らはそれを予見すらしていなかった。**

改革のはじまりは１９７８年12月の第11期３中全会における鄧小平の権力掌握時点だとされることが多い。だが鄧小平の最も身近な顧問の１人である鮑彤《ほうとう》が後に認めた通り「実は改革など議論されなかった。改革は議題に上がっておらず、工作報告でも言及されていない」[10]。

これまで見た通り、多くの改革は非公式に、勇敢な村人たちによって始まった。土地の私有化、中小企業の創立などだ。鄧小平の改革開放政策での最大の成果は、その発展を認めて、先駆者たちを処罰しなかったことだ。というのもそれは、計画経済よりも優れた結果を生み出したからだ。

他の改革も嫌々導入されたにすぎない。都市部の自由事業など、人民の要求が強すぎたせいだ。またそれ以外のものは、それまでの変化が予想外の結果を生み出し、国有企業改革や国内移住の開放など、喫緊の問題を解決するよう党に迫ったからだ。これは鄧小平の表現では「踏み石を探って川を渡る」というやつで、その石を正しい場所に置いたのは中国人民なのだった。

経済学者の張維迎《ちょういげい》は、改革プロセスは「自発的な力の利用に習熟し、自発的な力を意識的な政策に変える」という話だったと言う。このプロセスは計画されたものでも、統制されたものでも、予見されたものですらなかった。それは張維迎がアダム・スミスを明確に参照しつつ書いたように、「見えざる手」に制御されているかのようだったのだ。[11]

中国を貧困から抜け出させたものはすべて、5か年計画の外側で起きた。1990年代半ばまでに、それまでの4つの5か年計画はすべて道半ばですらないうちに放棄され、その後の計画は統制や指揮よりも漠然とした目的を並べたものになっていた。「その成功のうち、産業政策と計画のおかげと言えるのはどの程度だろうか?」と中国の現代経済政策の専門家バリー・ノートンは近著で問うている。「答は簡単。ゼロだ[12]」。彼がそこまで断言できるのは、20世紀半ばまでに計画経済は崩壊し、中国にはいまだに産業政策などなかったからだ。

1978年には、中国の都市人口の99%は国家のために働いていた。2011年にはそれがたった18%だ。1978年以降に作られた2億5000万件の雇用はほぼすべて民間だった。輸出部門における民間比率は1995年に3分の1だったのが、2012年には90%近くに達した。[13]

貧困は、それまでのどの時期に、どの地域で見られたよりも激減した。1981年から

中国極貧者比率、1981年 - 2015年[14]

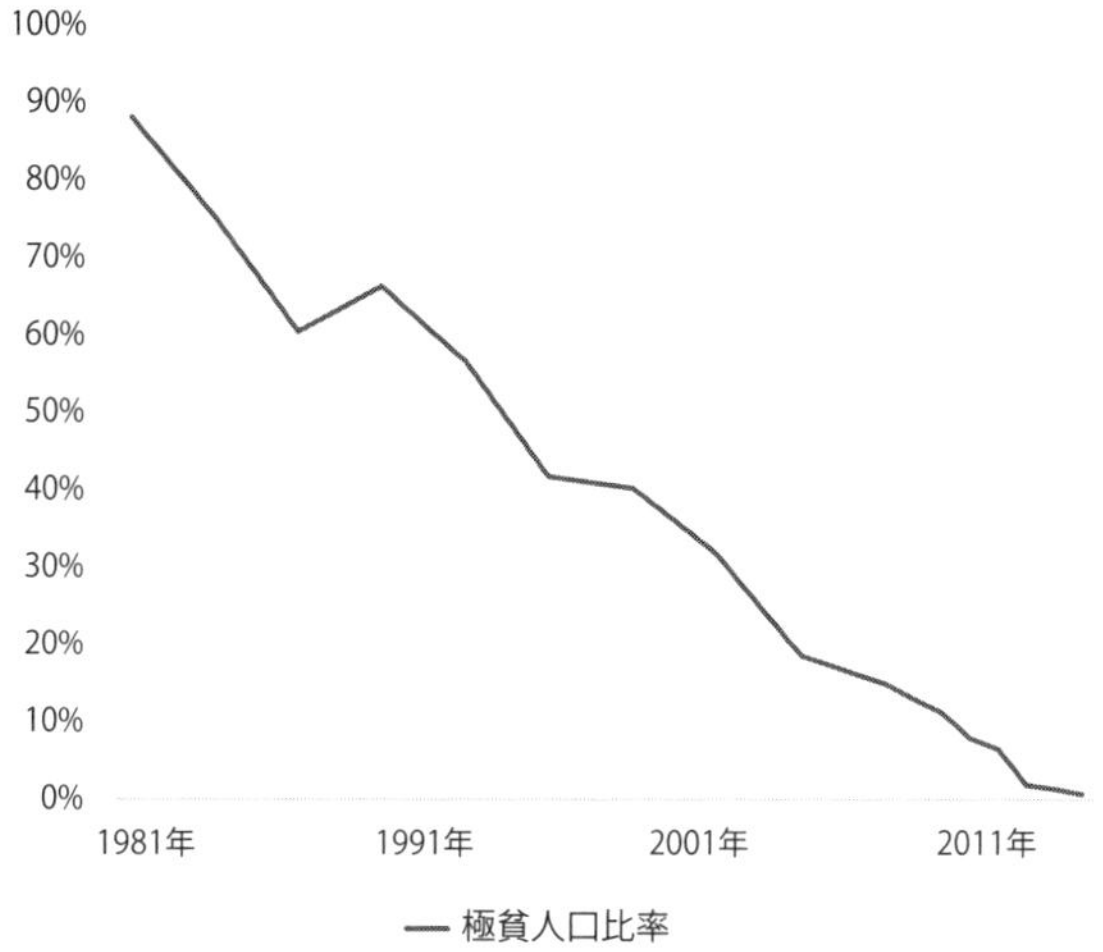

２０１５年にかけて、中国の極貧率は88％から１％近くに下がったと世界銀行は述べる。大衆と市場が毛沢東主義を打倒したのだ。

「不運の連鎖」で復活した毛沢東主義

だが、２０００年代の終わり頃に、すべてがおかしくなり、毛沢東主義が復活しはじめた。そういうリスクは前からあったものの、決して必然などではなかった。それどころか、ほとんどの党文献は経済的にも政治的にももうしばらくは改革が続くと謳《うた》っていた。

１９９５年から２００８年にかけては、中国は民主化寸前だとすら思われた。私が『グローバル資本主義擁護論』を書いたとき、村落レベルでの選挙の実験が行われており、有力政治家の曽慶紅《そうけいこう》が政治に透明性を持たせ、次第に市民社会やメディア、社会的な議論を自由化するという1990年代と2000年代の試みを主導していた。

これは別に中国共産党が政治的自由を重視していたからなどではなく、無理強いしようとすれば体制が壊れるかもしれないと恐れたからだった。中国の当局がソ連共産主義の崩壊を慎重に調べたのは周知のことだ。そして中国が、ゴルバチョフの政治改革が早すぎたと思っているのもみんな知っている。覚えている人はほとんどいないが、もう1つ中央が下した結論があった。ソ連の改革が遅すぎたというのだ。仕組みが硬直して共産党がすでにきわめて不人気になってから始めたのがいけなかったという。[15]

だが2008年に曽慶紅は政治局から退《しりぞ》いた。これは歴史的に実に不運なタイミングと言わざるを得ない。まさにそのとき、世界金融危機がやってきて、世界中の多くの人々はこの危機を「新自由主義」時代の終わりと解釈した。

アメリカは軍事侵略の後でイラクとアフガニスタンの泥沼にはまっていた。中国共産党の保守派は、これぞ西側の頽廃のしるしと考え、同時にジョージア（2003年）、ウクライナ（2005年）、キルギスタン（2005年）、モルドバ（2009年）など旧ソ連共和国で革命が起こると、自国の政変を恐れるようになった。2010年にアラブで起きた反政府デモ「アラブの春」で不安は頂点に達した。

中国学者のデヴィッド・シャンボーは『中国の指導者たち』（未邦訳）で、改革運動におびやかされたと感じた4つの集団――党のプロパガンダ部門、国有企業、公安部門、軍――

がその機に乗じ、無力な胡錦濤《こきんとう》総書記に、これ以上改革を続けたら党の地位が危うくなると説得した経緯を描いている。曽慶紅がトップから消えたため、反対する者はだれもおらず、主導権は保守派に移り、彼らはやがて胡錦濤の後継者である習近平の下で権力を掌握することになる。[16]

習近平体制による朝令暮改の経済政策

この新しい中国の権力中枢は、せっかく始まりかけていた政治開放を潰したばかりか、自由な経済モデルまで解体しはじめた。彼らは自発的な秩序だの草の根資本主義だのをもともと快く思っていなかった。直感的に上意下達の指揮統制を信じていたのだ。

そしてこの連中は、党の無限の叡智こそが人民を繁栄に導いたという自分のプロパガンダを真に受けてしまった。そこで、現実をこのおとぎ話に沿わせようとした。そして金融危機の後で、大規模な不良投資を片づけるかわりに、巨大な財政出動と金融緩和で景気を刺激しようとした。おかげで経済は生産性とイノベーションではなく、企業の借金と政府支出で動くようになってしまったのだ。

この派閥ですら中国経済の現代化が必要だとは思っていた。だがそれまでの世代の指導者たちは、自由化が雪だるま式の効果を持つことは認めていたのに、この派閥は改革が予想外の結果につながると、すぐにそれを巻き戻してしまった。[17]

2013年には、彼らは中央銀行からの安い資金で投機に走った銀行を処罰しようとしたが、それで短期金利が高騰するとやめてしまった。

2014年に中国企業は外国投資を認められたが、それが大量の資本流出につながると、すぐに止められた。

2015年には銀行金利が自由化されたが、高金利を提供する中小銀行が、国有企業からお金を引き剥がしてしまうという懸念が生じると、金利ベンチマークからあまり逸脱してはならないという非公式のルールが生じた。

2016年には、リスクの高い融資の引き締めが始まったが、それで新規着工とインフラ工事が減ると、これまた放棄され、痛々しいストップ・アンド・ゴーのプロセスになってしまった。ハイテク企業は規制を受けず、外国競争からは保護されていたが、そうした企業が大きくなりすぎると政府は手のひらを返し、そうした企業を潰す寸前まで追いつめた。

このパターンは習近平の支配下で幾度となく繰り返された。この朝令暮改の大混乱は、一部の外国人が信じているような、エレガントな経済の微調整などとは無関係だ。また、経済はこれ以上の自由化など不要だという確信にもとづくものでもない。党は慎重に、必要と思った改革を始めてはみるのだが、それが予想外の影響をもたらすや否や、指導部がパニックを起こしてきびすを返し、安全で慣れ親しんだ、生産性の低い指揮統制構造に戻ってしまうのだ。

なにがなんでも市場の力を解放しないとなれば、国家統制のイノベーションだけが唯一の成長源として浮上する。いまや突然中国経済を支配するようになった積極的な産業政策——政府が重要な技術経済分野を決めて、企業をそちらに誘導する——は2000年代半ばに文献に現れはじめ、2010年頃には大規模に実現しはじめた。

国有企業はまたもや重要な役割を与えられた。国際貿易を決然と維持するかわりに、政府は多くの産業で自給自足を目指しはじめた。その一部はトランプの貿易戦争（バイデンもそれを基本的に引き継いでいる）への対応だ。西側との経済的なつながりを減らすという目標は、いまや人権侵害や攻撃的な外交政策が世界にどう思われようと平気で無視できる、という党の認識を強化するものだ。

党とその批判者はいまやどちらも、今日の指揮統制政策こそが中国の経済を定義づけると考え、それが彼らの成功を説明するものだと思っている。これは歴史を逆に読んでいることになる。経済学者バリー・ノートンが説明するように：

「経済および技術的超大国としての中国の台頭は、主に1978年から21世紀最初の10年、つまり2006年から2007年頃まで同国が遵守していた政策パッケージのおかげである。今日の中国の政策パッケージ——つまり2005年以降はおずおずと始まったが2008年から2010年には全面的に導入されたもの——はまったくちがう。このため、中国の成功を同国の現在の政策に帰するのはまちがっている。こうした政策はあまりに最近すぎて、今日の結果に決定的な影響は与えていない」[18]

西側は中国経済を開放させるべきではなかったのか

中国が過去10年でまったくまちがった方向に進んだという意見には私も大賛成だ。他方で自由世界の側も、中国の攻撃的な外交や、人権侵害を批判する国への中国からの経済制裁に対し、団結して対抗するのがきわめて下手だったと思う。太平洋地域の民主主義諸国は安全保障協力を深めて、中国が次々に経済戦争や軍事力示威を行うのを防がねばならない。

また中国による外国投資についての見方は甘かったと思っている。椅子やサングラスはどうでもいいが、重要なデジタルや物理インフラに対する投資は私たちを脆弱にしかねない。2010年以降、完全な民間中国企業は存在しないということを認識すべきだ。みんな党の計画に従うべきだとされているのだ。

だが一般的な見方は、中国を外部世界に開放させたのは、利敵行為なのでまちがっていた、というものだ。これはまったく話がちがう。まあ、貿易で中国が自由な民主国になると思っていたなら、それは明らかに失敗したが。だが西側世界の目標は、天国に達することではなく、地獄を避けることだった。ニクソン大統領が1972年に訪中したのは、中国人をかわいいリベラルに仕立てるためではなく、西側が生死に関わる紛争を展開していた共産主義ブロックを分裂させ、ソ連が交渉のテーブルにつく気になるまでゆさぶりをかけるためだった。

また、中国は高度な技術力を持っているにもかかわらず貧困だったから、衣服やおもちゃの輸出を禁じられると、他の手でお金儲けをするかも、という不安もあった。1980年代に、中国はパキスタンに原爆の製造マニュアルを提供しただけでなく、ウランと弾道ミサイルも含めたキットを丸ごと販売した。中国が世界中のあらゆる悪漢政権に、大量破壊兵器を大規模に輸出する存在になるのでは、という大きな恐れもあった。

何十年にもわたる外交交渉と関係構築の結果、中国はいまや核拡散に積極的に反対している。1980年代の外交官たちなら、これは大成功であり、おかげで世界はずっと安全になったと考えただろう。[19]

中国が開放に向けて進み続けると期待するのがそもそも甘かったという発想は、中国が一枚岩の国で、一貫した長期計画に従って動いてきたという考えにもとづいている。だが中国内部では常に、手段についても目標についても紛争があり、改革派や市場リベラルと、これに対する保守派や新毛沢東主義者たちとの対立があったのだ。興味深いことに、経済の近代化を支持したのは前者で、後者はそれに反対した。このどちらも徹底的にまちがっていたというのだろうか？

西側世界にとっての問題は、今日の中国がもっと貧しくてもっと国際的に孤立していたら、こんなに専制主義的だったり破壊的だったりしなかったのでは、という話に行き着く。

もちろんそういう可能性もあるだろうが、それを裏付ける説得力ある議論は聞いたことがない。

イランや北朝鮮のような他の専制主義国を見てみよう。これらの国は専制主義者や制裁により孤立して貧しいままだ。どちらもWTOに加盟していない。みなさんご存じの通り、どちらも外交面での攻撃性を緩めていないし、民主改革も実施していない。どちらの国もむしろ、ますます独裁的で脅威を強める方向に動き、中国に対してまとめられたどんなものよりもはるかに団結した世界的な制裁にもかかわらず、核兵器を開発し続けている。そしてイランや北朝鮮は、中国のように1960年代から核技術を持っていた国ではないのだ。また世界5位の人口もないし、自分が歴史的に支配的な大国だとも思っておらず、一時的に西側世界に貶められて押さえつけられているだけだなどという自己イメージも持っていない。

歴史を「もし」で検証するのはいつも困難なものだが、もし西側が1990年代に中国製品に対して市場を閉ざし、大学から中国の学生を閉め出していたら、はるかに多くの中国人が深い貧困の中で暮らしていたばかりか、中国人はますます西側の人々を、絶対に相容れない敵とみなしていただろう。現在では、多くの中国人は開かれた平和な世界を目指しており、西側民主主義をお手本だと思っているのだ——そしてそれが中国の未来にとって重要な意味を持つかもしれない。中国を閉め出し続けるというその別の時間線では、米中戦争の可能性についてみんなが話すだけではすまず、すでにその戦争が起こっていた可能性すらあるのだ。

すでに述べた通り、中国による対外投資についての見方を大きく改めるべきだという意見には私も賛成だが、攻撃的な中国を恐れて貿易障壁や孤立を進めるのは、中国で極度に反動的・ナショナリスト的な勢力をさらに強化することになってしまい、自己成就的な予言になりかねない。中国共産党がロシアのウクライナ侵略を全面支援していない理由は、別に平和と人権を重視しているからではなく、西側からの2次的な経済制裁を恐れているからだ。経済が完全に中国からデカップリングしたら、その制約はなくなり、独裁政権はその本性を遠慮なくむき出しにできる。そのほうが世界の危険は増すのだ。

「ポスト毛沢東体制の学び」を投げ捨てた習近平

中国共産党がこれほど長きにわたり予想外の成果を上げてきたのは、それが毛沢東の専制政治から重要な教訓を学んだからだ。

毛沢東の支配は史上最大の飢饉と、恐怖の文化大革命〔1960年代に始まった大規模な思想・文化弾圧〕をもたらした。単独支配は、党の最上層部に上がってくる知識や情報の量を制約し、イエスマンと被害妄想と粛清をもたらす。盲目的な忠誠ばかりが重視されるようになると、大きなまちがいが犯される。

このため党の最上層部では、単独ではない集団による指導体制が発達した。その集団も、イデオロギー的にある程度の柔軟性が見られるように配慮が行われた。内部の論争があるので、派閥ごとに独自の主張や反対意見を訴えられるようになり、合意にもとづく意思決定のおかげで、みんなの気が変わって別方向に向かうことにしたときにも、だれも面子《めんつ》を失わずにすむ。

習近平はこの秩序を投げ捨てた。習をはじめとする保守派は、党への不満が広がっているのを懸念した。実業、国有企業や組織内の党細胞はボロボロになり、党員数は増えても、もはや意味をなさなくなった——各種問題についてどんな意見も持てるし、持たなくてもいいのだ。

指導層は民主的な実験を通じた忠誠心の醸成という発想を拒否したので、唯一の解決策はもっと毛沢東主義的な党勢に戻り、権力を中央に集めて個人崇拝を復活させることだった。毛沢東と同様に、習近平も「永遠の反腐敗」キャンペーンという形の粛清を通じて支配し、恐怖と従属をつくり出す。役人や学生は習近平思想を携帯電話のアプリで勉強し、彼の演説や著作を研究する研究所が18か所も開設された。

だが、これこそまさに新しい仕組みをきわめて脆弱にするものなのだ。意思決定が無謬《むびゅう》の指導者の意思として下達されると、もはや踏み石を探って実務的に川を渡り、まちがえたら軌道修正するのは不可能となる。党内に緊張が生じるし、問題や不満に段階的に対応するのもむずかしくなる。悲惨な決定のリスクも高まる——人民や経済に被害を与えた、壮絶なゼロコロナ政策と、そして2022年末の、外国から有効なワクチンを輸入するといった、あまりに唐突なパニックめいたゼロコロナ放棄がよい例だ。また中央集権当局は、まちがいを認めにくくなる。それについての個人の責任から逃げられなくなるからだ。[20]

通俗イメージと実態のギャップ

しばしば、いまの中国は政治的に安定していると言われる。だがこの仕組みは不景気や軍事的敗北という試練にあっていないので、まだそれを断言するのは早い。この仕組みの現在の形は10年ほどしか経っていないのだ。

党はもちろん、自分たちは人民に支持されていると吹聴するが、絶えず検閲を強化し、あらゆる異論を訴追しなければならないというのは、自信のなさと、人々の間にくすぶる不満への怖れを示している。人々に選択の自由を与え、みんなが思い思いに生活をつくり上げられるようにする政治モデルは、常に人々には魅力的に見えるからだ。だから中国のようなテクノクラート的専制主義は、成長と高賃金を提供することでその価値を示さねばならない。つまり、決してあぐらをかいてはいられず、絶えず己を証明する必要がある。だがこれは新しい経済政策の下ではなかなか困難だ。

共産党がますます多くの経済的な力を奪うと、それだけ知識や党外部の人々のやる気は失われる。中国の通俗イメージと、研究が示すその実像との間には、これ以上ないほどの乖離がある。西側の政治家やメディアは、中国の見事な戦略計画という恐ろしいイメージを描きたがるが、中国経済に関する莫大な研究文献を見ると、個別の産業政策が本当に商業的な成功をもたらしたと論じる研究など1つも見当たらない。

中国と競争するためには積極的な産業政策が必要だと論じる西側論者たちは、かつて同国に成功をもたらした中国の政策ではなく、2010年以後の、無数のリスクをともなう政策を真似たがる。この新しい政策がもたらした結果はすべて、いまのところマイナスだ。資本は生産性の低い国有企業に移転された。国有企業は中国GDPの4分の1しか占めないのに、銀行融資の8割は国有企業向けだ。1人あたり経済成長は、1990年代と2000年代には驚異の年率10％ほどだったのが、パンデミック直前には5％ほどに下がった（そして一部の論者は、これですら誇大だと考えている）。

現在の経済モデル下では、中国は経済からほとんど成長を絞り出せずにいる。2桁成長していれば、あれこれ大失敗しても許される余地もある。だが経済が鈍化すれば、構造問題からお金の力で抜けだすわけにはいかないのだ。

問題

問題は、中国の驚異的な成長は、はるか昔に行われた改革のおかげだったということだ。

１つずつ、変化が追加されて経済に新しい拍車がかかった。だが移住の自由化とＷＴＯ加盟以来、大きな新改革はまったく実施されていない。金融危機の後で、経済は大量の政府投資で維持されており、それが対応する生産性とイノベーションで補われなかったので、そこからさらなる成長を得るためにはますます多くのお金が必要となる。１９８２年から２０１０年にかけて、全要素生産性（使うリソースから絞り出せるもの）は年率１・１％ずつ上昇していたが、２０１１年から２０１９年にかけてはそれが０・６％下がった。[21]

加えて、就業年齢人口は減少しつつあり、総人口はいまにも減少に転じそうだ。中国はもはや、地方部農民が工場にやってくるのをあてにして経済を構築できないし、人口の多くの部分が都市部の新築アパートに入居してくれることで生じる住宅ブームにも頼れない。不動産はもはや経済のエンジンどころか、その足を引っ張る存在だ。本書の執筆時点で、中国の不動産市場は暴落状態らしい。２０３３年には、人口の３分の１が60歳を超える。中国人が高齢化すると、貯金を取り崩す必要が出てくる。その貯金はこれまで政府が、国有企業を抱えこんでおくために使っていたものなのだ。

中国が富裕国なら、こうした問題にも対処しやすい。だが中国が世界第2位の経済なのは、人口が多いからであって豊かだからではない。１人あたりＧＤＰで見ると、中国はトルクメニスタンやドミニカ共和国なみであり、イギリスの繁栄水準の4分の1ほどでしかない。他の急成長アジア諸国は、成長が鈍化したのはかなり豊かになってからだった。日本は１９７０年代、韓国と台湾は１９９０年代になってからだ。中国の現在の水準に達した頃の台湾は、その後10年にわたり年7・5％成長を続け、韓国は6・3％成長を続けた。現在の中国モデルがそうした水準に到達する唯一の方法は、数字を捏造することだ。

中国がここ数十年でこれほど急成長するために必要だったものを見くびってはいけない。だがその成長物語の第一歩――追いつくこと――は結局のところ、いちばん楽な段階だ。生産性の低い農民を近代的な工場に移し、そうした工場をすでに富裕国で実績を持つ技術やプロセスを使うことで、もっと生産的にすればいいのだ。

次の段階はずっとむずかしい。都市に移住したい農民がいなくなり、古い技術の模倣が終われば、独自のイノベーションや新たな手法、製品やビジネスモデルを考案しないと、自力で成長をつくり出せない。共産党の抱える問題は、そうしたイノベーションは予想外のものからしか生まれず、創造的で一見すると混乱したプロセスからしか出てこないもので、専制主義的な支配者が何より嫌うのは「驚き」なのだ。中国国家が財の市場だけを認めてアイデアの市場を許さなければ、常に足を引っ張られる。

企業への弾圧

だが最近では、中国は驚くほどイノベーションを起こすのが上手くなった。その理由の1つは、逆説的に思えるかもしれないが、独裁政権は政治的に優先度が高い分野に注力している企業には、大きな自由を与えてきたからだ。技術の最先端にいる西側起業家たちは、中国のほうが西洋よりも、規制からの自由度がずっと高いとよく語る（これは一考に値することだ）。

だが一方で、何かが計画に沿わなくなると、いきなり中国企業の自由度は下がる。そして中国が専制主義的な方向にシフトするにつれて、計画はますます包括的で恣意的になる。さらに成功した民間実業家たちは、完全な統制を求めて多様な権力の源を容認できない連中にとっては、常に脅威と見なされる。

中国のハイテク部門に対する現在進行形の攻撃が一例だ。厳しく統制された金融やエネルギー部門とはちがい、ハイテク企業は長いこと規制をまぬがれてきた。中国のこうしたハイテク企業は、単なる模倣者ではなく、本当に革新的な企業であり、電子商取引やデジタル決済において西側のモデルを追い越している。だがあまりに成功しすぎて、表舞台であまりに大胆になりすぎ、共産党はハイテク部門全体を弾圧することで応えた。最も劇的な例は、デジタル決済の巨人アントグループだ。２０２０年秋に同社は史上最大のＩＰＯに向かっていた。だがその人気創業者ジャック・マーが中国の銀行を批判する演説を行ったところ、上場は阻止され、会社は弾圧され、中国の最も目立つビジネスリーダーたちは世間の目から無理矢理隠された。

これは一部は、規制システムが新しいスーパースターたちに追いつこうとしていたという話かもしれない。だが態度の手のひら返しと行きあたりばったりな意思決定を見ると、専制主義モデルの弱点があらわになる。こんな強引な弾圧をしかけることで、共産党は他の実業家たちに冷や水を浴びせ、資本を追い払ってしまった。中国の次の大きなサクセスストーリーとなり、世界市場を征服する可能性さえあったものが、いまや危機に陥った産業のようにすら見える。

その後、弾圧の矛先はゲーム産業や教育企業に広げられた。こんな弾圧が始まってしまうと、どこで終わるかはだれにもわからない。経済学者の張維迎は、習近平の「共同富裕」政策は「共同貧困」に向かう危険があると警告する論説を書いたが、一瞬でネット上から消し去られた。

中国の未来

実験やイノベーションというのは常にぐちゃぐちゃしたものだし、何が出てくるかはだれにもわからない。これはやたらに秩序を気にする支配者たちには決して歓迎されないものだ。多くの専制主義者は、農民を工場に送りこむことで急成長をもたらせたが、いまのところどの体制も次の1歩を踏み出し、複雑なイノベーション駆動の成長経済になり得ていない。

外国のオブザーバーたちはみんな、共産党がそろそろ目を覚まし、以前の路線に戻ってほしいと願っている。だがこれはまさにこの新しい個人崇拝下だときわめてむずかしいことだ。これが実現するには習近平に対するクーデターが必要ではないか。

中国の専制主義モデルは生き残れないと私は思っている。ずいぶんと大胆な予想なのはわかっている。前回も私はまちがえた。だが前回まちがえたのは、共産党がまさに私の指摘したジレンマに気がついたからだと思うのだ。経済自由化を続ければ、開放性と多様性がもたらされ、それがやがては独裁制を潰してしまうということだ。まさにその理由から、党はブレーキを踏んで自由化を巻き戻すことにしたのだ。自信があるからそうしているのではない。自分たちの掌握力が失われると恐れたからだ。

これは別に、中国が必然的に自由な民主主義体制になると信じています、ということではない。派閥闘争と分離主義で崩壊する可能性もあるし、破綻国家となるかもしれず、また共産党は専制主義体制でもやっていけるような、そこそこ豊かな地域の中堅勢力に甘んじるかもしれない。だが専制主義的な列強が、アメリカやヨーロッパの主導的な役割を置きかえられるようになるとは絶対に信じられない。

まとめ

まとめよう。西側の多くの人々は、中国が勝っていると思っている。そしてこの経済技術的な競合に対処する唯一の希望は、自分たちももっと中国のようになることだと信じている。だが彼らは1978年から2010年の開放時代における中国の無敵の成功と、2010年の中央集権的な政策とを混同している。新しい政策はむしろ中国を停滞させ、その未来を危険にさらしているのだ。

中国が、最も有望なアイデアに資本を向かわせず、起業家によるイノベーションや驚きの追求を阻み、財の市場だけ認めてアイデアの市場は許さないなら、決して革新的で豊かな経済にはなれない。そして習近平が権力を自分と身内にだけ集中させようとすると、それだけ中国は予想外だがどうしても生じる問題や展開にぶちあたったときに脆弱となってしまう。

中国を危険な国にしている専制主義は、中国が強国になれる可能性を潰してしまうものでもあるのだ。中国を打ち破るには、自由世界が中国になる必要はない。話は逆だ。中国が自由世界を「打倒」したいなら、中国は自由になるしかないのだ。

第8章

地球温暖化と資本主義

『グローバル資本主義擁護論』を読み返すと、あきれるような見過ごしに驚かされる。何度も本をめくってみたが、どこにもない。気候変動の話はどこだ？　環境、資源、排出の話はしているが、地球にとって最も深刻な脅威だと多くの人が今日考えているものを、一言で述べてはいない。この見過ごしを我が子たちに説明するのはむずかしいだろう。

私が温室効果ガスのリスクを見くびったのは、環境運動の警告の実に多くが、結局は誇張されたり、まったくのウソだったりしたからだ。

環境保護論者によると、人口過剰が起き、食べ物がなくなり、水がなくなり、石油が枯渇し、鳥のさえずりが聴こえない沈黙の春が生じ、森林は「薬品砂漠」に置き換わり、遺伝子改変作物は「フランケン食品」となるはずだった。子ども時代の私が初めて懸念した環境問題は、みんながまもなく原発のせいで死ぬ、という信念だった。

環境運動は、オオカミが来たとあまりに何度も叫んだので、本当のオオカミが忍び寄ってきたとき誰もそれを見なかったのだ。これは、単純化しすぎた歴史的な例え話に頼りすぎると収拾がつかなくなるという話の好例ではある。

気候変動にかんする私たちの知識は向上している

だがこれは、気候の脅威が悪化し、私たちの知識が向上したという話でもある。『グローバル資本主義擁護論』を書いたときには、国連が設立した気候変動に関する政府間パネル（ＩＰＣＣ）の当時の最新報告書は、過去１００年で０・３℃から０・６℃の温暖化と述べており、「その変化が完全に自然起源だとは考えにくい」（傍点引用者）とされていた。そして温暖化が嵐やサイクロンといった極端な気象につながるかについては、十分な知見がないと書いていた。[1]

過去20年で、確かにすべてが改善したわけではない。温室効果ガスの排出量は急増し、いまやそれが地球温暖化に強く貢献しているのは疑問の余地がなくなった。ＩＰＣＣの最新評価報告書によると、人類は地球の温度を１℃ほど高め、さらに10年ごとに０・２℃ずつ高めているらしい。また、高温の新記録、極端な気象事象、干ばつの増大、洪水の増大といった形で、この温暖化の影響を見るようになってきた。

気候はきわめて複雑で、それぞれの影響は各種の原因があり、特定の気象結果に人間がどれほど影響したかを分離するのはほぼ不可能だ。気候は局所的にランダムに打撃をもたらすし、それがよい影響の場合さえある。だがわかっているのは、大量の変化がいま、それまでの予測を上回る勢いで世界中で起きているということだ。加えてティッピングポイントの危険もある。急速で不可逆な変化が起きて、地上の生命条件を完全に変えてしまいかねないというものだ。そこまでの事態になる可能性は低いが、結果があまりに大きすぎるので、万一そうなった場合に自衛するためにかなりの投資をしておく価値はある。

「脱成長」は答ではない

地球温暖化とその影響を減らすには大規模な変化が必要だ。だがどんな変化だろう？ありがちな議論は、ますます成長する経済で、飛行機やトラックが人や財を、大陸をまたがって常時輸送し続けているというのが問題だ、というものだ。ジャーナリストのナオミ・クラインのような左派は、これがグローバル資本主義と増え続ける生産の避けがたい結果だと述べる。だがグレタ・トゥーンベリのような気候活動家ですら、世界の指導者はお金の話や「技術的な解決」の話しかしないとグチる。[2] これは、この問題を解決するにあたり、それを生み出した経済成長や技術をあてにすることはできない、というもっと広い考え方をほのめかすものだ。多くのエコ論者は「脱成長」を求め、消費を減らし、旅行を減らし、少ないものので我慢して、地球にチャンスを与えるべきだとする。

私は、この解決策は人類が地球――そして気候にできることとして、これ以上ないほどひどいものだと心から確信している。

私の証拠物件第1号は、このアプローチを私たちが試したばかりだ、という事実だ。

2020年パンデミックは、予想外の望ましからぬ脱成長実験だった。ほとんど一夜にして機械が止まり、国境が封鎖された。飛行機が足止めされ、貨物船は港湾の外に錨《いかり》を下ろし、世界人口の半分は家から出るのを禁止された。

結果は大惨事だった。人々は失業し、生計をたてられなくなった。世界銀行によると、7000万人近くがこのパンデミックのおかげで極貧に投げ戻された。飢餓が激増し、国連食糧農業機関（FAO）はパンデミック関連の栄養失調で、500万人から700万人の子どもの身体発育が阻害されたかもしれないと推計している。[3]

コロナ禍で減ったCO_2排出量はわずか「6％」

そしてこの世界的ロックダウンは、世界の炭素排出をどれだけ下げただろうか？　6％ほどだ。史上最大の削減だが、必要なレベルにはほど遠い。もし活動や移動を減らすだけでパリ気候合意を2030年までに達成するつもりなら、今後10年にわたり毎年こうしたパンデミックに苦しみ、しかもパンデミックの間に回復は一切あってはならない。これはもちろん、空前の社会崩壊につながる。

この世界的な緊急事態の下ですらCO_2排出量はわずか6%しか減らなかった。これは、飛行機をやめて少ないもので我慢するというソリューションはそもそもあり得ないということを示すものだ。大量の排出は社会インフラやエネルギーシステムそのものに組みこまれている。非化石の燃料やエネルギー源への転換を通じ、排出をなくすことはできるが、何十兆ドルも必要になる。そして自分の仕事や日々の糧《かて》のために闘っている人々が何より嫌がることといえば、それはさらに何十兆ドルも支出を増やすということだ。だからこそ人々は常に、不景気になると環境の優先度を下げるのだ。

マイナス成長を通じてカーボンニュートラルを実現するなら、2050年までに世界エネルギー供給のおよそ85%をなくさねばならない。これは人類を襲う最大の危機になりかねない。食料生産の半分はおびやかされる。これは石炭と天然ガスで作る肥料に依存するからだ。農業機械や寒冷保存も諦めねばならない。結果は大規模な飢餓だ。医療クリニックで照明や医療技術、ワクチンや医薬品保存能力が失われれば、さらに多くの人々が死ぬ。

脱成長すれば気候対策はできない

数年前に、モロッコのアトラス山脈にある小さな貧しい村を訪ねた。親切な一家と時間をすごすことができた。彼らはお互いに近くに住んでいて自然にも近い。外部から見ると、単純ながらもよい生活に思えるし、現代世界のストレスや圧力から隔絶しているように思える。

だが一家の父親にその生活について尋ねると、自分たちが持っておらず、喉《のど》から手が出るほどほしいものの長い一覧が出てきた。一家が砂漠の砂を洗い落とし、畑に水をやれるようにするポンプ。食べ物を保存する冷蔵庫と、晩に子供たちが読書できるための照明。外部世界、特に大都市の大学に行った長男と音信を保つための携帯電話の充電器。こうしたニーズはすべて、1つの願いとしてまとめられる。配電線がいつかこの小さな村まで来てくれれば、ということだ。

最悪なのは、電気とガスがないために、一家は世界の30億人と同じ形で調理をして暖を取っている——屋内で固体燃料を燃やすのだ。これは汚い日常活動であり、呼吸器系の疾病と肺の異常を引き起こし、このために年間200万人が命を落としている（いまだにこれは世界で最も致命的な環境問題だ）。あるインドの調査では、電気がないために新生児100万人ごとに8000人が死亡している。バングラデシュからの報告を見ると、電気のない村では幼児死亡率が3倍以上だ。こうした数字は、エネルギー貧困者たちが電力のある場所で生産された技術や財を使えなければずっとひどくなるが、エネルギー欠乏の世界では、世界全体の生産、取引、輸送システムが崩壊する。[4]

それだけではない。パラドックスめいているが、**脱成長は人類にとって地球温暖化をなおさら危険にしてしまう。温暖化に適応するためには、繁栄と技術が必要だからだ。**

富裕国も貧困国に比べて自然災害が少ないわけではないが、生命と健康への被害を最小化するのはずっとうまい。国際災害データベースによると、気候関連災害——干ばつ、洪水、嵐、森林火災、熱波——で死ぬリスクは1950年代から90%も減った。[5] これは自然災害の数が減ったからではなく、繁栄、技術、建設、医療が改善したからだ。1950年代からゼロ成長だったなら、大気中のCO_2は少なかっただろうが、気候関連災害で50万人以上が毎年追加で死んだだろう。

低成長は金銭的にも人命的にも、CO_2排出を減らす最も高価な方法の1つだ。ある推計によると、2020年にマイナス成長のおかげで減ったCO_2の1トンごとに、1750ドルの費用が（GDP減少という形で）かかった。これは今日ですらCO_2排出を減らすほとんどの技術の何倍もの費用だ。[6] 貧困は地球を救う最も高価な方法の1つであり、これは貧困者自身への影響を含めていない。

貧しくなっても気候は救えない。もっと賢い形で豊かになるしかないのだ。そしてそれをどうやればいいか知りたければ、これまでの環境問題への取り組みの進歩から学ぶべきだ。

環境面での進歩

多くの環境問題は、驚くほどうまく対処されてきた。

天然資源は枯渇しなかった。過去100年で、一定量の経済成長に使われる材料の量は、西側世界では3分の2も減った。同時に人口が急増し、各国がずっと多くの財やサービスを生産したので、それだけでは不十分だった。資源利用の絶対量は相変わらず増え続けた――今までは。富裕国はいまやアルミ、ニッケル、銅、鉄、石、セメント、砂、木、紙、糞尿、水、化石燃料の使用量を毎年減らしている。アメリカ地質調査に記録されるくらい重要な資源72種類のうち、66種類の使用はここ数十年で減っている。[7]

問題は、後に残る産物がまちがった場所に行ってしまうことだったが、これも私たちはきれいにしはじめている。フロンは次第に廃止され、オゾン層は回復しはじめた。主要な汚染物質は欧米では激減した。1つの見事な成功物語は二酸化硫黄だ。これは人々の肺を苦しめ、土壌と水を酸性化させた。1990年から2013年にかけて、EUの二酸化硫黄排出は92%減った。恐れられていた森林の死は起こらなかった。[8]

こうした改善はまた、ゆっくりと世界的に広がりつつある。これは国際貿易や投資のおかげで、新技術がますます多くの人に提供されているからという理由が大きい。世界保健機関(WHO)は障害調整生存年数(DALY)を計測しており、これはある人口群における疾

生命と健康への環境的被害[10]

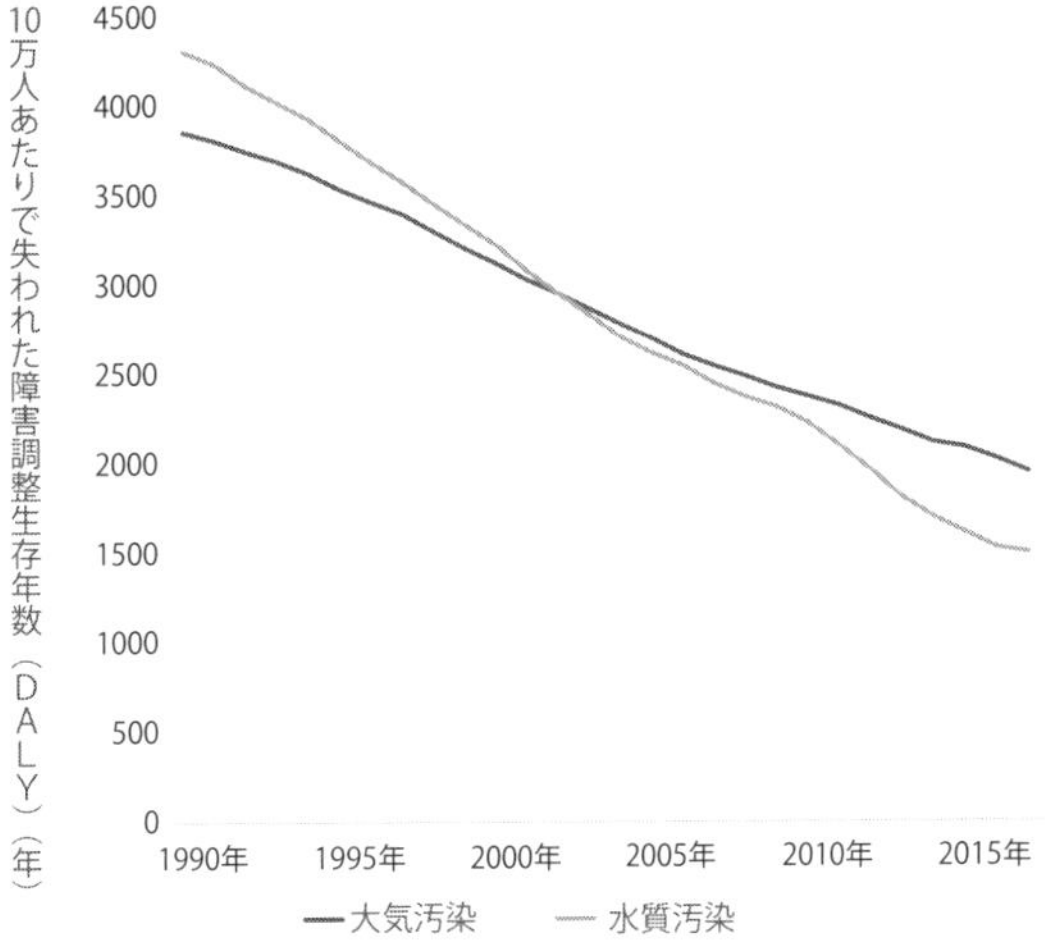

病の総負担を、早死にと障害の両面で評価するのにWHOが使っているものだ。世界的に、1990年から2017年にかけて大気汚染により失われたDALYは49％減り、水質汚染によるものは65％減った。[9]

唯一の大きな例外がCO_2排出で、これは世界のますます多くの部分が電化されるにつれて増加を続けた。だがこの電化はバイオ燃料で調理する人数を減らすのにきわめて重要だ。1990年から2019年にかけて、屋内大気汚染による死亡者数は200万人も減った。死亡率は3分の2も下がり、これは保健分野におけるここ数十年で最大級の勝利である。[11]

だが生物多様性は人間が野生を侵食する中でますます脅威にさらされている。これは主に農地にするための侵食だ。地球はいまや第6次大量絶滅の最中《さなか》にあるといわれ、今回のそれは人間によるものだ。だがどれだけの生物種が絶滅するか（たとえば「1日あたり150種」など）は空間と種《しゅ》の関係についての「悲観的な予測」にもとづくもので、不正確であることが示された、と世界自然保護基金（WWF）元会長クロード・マーティンは語る。

国際自然保護連合（IUCN）が記録した過去500年での絶滅種は1000種に満たない。そのほとんどが無脊椎《せきつい》動物で、これは記述された生物種すべての20分の1ほどだ。[12] その一方で、こうした数字ですら悲劇を示すものではあるし、ほぼまちがいなくこの数字は過少だ。IUCNは、現在3万7000種が絶滅の危険にさらされていると推計している。

多くの国はこの問題への対応として自然保護区を拡大しようとしている。今日、地表面の13・5％は開発から保護されており、これは1990年の2倍以上だ。こうした展開は沿岸部や海洋および海における各国管理下の地域ではもっと急速だ。今日保護されている面積は1990年の15倍も大きい。[13] ただしそれでもその他の海洋が税金による補助を受けた巨大なトロール船で乱獲されているので、あまり役には立たない。

環境フットプリントを削減するには「都市化」が不可欠

生物多様性に対する最大の脅威の1つは、処女林の喪失が続いていることだ。毎年、ハンガリーの面積に相当する森林が消える。

だが森林喪失の速度は国連食糧農業機関（ＦＡＯ）によれば１９９０年代以来40％下がった。富裕国では森林喪失は止まっている。アメリカとヨーロッパでは植林地域が増えている。中国とインドでもいまや森林が増えていて、人口増や経済発展が森林収奪をもたらす必要はないことを示唆している。[14] ブラジル、パラグアイ、アンゴラ、コンゴ、タンザニア、インドネシア、ミャンマーの7か国での森林喪失がなければ、世界の森林は２０１０年には増えていただろう。こうした森林とともに失われた独特な自然価値を考えれば、これは大した慰《なぐさ》めにはならない。だが私たちが無慈悲な世界的森林喪失に直面しているという見方が正しくないことはわかる。

生物多様性を救いたいなら、地球に対する人間の負荷《フットプリント》を減らさねばならず、これは都市化と農業生産性向上でしか実現できない。世界の氷と砂漠以外の土地は、半分が農地だ。だから土壌からの収量を増やす手法はすべて重要だ。

すでにこの面では、緑の革命〔１９６０年代から１９７０年代にかけて途上国で行われた農業技術革新〕による生産性改良のおかげですさまじい進歩が見られる。インドの農民たちが、１９６０年代初頭と同じじゃり方で小麦を生産していたら、２０１０年の収穫量を実現するには追加で６５００万ヘクタールの農地が必要だったし、中国の農民たちはトウモロコシだけでも追加で１億２０００万ヘクタールの農地が必要となる。合計すると、高い農業生産性のおかげで１９６１年以来、森林と草地が30億ヘクタールほど救われている。これがなければ、南米大陸２つ分に相当する面積を開墾《かいこん》しなければならなかっただろう。[15]

ここ数十年でこれは「ピーク農地」をもたらし、史上初めて農地が減り草原が拡大できるようになった。[16] 都市化と農業生産性の向上が続けば——たとえば遺伝子改良作物などを使って——再野生化の歴史的な機会がもたらされる。野生生命が草木の様々な組み合わせで失地を回復するのだ。

経済学者ヨナス・グラフストレムとクリスチャン・サンドストレムは、スウェーデンについて見事な統計集をつくり、ほとんどあらゆる環境分野で1990年以来驚くほどの改善が見られることを示した。人口が160万人増え、経済がほぼ2倍になったというのに、排出と資源利用は減った。スウェーデンはいまや水も殺虫剤も利用が減り、ガソリンは半分しか使っていない。周辺海洋の富栄養化〔水中の植物プランクトンが増えて生態系や水質が悪化する現象〕をもたらす窒素とリンの量は40％減った。処理場からのクロム、カドミウム、水銀といった金属排出は80％以上も減った。ゴミの量は4分の1近く増えたが、その処理からの排出は40％近く減った——ゴミからのCO_2排出は67％も減った。スウェーデンの26種類の有毒排気のうち、24種類は1990年から減っているし、うち19種類は半減以上となっている。微粒子は半減し、窒素酸化物は54％減り、揮発性有機化合物は63％、一酸化炭素は69％、鉛は97％減った。[17]

これはもはや相対的なデカップリングではない。つまり1人あたりやGDP1単位あたりで使うリソースが減ったということではない。絶対的なデカップリングで、人口や経済が拡大しているのに、少ないリソースで多くのものを得ている状態だ。経済学者ポール・ローマーが述べたように、**成長はもっと多くの材料を使うことで実現するのではなく、よりよいレシピを考案し、最高のものを少ない材料で作ることで得られるのだ。**成長がもっと多くのものを鍋に入れないと作れないなら、当然ながら成長の限界はあるが、どんなレシピを考案できるかという限界は、想像力と自由だけなのだ。

資本主義は地球を破壊するはずでは？

何が起きたのか？　資本主義は地球を破壊するはずでは？

ナオミ・クラインやヨラン・グレイデのような左派思想家たちはいまだに、環境を救うには計画経済が必要だと主張する。だが東欧共産主義諸国に実際に存在した計画経済を見ると、成功と失敗についての洞察が得られる。

共産主義者たちはひどい環境破壊を繰り返した。その理由はいろいろあるが、1つは資源利用に関係している。1980年代のソ連の経済学者たちは、自分たちの工場はアメリカに比べて、同じ量を生産するのに材料は5割増し、エネルギーは2倍以上必要だと計算した。ソ連は2倍の鋼鉄やセメントを使ったのに、生産量は半分だ。彼らの機械や道具は外国モデルより15％から25％重かった。[18] もちろんこれは機械や手法が古かったからだが、それも当然だろう。計画者たちが、ある生産方式が重要だと思えば、その生産は必要な材料とエネルギーを得られる。社会主義システムでは、工場は材料やエネルギーの利用において優れた他社との競争がなく、そのために生産を絶えず効率化する圧力もなかったのだ。

競争や利潤動機、自由な価格設定のある資本主義経済だと話はまったくちがう。ソーダ缶の厚みをわずか0・1ミリ薄くできる手法を考案した企業は、材料費を何百万ドルも節約できる（このおかげで缶の重さは1世紀で85グラムから13グラムに減った）。つまり生産は絶えず革命的に変わっている。もっと環境に優しい技術を開発できたところは、次のエコ技術億万長者になれる。

人間の創意工夫を無視し、それが常に同じようなやり方で、同じ比率で使われると想定すれば、人々の使う資源はいつだってすぐに枯渇するように思える。19世紀の経済学者ウィリアム・スタンリー・ジェヴォンス――石炭が間もなく枯渇するという予言で有名だ――は何トンもの執筆用紙や包装紙を買いこんだ。間もなく樹木がなくなってしまうと信じたからだ。[19] だが**資源が私有されて価格設定されている限り、無数のイノベーターや実業家たちが絶えずそれをもっとうまく管理する方法を考案し、代替品を見つけ、リサイクルする**――つまり新しいレシピを考案するのだ。

他ならぬカール・マルクスも、資本主義経済が無駄を富に変える効率性に感嘆している。彼は精肉産業が、骨や脂身といった残りものをボタンや取っ手、糊《のり》、石けん、獣脂に加工していることに気がついた。外部からの競争にさらされ、ゴミを自由に捨てられる共有地がない限り、そうした廃棄物を儲かる形でリサイクルする方法を見つけねばならないのだ。[20] だがいまや、森林、水、下水という形で大量の共有地があるから、排出する人物とそれが引き起こす被害とのつながりは、工業化が進むにつれますます複雑になった。

環境に値段をつける

だが別の場所で起こったからといって被害が減ったわけではない。高い煙突を建てて二酸化硫黄を遠くにやっても、結局それはどこかの湖に降り注ぎ、そこの生命を殺してしまう。エンジンを潤滑する鉛《なまり》は子供たちの神経系に入りこんだ。

こうした形の環境劣化は、みんなが自分の行動の費用を負担すべきだという資本主義の根本原則に反するものだ。汚染者は利益（たとえば生産や輸送によるもの）は私有するが、費用（たとえば他人に被害を与える排気、彼らが漁をする水、みんなが依存する気候）を社会化する。もし企業が他人のリソースを勝手に使えたり、廃棄物を好き勝手に放り出せたりするなら、そうするだろう。だがもしその費用を自分で負担しなければいけないなら——影響を受けた人と価格交渉したり、政府が環境に値段をつけたりすれば——新しい形で少ないリソースを使う方法に投資し、エコ技術を開発し、廃棄物を片づけたり利用したりするようになる。マルクスが指摘した通りだ。

自由市場によるソリューションは、だれも他人に費用を押しつけて利益を得てはならない

ということだ。そして排出を受け入れるべき唯一の理由は、実に大きな価値をつくり出すプロセスの副産物だから、それにより被害を受ける人にとっても正当化できるものだということだ。汚染者が自分の行動の結果について厳しい責任を負い、影響を受けた人々が金銭補償を受ける法的プロセスはあり得る——そして歴史的に実際にあった。

しかし依存関係がますます拡大している複雑な世界では、これがなかなか適用できない。数十億人が数百万人のCO_2排出者に対する集団訴訟を起こせるだろうか？　森林火災リスク増大をどう補償する？　個別の被害を個別の自動車、飛行機、ウシまでどうやってたどる？

したがって、経済学者の表現では「外部性を内部化」するために、財産権、賠償責任、交渉にもとづく環境市場の働きを模倣するのが、重要な政治的責任となる——あるいは素人の表現なら、「環境に値段をつける」のだ。一部の排出は破壊的だが代替物があるから全面禁止でいい。たとえば冷蔵庫のフロンやガソリンの鉛などだ。他の排出は人間の厚生にとってあまりに重要だ。たとえば私たちのライフスタイルがいまのところ依存している温室効果ガスなどだ。だからそれに価格をつけて、排出を減らし代替案を見つけるインセンティブをつけるほうがいい。これは私ではとても厳密に答えられない、むずかしい仕分け問題をつくり出すが、原理は重要だし、いつもながら厳密にまちがっているよりは、だいたい正しいほうがいいのだ。[21]

スウェーデンが環境問題への対応をうまくやれた理由は、1つは1990年代初頭に排出価格を設定しはじめたことだ。たとえば窒素酸化物税や硫黄税などだ。それはあらゆる生産者に、もっとよい技術と排出量を減らす手段を探すインセンティブを与えることで、市場の創造性を活用した。要するに、**こうした分野での進歩のためには、どの技術が成功するかを政治家が予測できなくてもかまわない、ということだ。イノベーターや実業家たちが、お金を儲けたがることさえあてにできれば、ひとりでに進歩が起こるのだ。**

豊かさはエコ技術を発展させる

自由市場は人々を豊かにしてくれるし、このことはきわめて重要だ。1972年の有名な声明でインド首相インディラ・ガンディーはこう宣言した。「貧困とニーズこそが最大の汚染者ではありませんか？（中略）村やスラムに住む人々に、海洋や河川や大気をきれいにしておけと説教できるはずがあるでしょうか、彼ら自身の生活がその源から汚染されているというのに？　環境は貧困という条件下では改善できないのです[22]」

これは完全に正しくはない。どんな経済水準でも環境は改善できるし、極貧国ですらそれは可能だ。だが人々が十分に食べるものもないと、高価な手段に広範な支持を得るのはむずかしい。環境問題の重要性に対する洞察を与えてくれた環境保護運動には感謝すべきだが、それが1970年代に起こったという事実は、それ自体が繁栄の重要性を示すものだ。それ以前は西側世界の人々もまだ、子どもにまともな教育を受けさせ、高齢者のケアや年金を捻出するのに苦闘していた。その頃は、あと数ドルを得るために自然を犠牲にしても平気だった。

「この町に成長してほしいなら、臭くなるのは仕方ない」と1960年代アメリカのある市長は述べた。あるいは1970年に大企業がスウェーデンの美しい東海岸に工場を建てようとしたとき、スウェーデン社会民主党所属の財務省国務官が述べたように、「これを経済効率と成長の観点から見れば、西海岸を犠牲にすべきなのは明らかである。これ以上の収益をもたらすソリューションは他に見つからない。（中略）地中海や他の海には何百キロにもわたる海岸があるのだから」[23]。

お金を持っていることの何がいいかといえば、お金以外のことを考えられるということだ。繁栄は人々の選好を変える。個人として私たちは自分の行動が地元環境にどう影響するか考えはじめるし、消費者として自分の財がどう生産されるか考え、有権者としては西海岸を犠牲にするより保護する政治家を選出する。

加えて、豊かな経済はエコ技術の研究開発と消費にもっと多くのリソースを投入できる。もっとよいやり方で財を生産・輸送し、廃棄物や汚水を管理するのを可能にする新たなプロセスや技術を開発したのは富裕国だ。触媒コンバーター、遠心分離機、スクラバー、排出を純化して有害薬物を処理するための溶剤を急速に開発したのは富裕国だし、無鉛ガソリン、硫黄の少ない油、電気自動車、燃費の高い航空機、1990年代の半分のエネルギーですむ家電製品や、5分の1ですむ照明器具を発明したのも富裕国だ。また物理製品をデジタル化する開発を進めているのもこれらの国だ。ラジオ、カメラ、電卓、目覚まし時計、電話帳、カレンダー、地図、コンパスはいまやスマホ1台に収まる。

繁栄は、廃棄物を処理して始末するためのリソースを与えてくれる。近年ではプラスチック消費が大いに議論され、動物がプラスチックにはまりこんだり、プラスチックごみを食べたりして、心乱れる結果となる野生ドキュメンタリーがたくさん見られる。だが私たちはプラスチックなしではやっていけない。プラスチック1トンは、その代替となる木やガラスよりも少し多めの環境インパクトを持つが、問題は他のどんな材料もこれほど軽く、強く、柔軟ではないということだ。つまりその代替物はもっと大量に必要となる。これは必ずしも地球にとってよいことではない。プラスチックは、食べ物を湿気や汚れや害虫から守ることで食料の無駄を減らすし、プラスチック包装は財を実に効率的に包装できるから、トラックを何台も使わず1台で運べるようになる。

だからもっと興味深い問題は、使用後のプラスチックがどこへ行くかということだ。富裕国では、プラスチックはめったに自然や海洋に入りこまない。収集され、リサイクルされるか、焼却されて電気や熱になる。欧米の全市民がビニール袋やプラスチック製ストローや医療用の滅菌使い捨ての袋、車のプラスチック（軽量化して燃費を高めてくれる）など各種プラスチックの使用を中止しても、海洋へのプラスチック排出量は1％も減らない。[24]

貧困国ではプラスチックは埋め立て地に投げこまれ、それがしばしば漏出を起こし、川に近いと、プラスチックはしばしば海に流れこむことになる。フィリピンだけでもヨーロッパと北米全体の7倍のプラスチックを海洋に捨てている。アジア・アフリカ諸国は1人あたりのプラスチック使用量はとても少ないが、海洋に流れこむプラスチックの9割近くはこの地域から出ている。

このすべては、明確な結論を示している。**「お金について話す」のは問題ではなく解決策なのだ。**

環境パフォーマンス指数（ＥＰＩ）はイェール大学が各種機関と提携して行っている野心的なプロジェクトで、生物多様性から気候排出まで32種類の環境指標にもとづき、１８０か国のエコ持続可能性を定期的にランキングしている。実は世界の各地域はその繁栄水準と相関する順位となっているし、各地域の中でも同じ結果になる。豊かな西側民主国はこの一覧の上位37位までを占め、底辺には主にアフリカ諸国と最貧アジア諸国がいる。ＥＰＩは、「環境パフォーマンスはその国の豊かさと強く相関する」と結論している。ただし繁栄水準ごとに、成績がいい国も悪い国もある。[25]

環境クズネッツ曲線

各種文献を見ると、環境「クズネッツ曲線」の可能性について論じられている。多くの環

豊かさと環境保護[26]

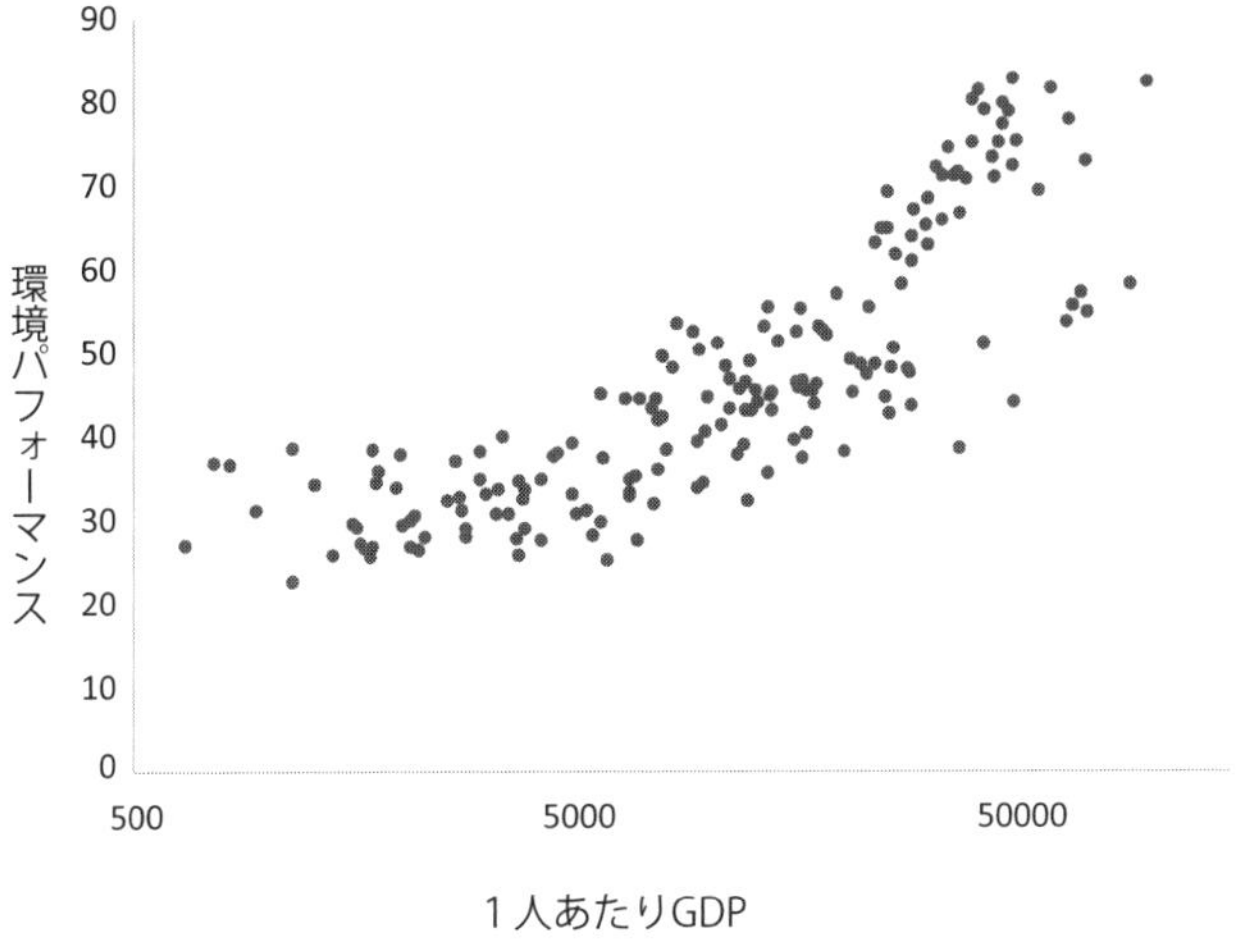

境劣化は逆「Ｕ」字型になっている。この形は経済学者サイモン・クズネッツが以前に、成長と格差の関係をあらわすのに使ったものだ。各国が都市化し工業化すると、自然や健康に与える被害は急増するが、ある一定を超えると、所得が増えれば環境は改善される。

この仮説は議論が分かれるし、多くの研究者はそんな自動的な関係性はないと反論する。さらにこれはあらゆる環境被害に適用できるものでもない。しかし１９９２年から２００９年の１００以上の実証研究のレビューを見ると、最も深刻な環境問題の多くについては、確かにそうした関係があるようだ。[27]

これが生物多様性にすら当てはまるという示唆まである。世界自然保護基金（ＷＷＦ）が公表している「生きている地球指数」を見ると、１９９０年以来高所得国で改善が見られる。ただしこの調査は脊椎《せきつい》動物だけを追っている。OECDのレビューは、生物多様性がほとんどの地域では低下しているが、過去半世紀にわたり西欧では増加していると示している。オランダの詳細調査では、生物多様性は1970年までは急落したが、その後は急増していることがわかる。「このパターンは逆U字型の環境クズネッツ曲線という考え方とおおむね整合している[28]」

世界が直面している課題は大きいし、事態が改善するまでにどれほどの被害を人間が与えるかという問題はまだはっきりしない。だがわかっているのは、**脱成長は環境問題の解決策ではない**ということだ。問題は、中国人やインド人を貧しいままにしておく方法ではない。彼らをクズネッツ曲線の正しい側にどうやって連れてくるかということだ。

地球の裏側でつくられた農産物を買うほうがエコ

1つのやり方は、世界経済をオープンにしておくことだ。長距離貿易はしばしば排出を増やすと言われ、地産地消を奨められることが多い。だが各種研究をレビューした結果、アワ・ワールド・イン・データのデータ科学者ハンナ・リッチーはこう書く。「直感的にはもっともらしい――結局のところ、輸送は確かに排出につながるのだから――が、これは最も見当外れの助言の1つである[29]」

にもかかわらずそれが直感に訴える理由の1つは、人々が輸送の環境インパクトを他の要因に比べて過大評価してしまうことだ。平均的なヨーロッパの食事を分析すると、輸送は平均的な買い物かごの中身が及ぼす気候インパクトの6％未満しか占めない。しかも最も影響が大きいのは、最後の1マイル——つまり店から家までの輸送だ。残りは土地利用、生産、保管によるものだ。靴、ビール、iPadといった様々な財を調べても結果は同様だ。排出の9割は、貿易以外のものからきている。[30]

これはつまり、エコな選択とは、直感には反するが地球の裏側で生産されたものを買うことかもしれない、ということだ。地元よりも、そちらのほうが少し環境に優しい形で生産できることも多いのだ。ニュージーランドのタマネギ、あるいはオランダではなくケニアのバラという具合に。同じバラでも、オランダだと排出が5倍にもなるのだ。[31]

「経済発展か環境保護か」の2択ではない

かわりに、貿易の大きな影響は世界的な技術発展を刺激することだ。エコな手法や製品の価格を引き下げて、地元企業がそれをもっと使えるようにする。すると最大の環境課題に直面する貧困国は、私たちのまちがいや進歩から学べるようになる。私たちが何世代も、何十億ドルもかけて開発した技術を使える（この観点からすると、エコ技術への関税は一般的な関税よりさらにまぬけだ）。
ガソリンの鉛をなくすためには、鉛添加物なしでも高いオクタン価を実現できる先進的な製油所への投資が必要だったし、鉛がエンジンに対して持つ潤滑効果を置きかえるためにナトリウム添加物を研究する必要があった。スウェーデンで鉛ガソリンが禁止されたのは、やっと1995年になってからだった。中国とインドは、1人あたり所得がまだスウェーデンの10分の1でしかなかったのに、5年後にはそれを禁止できた。イラクとイエメンが鉛ガソリンを禁止したことで、国連環境計画によると、鉛ガソリンを使っている最後の国はアルジェリアとなった。だが本書の執筆中に、アルジェリアもまたそれを廃止したというニュースが入ってきた。私が子どもの頃は鉛ガソリンが主流だったのが、いまやそれを販売するガソリンスタンドは世界中に1か所もないのだ。
こうしたエコ技術の広がりのおかげで、最も大きな影響を受けている国についてすら、慎重ながらも希望を抱けるようになっている。経済が拡大するにつれて、中国はほとんどあらゆる面で世界最大の汚染者になっているが、中国人が各種の大気汚染で死ぬリスクは1990年から2019年にかけてほぼ3分の2も減った。[32]
それでも自由市場と健康な地球が両立可能だと納得できないのであれば、『環境パフォーマンス』最新版で、研究者たちが2つのちがう経済的自由指標を使い、それを環境指標と相関させているのをご覧になるとおもしろいかもしれない。その結果は、一部の人には意外かもしれないが、**「経済か環境か」という選択は必要ない**ことを強調するものだ。「経済自由主義は、環境パフォーマンスと正の相関を持つことがわかった。この結果は、環境について自由放任経済戦略を追求するお墨付きを与えるものではないが、経済発展と環境保護の間にあると暗黙に思われている緊張関係に疑問を投げかけるものではある」[33]

難題であることには変わりがないが……

するとこれは、気候変動に対処する能力にとってはどういう意味を持つのだろうか？　残念ながら、これは改めて、なぜ何を実現するのもこんなにむずかしいのかを浮き彫りにしてくれる。大気の所有者はいないし、汚染者たちは他人に環境費用を負担させることに対して何も支払う必要はない。汚染の影響は予想外で長期に広がっているし、ルールを決める議会を持つ1か国に限定されていないことも多いので、因果関係を見渡すのもむずかしい。

だが、手が打たれていないということではない。世界全体として見ると、GDP1単位をつくり出すために必要なエネルギー量は1990年から2018年にかけて36％減った。中低所得国は、古い汚い技術から最新技術に移行できたから、さらに改善速度が速かった。中国のエネルギー強度はこの時期に最大70％も下がった。[34]加えて、再生可能エネルギーがますます安価になるにつれて、化石燃料を必要とするエネルギーの割合はますます下がっている。たとえば2009年から2019年にかけて、補助金なしのソーラー発電所からの電力価格は、驚異の89％低下を見せた。[35]

長期的に見れば圧倒的な改善が見られる。19世紀に工業化したイギリスなどの国は、ピーク時に生産するGDP1ドル（現在の価値）ごとにCO_2を1キロほど排出しなければならなかった。中国などの新興成長経済《エマージング》が1世紀後に同じことをしたら、最も汚いときでも、1ドルごとに500グラムの排出ですんだ。アフリカや南アジアは、すでに1ドルの生産ごとに300グラムでピークとなり、さらにエコなエネルギー転換を目指している。[36]

だが私たちが生産する富1単位あたり、1人あたりの排出量が減っただけでは、残念ながら不十分だ。理由は単純で、この地球上の人間は明日にはさらに増え、ますます多くの富をつくり出すようになるからだ。このため、エネルギー利用は同じ期間で59％増え、CO_2排出はおよそ38％増えた。だがこれは、根底にあるトレンドは正しいということで、ここから後退することなくむしろアクセルを踏むべきだ、ということだ。

脱成長待望論者のみなさんには、過去10年で経済危機を経験したギリシャやポルトガルを見てほしい。そう、短期的には生産量が減ったので排出量も減ったけれど、長期的な影響としては投資にまわすリソースが減った。2010年以来、地球全体とは逆に彼らは1単位の成長を生み出すために必要な温室効果ガスの量を増やしてしまった。[37]

過去10年で、絶対量でもCO_2排出を減らした国は50か国あるし、それは主に富裕国、たとえば北米や西欧諸国だ。これは彼らが貧困国の汚い工場に排出を移転させたということではない。貿易を通じてOECD諸国が輸入する炭素排出は、2006年以来3分の1以上も減っている。[38]どうやらCO_2排出にすらクズネッツ曲線があるらしいが、それは他の排出よりも、ピークや減少開始がずっと高い水準らしいのだ。

「だれも答を知らない問題」に取り組むたった1つの方法

どうやってクズネッツ曲線の正しい側にくる国を増やし、すでにそちら側にいる50か国にはペースを上げさせればいいのか？　えー、私にもわからない。そしてあなたもわからないはずだ。さらに私たちの政治代表者も知らない。

電気自動車とか、きわめて燃費の高い内燃エンジンとか、もっと優れたバイオ燃料、まったくちがう輸送方式？　エネルギーを太陽光、風力、あるいは新世代の安く安全な原子力から得るべきか？　そして太陽光がいいなら、巨大な工業太陽光発電パークを作るのがいいのか、それともあらゆるものをソーラーパネルでくるめばいいのか、あるいはそれをいつも日が照る宇宙に上げればいいのか？　みんなベジタリアンになるべきか、研究室でつくられた培養肉を食べるべきか、他の食べ物や添加物を開発して家畜が土地の草を食べずにすんだりメタンを放出しないようにしたりするのがいいのか？　あるいは化石燃料の一部は使いつつ、CO_2を分離して貯蔵し、大気からCO_2を吸い取ったりするといいのか？　そしてそれをやるには、もっと木を植えるのか？　それにともなう大量の単一作物や、巨大な水需要はどうしようか、それともクライムワークス、カーボンエンジニアリング、グローバル・サーモスタットといった企業が実験しているような工業プロセス（CO_2を1トンあたり100ドル以下で捕捉できるようになると期待されている）でやるのがいいのか？（同じプロセスを脱成長でやろうとしたら、パンデミック中にそれが実際に起きたら1トンあたり1750ドルかかったのを思い出そう）

最終的にどの技術が最もいい効果を上げるかはだれも知らないし、どのイノベーションがその技術の価格を下げるか、どの科学的ブレークスルーがいきなりまったく意外なソリューションをもたらすかも、だれにもわからない。**だからこそ、できるだけ多くの人々を動員し、それぞれのローカルな知識と個人の信念や技能にもとづいて、ちがった実験をやってもらわねばならないのだ。**

目標は、エネルギー効率と非化石エネルギーに向けたトレンドを加速することだ。そうして、みんながエコ技術を使うための面倒な国際合意など必要なくなり、みんな自分の得になるからそういう技術を使うようにするのだ。

友人であるジャーナリストのマティアス・スヴェンソンに聞いて驚いた話だが、アフガニスタンの違法ケシ畑はソーラーエネルギーを使ったポンプで灌漑《かんがい》されているのだという。別にケシ畑農家たちが政府からの発注を期待しているせいではないし、まして環境のことを気にしているからでもない。単にそれが最も安上がりだからだ。みんながこのアフガニスタンの阿片《あへん》生産者と同じインセンティブに直面すれば問題は解決する（少なくともエネルギー消費の面では)。

炭素税

こうした発展をあらゆるところで奨励する最高の方法は、人々に自分の行動の結果に対する支払いをさせることだ。あらゆる形の化石燃料に卸《おろし》のレベルで課税すれば、その費用は次の段階で産業や消費者に分散されることとなる。地球温暖化に自分が貢献していることを、だれもが良心のみならず財布で感じることになる。するとみんなに、温室効果ガスの少ない財やサービスに消費を向けるインセンティブができるし、CO_2を最も安上がりに減らす最高のアイデアを考案し、排出を最小化する新技術を開発するようみんなに促すことになる。

炭素税で、政治家たちはどの技術が温室効果ガス削減に最もよく効くかを予想しなくてすむようになる。私的なつながりがあったり、個人的に信じていたり、イデオロギー的な理由で気に入ったり、見栄えがよかったり、自分の選挙区に雇用を生んだり、献金を受けるために必要だったりする潜在的なエコ企業に補助金や便益を配る必要もなくなる。企業は、政策決定者にどれだけ媚《こ》びを売れるかではなく、排出をどれだけ減らせるかに応じて儲かるようになる。そうなったらどんな電球を使うべきか、窓をどのくらい大きくすべきか、ガソリン車の運転をみんないつやめるべきかといったチマチマした押しつけがましい規制もなくせる。

これは、個別の具体的技術について具体的目標を設定し、そして拡張に補助金を出すがそれが提供するものはまったく無意味という、上辺《うわべ》だけのインチキ環境政策を回避できる。そうした現在の例は中国が計画している風力発電の経済拡大だ。これは多くのタービン建設をもたらしたがほとんど電力は増えなかった。品質が低く非効率だったからだ。中国は紙の上ではアメリカの2倍の風力発電を擁しているが、発電量は同じくらいだ。その発電能力の最大3割は、電力系統に接続さえされていない。だが彼らの目標は計画を達成して外部世界を感心させることなんだから、そんなことはどうでもいいのだ。[39]

40か国ほどの国々と、多くの都市、州、地方は何らかのCO_2価格を設定している――通常それらは最も豊かな国だし、その中でも最も豊かな地域がやっている。だがそれでも、世界全体の排出のうち価格がついているのはたった5分の1ほどだ。そしてここで、中心的な政治問題にぶちあたる：どうやってそれまで無料だった物に対して支払いを合意させようか。その報酬を受けとれるのははるか先の話だし、しかも受けとるのはほとんどがどこか別の地域なのに？

ときにはこれは絶望的な作業に思えるし、したがってEUではCO_2価格のない国の輸出品に対して国境関税をかけることで処罰しようとする作業が進んでいる。だが私は、これは気候を救うよりも世界貿易を破壊する手段となるのではと恐れている。あらゆる外国輸出者の個別排出量を算出するのはまったく不可能だから、そうした輸出品が通常生み出す温室効果ガスの量にもとづいて関税がかかることになるだろう。するとエコな技術に高価な投資を行った企業でも、そうでない企業と同じくらいの処罰を受けることになる。環境面での進歩にとってこれ以上のひどいインセンティブは想像がつかない。そして1つの国の中で排出市場や炭素税を導入した地域があったらどうしようか。EU関税局は、アメリカのヴァージニア州とウェストヴァージニア州の財を別枠にするのか？　ノースカロライナ州とサウスカロライナ州も扱いを変えるのか？

炭素国境関税は、正しい環境政策を持たない国に対する恫喝《どうかつ》戦術だが、これは永遠の貿易戦争を引き起こす危険がある。他国の政策を口実にその輸入を阻止するようになりかねないのだ。他国は報復として、世界の海洋における漁業乱獲についての関税をかけるべきだろうか？

個人的には、正反対をやるほうがよいと思う。他国が炭素価格を導入するよう促すために、もしそれをやるなら関税や輸入枠なしにEU市場にアクセスできる、と告げるのだ。気候アクションを取るべき重要な国はいまも富裕国に対する高い関税に直面している。たとえば中国やインドは、繊維製品への関税廃止を希望しているし、オーストラリアやブラジルは食品の自由貿易をしたくてたまらない。壮大な取引で、向こうは排出価格を設定し、かわりにそうした財に対するEU関税をすべて廃止するのだ。[40]

すべての国が参加する必要はないが、関与する国が増えれば、化石燃料依存の生産が他に移転するリスクも減る。最初は、最も重要なのは大規模排出国を参加させることだ。EUが世界でCO_2排出の最大5か国と合意できたら、それで世界のCO_2排出量の7割近くがカバーされる。そうなれば、もっと貧しい国は1人あたりGDPが上がるにつれて次第に炭素税を導入するのを条件に、この計画に参加するよう奨励できる。

有権者を後押しする方法の1つは、お金を返すことだ。炭素税は価格とインセンティブとして機能するべきであり、国の歳入源にしてはいけない。したがってお金は他の税金削減という形で人々に戻されるべきだ。排出税を導入している国がほとんどない世界で、自国の事業競争力をおびやかさないようにする方法は、その歳入の相当部分を資産税と法人税削減に使うことだ。

だがそこに行く前に、さらに簡単なことができる。損害についての支払いを要求しないにしても、それに補助金を与える必要はない。世界各国は2021年に化石燃料補助に総額4400億ドルを使っているし、その多くは中国、インド、イランなどの大きな発展途上国だ。[41] つまり1日10億ドル近い。政治家たちが、電気料金と燃料価格の値上げに消費者がどう反応を示すか心配なら、そうした補助金をすべて廃止して、その4400億ドルを直接消費者にわたし、彼ら自身が化石燃料を使いたいか、他のものを使いたいか選ばせればいい。

「目先のエコ」に走ると長期では非エコになる

ちょっと待った。それでおしまいではない。十分に注目されない最後のパラドックスがある。短期的にエコになりすぎると、長期的には決してエコになれないのだ。

気候変動と電化は大量の銅、アルミ、リチウムなどの金属や鉱物を必要とするが、西側世界の私たちはいまや、鉱山や溶鉱炉はあまりに粗っぽく汚いと思っている。ますます複雑化する許認可プロセスが、多くの投資を不可能にしてそれを遅らせてしまう。私たちがそうした汚い採掘事業にあまりいい顔をしないのは自然なことだ——私たちは環境クズネッツ曲線の反対側をはるか下のほうまですべり降りてしまったのだ。

唯一の問題は、そうした原材料を、環境要件の低い専制主義国家からの輸入に完全に依存するようになってしまう危険があることだ。そうした国では環境規制が緩く、そうしたプロセスからの公害や自然への影響がずっとひどい。加えてそれは価格を引き上げ、移行全体を遅らせる。

これは人々の環境へのコミットメントが、単なる審美的な態度でしかないなら理解できるが、もし本当に地球温暖化が重要な問題だと信じるのであれば、遅らせ、制限し、閉鎖することばかりに専念する環境政策ではダメだ。あらゆる新しい鉱山の採掘を阻止したり、送電線や風力発電や太陽発電の許可をすべて遅らせたり、農業をもっとエコにできる遺伝子改良作物を禁止したり、非化石エネルギーを与えてくれる原子力を廃止したりするわけにはいかない。そしてどんな意図や狙いがあろうとも、CO_2の回収と地下貯留プロジェクトに一切反対してはならない。自分の手を汚す覚悟がないなら、汚れをすべて片づけることなど不可能なのだ。

第9章

人生の意味と資本主義

わかった。自由市場を支持する経済的な議論は正しいとしよう。資本主義は人々を自由で豊かにし、よい雇用と大きな機会をつくり、環境問題解決にも役立つ。だが、人を幸福にしてくれるのだろうか？　人生の目的は、働き、成果を上げてストレスをため、腕を磨いて競合を打倒し、ますます必要もないし墓場にも持っていけない多くのものを抱えこむことなのか？　自由市場と個人主義的な社会は、人々を自立にこだわらせるが、それは私たちを人間たらしめるもの——コミュニティ、人間関係、仲間、信仰、家族——からも解き放ってしまう。「自己実現」は、現代というものの空虚さ、ショッピングモールの孤独の言い換えでしかなくなる。

これは国家による統制をありがたがる左派だろうと、ナショナリスト的保守派だろうと、集産主義〔個人や企業の自由より社会全体の福祉を重視する立場〕知識人だろうと、自由市場に対する反対論の最後の防衛線となる。昔々、批判者たちは自由資本主義は決して富を生み出せないと言い、ところが実際には生み出しているのを認めざるを得なくなると、でも少数のエリートしか豊かになれないと言い、さらにみんなが豊かにはなるが貧困国が苦しむと言い、そして最後に、わかった、みんなが豊かになるかもしれないが、それがそんなにいいことなのだろうか、と言い出した。資本主義はみんなを物質的に豊かにするかもしれないが、心を貧しくしてしまう、と言うのだ。

「資本主義は人々の心を貧しくする」?

アメリカの保守派政治学者パトリック・デニーンは、リベラリズムが人々を「ますます離ればなれで、自律的で、人間関係を持たない個人にして、権利だけはたくさん持っていて、自由により定義づけられるが、不安で、無力で、怖がりで、孤独にしてしまう」と考えている。自由主義と市場は人々を「個別の場所、人間関係、メンバーシップ、果てはアイデンティティからも」解放してしまうことで、人々を「ますますむき出しの個人にしてしまう」[2]。とんでもない大風呂敷を広げた題名の記事「新自由主義:あらゆる問題の根底にあるイデオロギー」で、イギリスの左派ジャーナリストのジョージ・モンビオは、こうした問題に含まれるのは(主なものを挙げるだけでも)「慢性的な自傷、摂食障害、うつ、孤独、あがり症や社会恐怖症」などだと述べる。[3]

自由は「人を自由にはせず、孤独にする」と付け加えるのはキリスト教保守派の論客ジョエル・ハルドルフだ。いわく、「増える精神疾病、孤立、ポピュリズムは自由主義が己を支えきれないというしるしなのだ」[4]。社会は、あらゆる個別市場関係の総和より大きなものでなくてはならない。人は心の空虚さを癒すためにそれ以上の何かを必要としているのだ。

自由市場がいかに私たちの魂を歪めるか、見るがいい。左派経済学者ノリーナ・ハーツは『THE LONELY CENTURY なぜ私たちは「孤独」なのか』（ダイヤモンド社）で、「新自由主義は人々を、協力者ではなく競争者として、市民ではなく消費者として、共有者ではなく抱えこむ者として、与える者ではなく奪う者として、助ける者ではなく出し抜く者として見るようにしてしまった」[5]という。

同様に、社会主義者でジャーナリストのニナ・ビョークは、状況を改善しようという衝動が人生の隅々にまで侵入してしまい、あらゆる状況とあらゆる出会いにおいて「これでどんな得がある？」と問うようになって、人々を競争し戦わせるようにするのだという。「競争の中で生きると恐怖が生じる。（中略）人々はお互いを脅威にしてしまう」。したがって最終的にはそれは人間関係の恐怖につながる。「お互いを競争相手として扱うなら、お互いとあまり関係を持ちたくなくなってしまうのでは？」[6]

さっきのパトリック・デニーンは、哲学者ジョン・ロックが17世紀末に自由な選択の価値を教えてくれてから、個人関係は「自分への利益の計算」にもとづくものとなった、と主張する。「自由主義はゆるいつながりを奨励する」[7]

自由主義《リベラリズム》とは何なのか

もしこれが結果なら、個人の自由と自由市場なんかだれがほしがるだろうか？　こうした記述によると、自由というのは人々の人間性すべてを破壊する地獄の機械らしい。そんなものを積極的に支持するヤツは完全にイカレているにちがいない。

これはつまり、こうした論者たちの政治的な論敵たちは、人間の孤立と精神病を引き起こすと主張しているに等しい。相手をそんな存在だと主張するのであれば、かなりしっかりした証拠を挙げてもらう必要があるだろう。

ところが驚いたことに、こうした総論の後に因果関係や相関を示すような議論が続くことは、ほとんどないのだ。やたらに見られるのは、古典リベラル派の主張について、非常に粗雑な読み違いをしてみせるだけ、というものだ。そしてそれだけで、自由主義と貪欲と孤独のつながりが十分に示せたと胸を張っている。別に強制的な人間関係を拒絶したからといって、人間関係すべてを拒絶したことにはならないのだが。

だが古典リベラリズムの父ジョン・ロックは1689年に「神が人間というものをお造りになったときには（中略）孤独であることが身のためにならないような生き物として創られた」と述べ、なぜ家族や他の共同体なしに個人を想像することなどできないかを説明したのだった。[8]　経済リベラリズムの義理の父アダム・スミスは1759年に、自然は「人間を社会のために形成した」と宣言し、人間の行動や道徳が人々の共感の結果として、社会的な相互作用からどのように生じるかを洗練された形で示した。この時代には、彼の保守派の論敵たちは、それがあっさり神さまから与えられたと思いこんでいただけなのだ。[9]

言いたいのはつまり、伝統的なリベラル派が「人間が根本的に関係性にもとづく生き物──『社会政治的な動物』だという古典的・キリスト教的な理解を拒否した」[10]というパトリック・デニーンの主張はデタラメだ、ということだ。リベラル派も反リベラル派も、人間を社会的な動物として見ていた。対立点はそんなところには決してなかった。どちらも、個人は家族、文化、コミュニティが必要で、みんなそうした文脈で実際に創られたのだ、と信じていた。意見の対立は別のところにあったのだ。

リベラリズムに反対する人々は、人間が持つ社会的な性質を、単なる事実として見たのではない。それが人間の道徳的な責務でもあると考えた。つまり彼らにとって、それは実際に人間の社会的な行動を記録するにとどまらず、人間のあるべき姿なのだ。だから、ある特定のコミュニティ、家族、信仰に所属していたらそこにとどまって、その家族の文字通りまたは比喩的な父親に従う義務があったし、それはその父親役がどんなふるまいをしようと関係なかった。正しかろうとどうだろうと国には奉仕せよ、ひどい目にあわされて良心を虐《しいた》げられても、この君主や教会に従え。

だがこれは人間の社会的性質から自然に出てくるものではない。**リベラリズムと資本主義がもたらした歴史的な成果とは、人々に収奪的な集団を離れる自由を与え、とどまってほし**

いなら変わるよう要求し、あるいは自分のニーズや利益に最も適合したまったく新しいものを創れるようにしたことだ——左派コミュニタリアン〔共同体およびその成員としての責任を重視する立場の人々〕たちがいまや求めている労働運動や、キリスト教保守派たちが所属する、伝統的な教会から分離した急進派たちが創った宗派はそうやって生まれたのだ。

自由主義は、人の帰属ニーズを否定したりはしない。単にデニーンやハーツが、どの集産共同体に私たちが所属すべきか知っているというのを否定するだけだ。自由主義は、人生のあらゆる意味が買い物一覧に見いだせるなどという話ではない。単に投票用紙で見つかる以上の意味が必要というだけだ。そして自分が他人に押しつけたがる集産主義プロジェクトに人生の意味を求める人々は、冷血でロボットめいていると称される市場リベラル派よりも、人間性の美しい豊かさや多様性に鈍感だ、と主張するだけだ。

人は、孤独な個人生活以上のものを必要としているだろうか？　もちろん必要とするに決まっているが、それって何？　パトリック・デニーン、ノリーナ・ハーツ、ジョエル・ハルドルフ、ニーナ・ビョークを、共同主義的なぬくもりに包まれて身を寄せ合うようにさせる、集産的なプロジェクトが1つでも見つかるだろうか？

それがあったとしても、これは集産主義的な政治プロジェクトを要求する小さい均質な西側知識人集団の話でしかない。スティーブン・フライ〔俳優、論客〕、ミスタービースト〔ユーチューバー、慈善家〕、イーロン・マスク、ビリー・アイリッシュ〔ミュージシャン〕、ロジャー・フェデラー〔テニス選手〕、マリオ・バルガス・ジョサ〔作家〕、ダニエル・スティール〔作家〕、リチャード・ドーキンス〔生物学者、無神論者〕、ピューディパイ〔ユーチューバー〕、ロバート・ダウニー・ジュニア〔俳優〕、ニック・ケイヴ〔ミュージシャン〕、レブロン・ジェームズ〔NBA選手〕、ラリー・デヴィッド〔コメディアン〕、ドナルド・トランプ、カイリー・ジェンナー〔タレント、実業家〕、ザ・ロック〔俳優〕、ボリス・ジョンソン、クェンティン・タランティーノ〔映画監督〕、ポッシュ・スパイス〔ファッションデザイナー、元アイドル〕、ロバート・スミス〔ミュージシャン〕、クリス・ロック〔俳優、コメディアン〕、ブリクサ・バーゲルト〔ミュージシャン〕、ニール・スティーブンソン〔作家〕、キム・カーダシアン〔タレント〕、リオネル・メッシ〔サッカー選手〕、ヨハン・ノルベリおよびその他79億人という多様な人々の虚ろな心を満たす、集産主義的ユートピアとはどんなものなのだろうか？[11]

自由主義は、人生の意味を無視するという立場ではない。もっと多くの人々が人生の意味を探す自由を与えられれば、それを見つけられる可能性も高まると信じる立場のことなのだ。

これに対する反対論は、それが不可能だ、というものだ。まさにその選択の自由にこそ、人々をあまりに利己的で、人間関係を恐れて孤立させてしまうものがあり、この個人的な人生の意味探究こそが西側世界を襲う慢性的な孤独をつくり出しているのだ、という。

だがそんな慢性病などそもそもあるのだろうか？

現代人は本当に「孤独」なのか

見捨てられたという気持ちほど、人の身体的、精神的な健康にとって破壊的なものはない。孤独は個人の不運であり、大きな社会問題だ。

だが孤独という慢性病について私が目にする記事のほとんどは、実は独居世帯の増加についてのものだ。これは話がちがう。独居には欠点もあるが、それと孤独感や社会支援欠如との間には強い相関はない。スウェーデンは独居世帯の多さで世界1位になることも多いが、同時に人々の孤独感は最も低い――ヨーロッパの平均を明らかに下回っているし、おもしろいことに大家族と温かみで評判の、南欧での孤独感よりもずっと低いのだ。もちろんこれは、スウェーデン人があまりに引きこもりで、地元の店に買い物にいくだけでコミュニティ感覚を得た気になる、ということなのかもしれない。だがスウェーデン人は、他のヨーロッパ人に比べて友達との接触も多いのだ。[12]

孤独の水準を評価するときの問題は、人間関係や親戚づきあいで何か問題にぶちあたると、だれでも経験するようなことであっても、それがそうした関係の崩壊のしるしだと解釈してしまい、みんながもっと調和的な人間関係の中で暮らしていた、もっとよい時代や場所があったはずだと思いこんでしまうことだ。そういう人は19世紀の伝統社会において、最も一般的な暴力犯罪は親に対する暴力だったというのを思い出すといいだろう（当時、子どもは親の面倒を見る法的な義務があった）。これは、強制された人間関係はしばしば協調よりも紛争の原因だということを示している。[13]

貧しく集産主義的な国は、都市化され、個人化された唯物主義的な国に住む人とはちがう、別のもっと深いコミュニティ形態を持っているのだという主張をよく耳にする（ただしこれを言うのは富裕国の学生だけだ——いまだに貧困国でこんな話を聞いたことはない）。

だがギャラップ世論調査が世界中の人にこんな質問をした。「何かトラブルに陥ったら、必要なときにいつでも助けをあてにできる親戚や友人はいますか？」。するとまったくちがったパターンが出てきた。アフリカ諸国では平均25％が「いいえ」と答えた。南米とアジアでは20％ほど、日本と台湾では10％ほどだった。だがヨーロッパ、アメリカ、カナダ、オーストラリア、ニュージーランドでは、「いいえ」と答えた人は1桁台に下がる。[14]

2022年11月に、『フィナンシャル・タイムズ』紙で「迫り来る孤独蔓延《まんえん》への準備はいいか？」という記事を読んだ。そこには「頼りにできる友人や親戚を持つと述べる人々の比率は着実に下がっている」と書かれていた。だがその情報源を見ると——まったく正反対に——頼りにできる人がいるという人々の平均水準は「ほとんど変わっていない」（90％以上）。そして人間関係の満足度は、むしろ少し上がっているのだ。[15]

この分野の研究をレビューした結果、アワ・ワールド・イン・データはこう結論する。「『孤独の蔓延』を伝えるマスコミの見出しは蔓延しているが、実際に孤独が増しているという事実の実証的な裏付けはない」[16]

孤独が蔓延していると多くの人が思ってしまう理由の1つは、自分はだれよりも孤独だと言うのが若者だからだ。だがこれは、自分は大人になってもずっと孤独なままだという、若者たちの思いこみにもとづいている。だが実際には、ティーンが成長して、社会がわかってくれないなどと思わなくなり、友情や恋愛を経て、家族をつくり同僚を得ると、その孤独感は減るのが普通だ（ただし人生の末に伴侶が死ぬと、孤独感はまた高まる）。だからもっと意味ある質問は、今日の若者が、かつての若者よりも孤独感が強いかどうか（そして今日の高齢者がかつての高齢者よりも孤独か）ということだ。

そして答は、どうもノーらしい。

ノリーナ・ハーツは、孤独が増えていると丸ごと1冊かけて主張する本を書いた。私たちはいま「寂しい世紀」に住んでいるのだとのこと。だが彼女は孤独を感じる人々の数についての陰気なデータは紹介しているものの、こうした人々の割合が増えてきたという主張はしていない。

1977年からアメリカの大学生を調べた調査では、友人がおらず取り残された気分だと述べる人々の比率は、少し減っている。研究者たちがアメリカ、イギリス、スウェーデン、フィンランド、ドイツにおける今日の中年や高齢者を、人生の同じ段階にいる古い世代の人々と比べたところ、孤独増大の証拠は見られない。私が知る限り、我々が社会として作家ガブリエル・ガルシア＝マルケスの「百年の孤独」を経験したかどうかを見た調査はない。だが75年にわたるイギリスの孤独調査がある。そしてそれを見ても、孤独だと述べる人の比率は増えていない。[17] また今日では、以前の世代に比べて孤独の感情について話しやすくなっているだろうということも考慮すべきだ。

スウェーデン人たちは集産主義の黄金時代以来、社会関係についての調査に答えてきたが、その回答を見るとその後若者や高齢者の間での孤独感は、男女を問わず下がっていることがわかる。1980年代初頭には、スウェーデン人の4人に1人は「親友がいない」と述べた。いまやそう答えるのは、10人に1人強でしかない。[18]

言い換えると、こうしたバラバラの、自律的な、人間関係なき個は、みんなきわめて社会的らしい。これは驚くには値しない――結局、人間は社会的な存在なのだから。だから集産主義の圧力や政治綱領がなくても、人々は他人を探して接触をつくり出すのだ。**自由とは人間関係から離脱するという話ではなく、自分の価値観にあう人間関係を選ぶということなのだ。**

孤独を感じたいなら、自分の敵があらゆるコミュニティを破壊しているなどという妄想にふけるのはやめて、政治学者カスピアン・レービンダーのように、制度のちがう場所における主観的な孤独感についてのデータを比較してみるべきだ。すると得られるのは、批判者が自由主義のアキレス腱と思っているものとは正反対の結果だ。レービンダーは、自由が大きいところでは孤独の報告が減ると指摘する。カナダのシンクタンクであるフレーザー研究所の、個人的・経済的自由についての10点満点指数――実質的にその国の古典リベラリズム指標だ――では、その国の得点が1点上がると、孤独は平均で6ポイント下がる。

レービンダーはまた、社会における分配の平等性と信仰の強さも見ている。というのも通常は右派も左派も、こうしたものを自由主義の空疎さに対する対処薬として挙げるからだ。だが、これらは孤独と一切相関がない。広範で単純な相関を信用するなら、平等とスピリチュアル性では解決できない実存的な孤立に対処するには、どうやら個人の自由と自由市場が必要らしい。その逆ではないのだ。[19]

いくつかの孤独と孤立の指標は、パンデミックで急激に悪化した。それが一時的な低下か新しいトレンドかを見極めるには当分時間がかかるだろう。だがこれは、政府が強制したソーシャルディスタンスの結果として予想できるものだ。人々は家から出るなといわれ、子供たちは同級生に会うことさえ許されなかったのだから。だからこれは、自由が増して好きに移動できるようになると孤独が深まるといった仮説を、むしろ否定するものだろう。

「心を病む現代人」は増えていない

平均すると、ほとんどの人々が存在すると思っている精神疾病の激増についてもまったく裏付けがない（ここでも但し書きとして、パンデミックがこうした問題を少なくとも一時的に悪化はさせているだろう）。ここでもアワ・ワールド・イン・データを見ると、ハンナ・リッチーはこう書いている。「（私を含む）多くの人は、精神健康の問題が近年では急激に増大しているという印象を持っている。私たちが持つデータは、全体としてこの結論を支持しない」。それどころか、データは精神疾病の水準が１９９０年以来横ばいだと示唆している。[20]

この分野の研究文献レビューでは、研究者たちは１９９０年から２０１７年にかけて、同じ地域における精神疾病を同じ手法で研究している42本の研究を見つけた。ほとんどの研究は精神疾病の増加をまったく示していない（だがそうした研究は、増加を示す少数のものに比べてメディアがあまり注目してくれない）。そして全体としての結果は、「ごくわずか」な増加でしかなかった。そしてその増加も、彼らは人口構成の変化のせいだと考えている（健康は時間とともに変化する）。研究者たちはこう結論する。「全体としての精神疾病の世界的な広がりは、ここ数十年で激増などしていないどころか、まったく増えていないとさえ言える」[21]

世界に80億人もいるのだから、常にどこかの国では、身体的、精神的に苦しむ人が増えることもあるだろう。多くの国ではティーン少女におけるうつ病の確実な増加を示す恐ろしい兆候があるし、アメリカでは第３章で述べた、絶望死が広まっている。だが世界的には、過去30年で自殺率は３分の１ほど減った。各種報道ではますます、その死因が信仰を失い個人化した社会のせいにされているのだが。スウェーデンでは、自殺率は１９８０年から半減した。とはいえ、この減少のほとんどは20世紀のうちに起こっているのだが。[22]

心の病気について語るのが「タブー」ではなくなった

ではなぜみんな、精神の健康が劣化しているとこれほど確信しているのだろうか？

理由の1つは、ごく普通の悲しみや心配について話す時に、臨床医療問題について語るための用語を拝借するようになったことだ。多くの伝統的で物質的な苦しみの源が消えると、常にいい気分でいるべきだという期待が高まり、そうでなくなったとたんにいきなり精神医学的な用語であれこれ語りはじめるのだ。

だがストレスや悲しみはよい生活に不可欠なものだ。精神的な安定の減少を報告する人の比率がかなり一定なのに、病気の診断や病欠が増加しているのを見た精神医療教授クリスチャン・リュックは、私たちが2つのちがった苦しみを混同してしまったのだと結論している。リュックによると、一部の精神的な苦しみは単に魂がすりむき傷を負っただけのことで、それは人生につきものだ。だがみんなそれを魂の骨折と混同してしまい、助けと治療がないと対処できないと思いこみはじめているのだ。[23]

精神疾病の増加を信じるべき、希望のある理由の1つは、この分野での多くのタブーが破られたということだ。これまでの世代は身体的な病気については自由に話したが、精神病は隠され、ひそひそ声でしか語られなかった。今日では、精神症状について報告し、それについて語り助けを求めるのはずっと普通のことになったし、社会も医療システムも、それをずっと真面目に扱ってくれる。これはますます健全な社会のしるしであり、病気の社会ではないのだ。

金銭的インセンティブは私たちの「公共心」を損なわない

自由市場が人を孤独や精神病にするという証拠がなくても、世知辛《せちがら》い無慈悲な人間にしてしまうかもしれない。それが人格を歪めて人間関係を汚染してしまったらどうしよう？　ノリーナ・ハーツとニーナ・ビョークはそう指摘していた。経済だけが私たちの唯一の動機になり、人々は他人との出会いを収奪機会と見なすようになってしまうのでは？

ありがちなまちがいは、資本主義は利益に対する欲望を生み出し、それ以前はそんなものは存在せず、そしてちがう経済システムがあれば利益への欲望は消える、と思ってしまうことだ。人間の欲深さに失望した知識人たちは、資本主義を悪者にする。だが社会学者マックス・ヴェーバーが１９０５年に書いたように、「獲得、利益追求、お金の追求、できる限りのお金をほしがるのは、それ自体は資本主義とは何も関係がない。この衝動は給仕、医師、御者、芸術家、娼婦、腐敗した役人、兵士、貴族、救世人、博打打ち、乞食《こじき》の間に、いまも昔も存在していた。これは地上のあらゆる時代に、あらゆる国で、ありとあらゆる種類および立場の人々の間に共通して存在していたとさえ言える[24]」。

また利潤への欲求は、市場の力が禁止されても消えたりはしない。ソ連の党指導者やイラン革命防衛隊、チャベスの庇護下で財をなした実業家たちやエジプト軍を研究している人はだれも、こうした連中が市場経済の一般人に比べ、蓄財や豪勢な生活への関心が低かった、などとは主張するまい。ちがいは、その渇望を満たすために他人がほしがる財やサービスを生産しなくていいということだ。北朝鮮は世界で最も市場のない経済だが、おそらくロレックスの腕時計、メルセデスのリムジン、ヘネシーのパラディ・コニャックに最もお金をかけている指導者を持つ国だろう。

市場インセンティブが人々の利潤渇望をさらに悪化させ、他の物質的なもの以外の動機すべてを絞り出してしまうかどうかという問題は、実証的な問題であり、マルクスやロラン・バルトの引用で決まるようなものではない。金銭的な交渉ではタフなのに、友人や見知らぬ人には気前のいい人(またはその逆)に会ったことはあるだろう。そういう人を見るとわかるのは、ハーツやビョークが人間心理を一面的にしか捉えておらず、あまりに単純化してしまっているということだ。人間はちがった人間関係においてちがった行動を示すくらいの複雑性は持っているし、そのための多様な動機も持てる。ビル・ゲイツは競合には情け容赦なかったが、それでも何百万人をマラリアから救おうという意欲は減っていない。

ニーナ・ビョークは、市場インセンティブが人間性を阻害するというどんな証拠を持っているのだろうか?　いったい全体、なぜ自由市場資本主義の下では「連帯、共感、応答性、感受性、自分の利得を考えずに他人を満足させようという意思が、ほとんど弱さのしるしとなる」[25]などと信じてしまうのか？

ビョークは、かつて内的動機から行っていたことに外的な報酬を設け、たとえば献血した人にお金を支払うようにすると、「人助け」といった内的動機が弱まるという有名な事実には言及する。だがこれはここでの話にはまるで関係がない——仕事、実業、世界救済に対する金銭報酬が、報酬なしで献血を行う関心を引き下げる、ということにはならないのだから。それにビョークが献血を実証的に調べたら、なぜ献血が個人主義的な市場経済で最も一般的なのかを説明できず困っただろう（ちなみにカナダやアメリカなどの国で、血漿《けっしょう》への支払いが導入されたが、無報酬の献血は減るどころか、むしろ少し増えた）[26]。

個人主義・市場主義社会のほうが「人助け」の意欲が高い

アメリカの心理学者チームが最近、7つのそれぞれことなる形の気前のよさと親切さについて、152か国でどれだけ広まっているかを調べた。血液や臓器、骨髄の提供、慈善団体への寄付、ボランティア、見知らぬ人々の支援、動物の世話だ。すると、最も強い相関が見られたのは、個人主義的な国の市民たちのほうが、人助けをする可能性が高いということだった。個人主義的な国のほうが繁栄し、健康や教育の水準も高いという事実について調整しても相関は残った。ここでも、反資本主義論者の思いこみはひっくり返った。**自分の幸せ**

について気にかければ、それだけつらい目にあった他人に追加の努力を向ける意欲も高まる。[27]

研究者たちは、自分についてよい気分を抱き、自己犠牲的な関係を無理強いされていない人々は、他人を助ける活力も意志も強いからでは、と推測している——いわば「自分の酸素マスクをつけてから人を手伝う」という話だ。彼らが提起するもう1つの説明は、個人主義的な態度は部族文化を弱め、見知らぬ人も助けようという気持ちを高める、というものだ。

発展水準のことなる多くの社会で実験を行うと、ハーツやビョークが描くのとはまったくちがう人間行動の図式が得られる。それを見ると、確かにハーツやビョークの悪夢で描かれたような、人々がすべてを収奪機会と見なし、手当たり次第に何でも奪う社会は存在する——だがそれは、最も日常的な市場取引に慣れていない社会だった。

研究者たちがやったのはこんな実験だった。プレーヤーの1人が一定額のお金を受け取り、その一部を匿名のプレーヤーにあげるよう言われる。もう1人のプレーヤーは、その申し出を承諾してもいいし断ってもいい。承諾すれば、その取引は成立するが、断れば、どちらも1銭ももらえない。では匿名プレーヤーにいくら申し出る?

マルクス主義者や経済学の教科書に従えば、「最後通牒《つうちょう》ゲーム」と呼ばれるこのゲームでは、受け手にはなるべく少額を申し出るのがいい、ということになる。そして相手は申し出額がいくらだろうと、必ずイエスと言う。というのも、ほとんどゼロでも完全なゼロより常にいいからだ。このゲームは1回限りだから、気前のいいプレーヤーという評判を得ようとする理由はない。同じ理由で、受け手はケチな申し出でも断る理由はない。そうしても、相手が将来的にもっと気前よくなるよう圧力をかけることにもならない。

だが長年の研究を、ミズーリ州からモンゴルまで世界中でやると、人はとにかくそういうふるまいはしないことがわかる。実は豊かな市場経済だと、最もありがちな申し出は半々の山分けだ。受け手はケチな申し出には非常に腹をたて、通常は30%以下の申し出は断られる。

こうした実験はさまざまな発展段階にある多くのコミュニティで実施されてきた。工業都市から農民コミュニティ、狩猟採集民コミュニティまでが対象となっている。するとこのゲームでのふるまいは、性別、年齢、教育水準、民族とはまったく関係ないことがわかった――人々が市場に参加するのにどれほど慣れているかで決まるのだ。

日常生活で取引をしている人ほど、気前のいい申し出をするし、ケチな申し出は自分の損になっても断って処罰する。**市場的な態度というのは気前がいいということなのだ。**これに対して市場のない社会の人々は「公平さや、不公平の処罰を比較的重視しない」と研究者たちは指摘している。平均すると、最も市場統合された社会は、市場の最も少ない社会の人々に比べ、申し出額が2倍になっている。[28]

一見すると、こうした結果はあまりにあり得ないものに思えたから、研究者たちは調査地に戻って結果が再現できるかを調べた。他の経済ゲームも加え、さらに集団同士の差も研究した。結果は再現性があった。人々が売買に慣れていると、無慈悲なふるまいは減った。研究者たちが間接的に参加者たちに市場についてほのめかすと、そうした参加者は信頼度を高め、見知らぬ人々とのやりとりにおいて、投資額を増やした。
このゲームがエチオピアのオロモ族の53グループで行われたときには、市場《いちば》までの距離ですら重要となった。市場に近ければ、それだけ見知らぬ人々との協働作業に前向きとなった。市場から30分以内のところにいる人々は、ほぼ必ず実験で協力する。市場から5時間以上離れた人々はほぼ絶対に協力しない。[29]
お互いの利得をもとに考える習慣は、他人やそのニーズに対する感情を発達させる。もちろん、研究者たちとて非市場社会が強い公正の基準を持つことは否定しない。だがそうした基準は、親戚や友人を扱う伝統的なルールに限られる。外部の人々とのやりとりに慣れていない人々は、それを脅威と見なすか、短期的な利得の機会とみる。定期的に取引する人々は、これに対してある種のオープン性や気前のよさを含む規範を持っており、おかげで見知らぬ者との共通因子を見つけるのが容易となる。人々は、親しげで気前のいい人々とは交際して取引したがるから、こうした規範は奨励される。「仲良くなれば、もっと有利になる。取引をめぐる人間性とはそうしたものだ」とマルクスの共著者フリードリッヒ・エンゲルスも1844年に認めている。[30]
人々が単にアンケートで価値観を表明するだけでも、似たような結果が得られる。長年にわたる世界価値調査データを分析すると、**豊かで経済的に自由な国は、物質主義と強欲さの度合いが低い**。研究者たちはその理由の1つとして、お金の限界効用が下がることを挙げている。「市場は人々を豊かにし、豊かになると他の非物質的なものに注力できるようになる」[31]

ここ数十年で信頼と連帯意識が低下したのではという懸念を抱いている人は多いので、事件的な変化を見ておくのも有意義だろう。研究者たちは、1956年から2017年にかけて、アメリカで見知らぬ人々の協力についての研究を511本見つけた。ありがたいことに、社会的ジレンマでの協力度合いの低下は見られなかった――むしろこの61年で、協力が20%近く増えていることがわかったのだ。[32]

興味深いことに、豊かさだけでなく、都市化と独居者比率が協力的な行動と正の相関を示すということもわかった。1つ考えられる説明は、都市の人々や1人暮らしの人々は、日常生活で求めるものを実現するのに、見知らぬ人に依存する部分が大きく、したがってすでに協力するのに慣れているから、喜んで協力したがるのだ、というものだ。

ハーツとビョークは、市場的な態度が性格に入りこむと主張しており、確かにそれは事実なのかもしれない。だがそれが広める毒というのは、むしろ協力へのオープンな態度と見知らぬ人への気前のよさなのだ。それがあまりに広まっていて強力なので、人々の薄汚い物質主義を暴くように細工されたゲームにおいてすら、人々は鋭い正義感を表明してしまう。それは人々を競争者であり協力者に、消費者であり市民に、奪い手《テイカー》であり与え手《ギバー》にする。

「これで自分に何の得がある?」と自問せずには相手を見られず、あらゆる出会いを食うか食われるかの瞬間と見なす人は、確かに存在する――仕事や政治、ジャーナリズム、私生活で、そういう連中と遭遇する不愉快な経験はだれしもしている。だがそうした連中に出くわす最大の危険が生じるのは、市場《いちば》から数時間歩いて離れたところなのだ。

お金は「幸福」を買える

さてこれで最初の、資本主義が本当に人を幸せにするかという問題に戻れる。**お金は幸福を買えるのか？　答はイエスだ。**

幸福研究の初期には、データは反対の結論を示していた。経済学者リチャード・イースタリンは１９７４年に、みんな豊かになっているのに、幸福度は高まっていないようだと報告した。単に高まる繁栄に慣れてしまい、むしろ自分より豊かになったご近所と己を比較するようになった。

この「イースタリンのパラドックス」は、18世紀フランスの哲学者ルソーによる物質主義と現代社会の批判にルーツを持つもので、有名になったし、いまだに非専門家はお金と幸福の関係といえばこれしか頭にない。だがここからまだ半世紀しかたっていないのに、はるか遠い場所で実に多くの調査が行われ、もっと高度な手法も活用されるようになったので、経時的な発展をたどれるようになった。そして私たちの知識も変わった。

２００９年に幸福についての本を書いたとき、私はオランダの社会学者ルート・フェーンホーフェンにインタビューした。彼は有名な「世界幸福データベース」の立役者だ。彼が幸福研究に興味を持ったのは、繁栄は幸福につながらないことを示せると思ったからだそうだ。そして、すぐに経済成長に批判的な政治家からお声がかかった。だがますます多くの国から統計を集めるにつれ、ちがうパターンが生じてきた。**経済成長は、実は幸福に貢献することが示されたのだ。**「イースタリンのパラドックスは存在しません。それはほとんどの国のデータでは支持されないし、理論的な基盤もまちがっていました」。とにかく、この新しい洞察ははっきりした政治的な結果をもたらした。「するとエコ派の政治家たちから電話がかかってこなくなったんです」とフェーンホーフェン。[33]

イースタリンのパラドックスが正しいと述べていた学者の1人が、ノーベル賞受賞心理学者ダニエル・カーネマンだ。だが数か国からの統計を見て、彼は考えを変えた。

「我々が所得効果は小さいと思ったのは、1つの国の内部を見ていたからだった。国ごとのGDPの差は巨大であり、人生の満足度の差をきわめて正確に予想できた。126か国の13万人の標本で、個人の人生の満足度と彼らの住む国のGDPとの相関は0・40以上——社会科学では例外的なほど高い。ノルウェーからシエラレオネまであらゆる場所の人々は、明らかに人生の評価に共通の物質的繁栄基準を使っており、それはGDP変化と共に変わる。これが意味する結論は、各国の市民は自分の繁栄水準に適応しないというものので、10年前に我々が知っていたつもりのことすべてに真っ向から逆らっている。我々はまちがっていたし、今ではそれがわかる」[34]

幸福についての拙著で、私は幸福がお金で買えると指摘した——ただしその為替レートはとても悪い。健康、心の平安、よい人間関係に恵まれているのに比べて、お金は大して自慢にならない。当時の統計にもとづいて、私はもし精神的な心配や不安が、何らかの理由で1割高まったとしたら、以前と同じ幸福水準に戻るには、月給が2万ドル増えねばならないと書いた。

だが個人所得が幸福にとってあまり重要でない理由の1つは、第4章で出てきたおじいちゃんのお婆さんのお爺さんのお婆さんの話からわかる。人の幸福に本当のちがいをもたらすほとんどの財、サービス、技術は、市場社会では急速に広がるから、あちこちで数百ドル追加されたところで、その人の幸福はあまり変わらないのだ。**重要なのは、豊かで自由な資本主義社会に暮らすことだ**。そこに生まれるツキがあれば、幸福ポテンシャルはすでに満たされている。

ここで語っているのは客観的指標ではなく、人々が自分の感情的な状態について自分で語ることだ。エラーの余地はいくらでもある。落ちこんでいたり、人生で大興奮したりしている人々は、こんなアンケートに答えないだろう。人々の気分には、臨時のイベントが不釣り合いなほど大きく影響する（回答日の天気、バスに乗り遅れた、ついさっきエレベーターでお金を拾った、など）。匿名調査ですら、みんなが正直とは限らない（フランス人は、陰気なのは知性がある証拠だと思っているし、人によってはスカンジナビア人たちは人生への期待値があまりに低いから、つまらないことでもやたらに喜ぶのだと思っている）。だからこうしたデータの扱いには慎重さが必要だ。だが**今の幸福研究が示唆するものが、自由市場や**

豊かな国のほうが幸福[36]

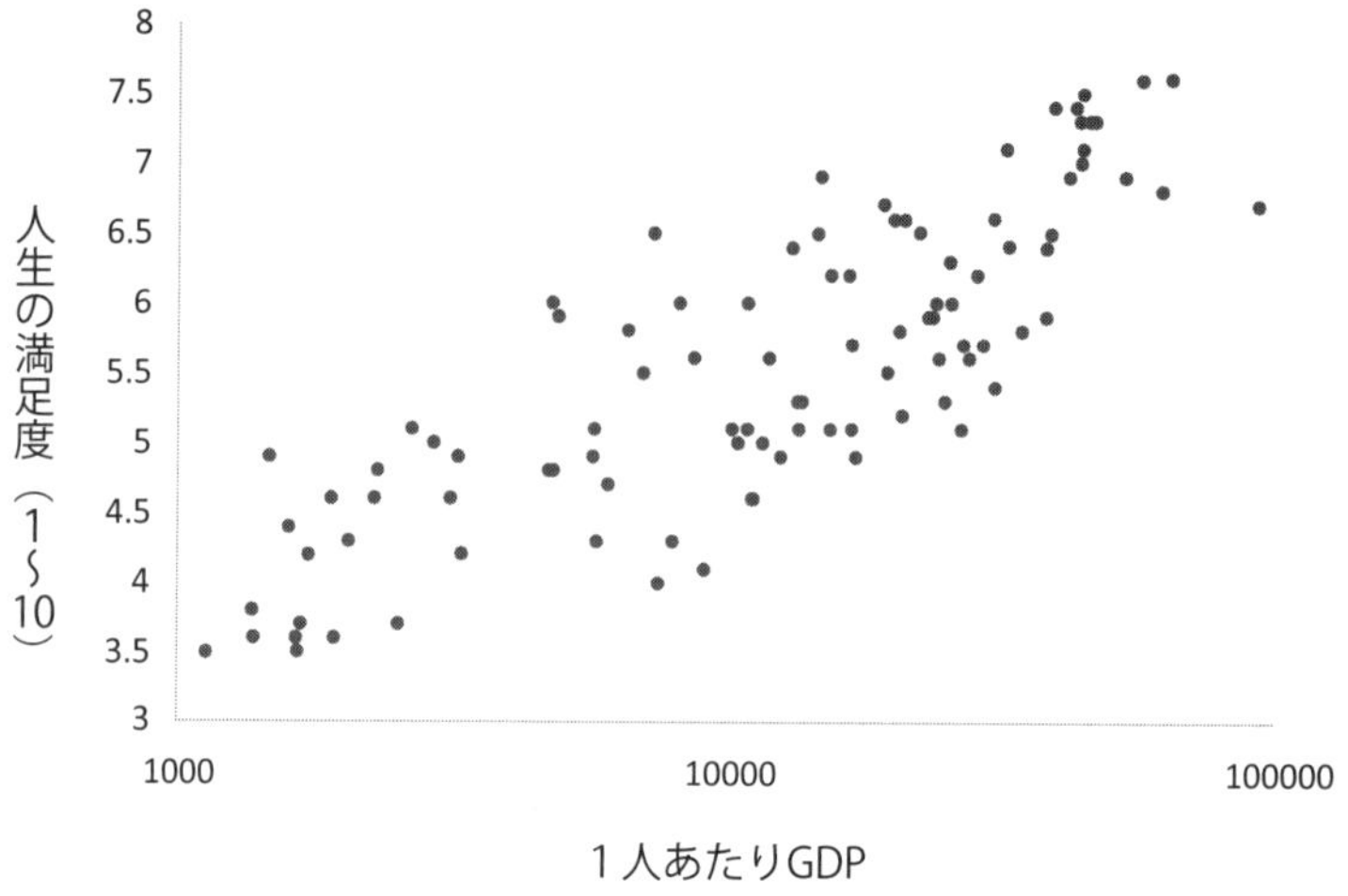

個人主義が人生の歓《よろこ》びを枯渇させるという発想の正反対だというのは実に興味ぶかいことだ。

データを見ると、個人の平均的な幸福感は所得と共に高まり、ある人口群の平均的な幸福度はその国の1人あたりGDPにあわせて上がるし、この水準はどちらも平均してみると、人や国が豊かになるにつれて、だんだん高まる。西欧、北米、オーストラリアとニュージーランドでは、人々は最も高い幸福水準を報告している。アフリカ、南アジア、中東では最低水準だ。この相関は明確ながら完璧ではない。南米諸国は繁栄水準から予測されるよりも幸福だし、旧共産圏はそれよりも不幸だ。[35]

ルート・フェーンホーフェンは研究の現状についてこうまとめる。「社会が個人化すれば、それだけ市民も幸福になる」。そして世界価値観調査という研究プロジェクトは、幸福増大の背後にある最も重要な要因は「世界的な経済成長、広範な民主化、多様性への寛容さ、自由の感覚増大」だと述べる。イギリスの経済学者リチャード・レイヤードは、幸福の危機について本1冊丸ごとかけて述べたが、それでも最後に「西洋にいる我々はおそらくこれまでのどの社会よりも幸せだろう」と認めている。[37]

人々が自分の生活にこれほど満足していると述べること自体、多くの人には驚きだ。イギリス人は、自分がとても／まあまあ幸せだと思っているイギリス人の比率はたった47％だと思っているが、自分のことを訊かれると、92％は自分はとても／まあまあ幸せだと答える。結果は、この質問をした32か国すべてで同じだった。人は外から見ると、本人が内面で感じているよりも落ちこんで見えるのだ。しかもその過少評価ぶりはかなりの水準だ。カナダ人やノルウェー人は、同朋たちについて最も楽観的で、自国民の60％は幸福だと思っていると推測した。これは実は、最も幸福度の低い国ハンガリーが自認する幸福度（69％）すら下回る水準なのだ。[38]

インテリは他人の幸せを過小評価しがち

このため、データに頼らずに人の厚生についてあれこれ考察するのは、とんでもなく危う

人は他人の幸福を過小評価しがち[40]

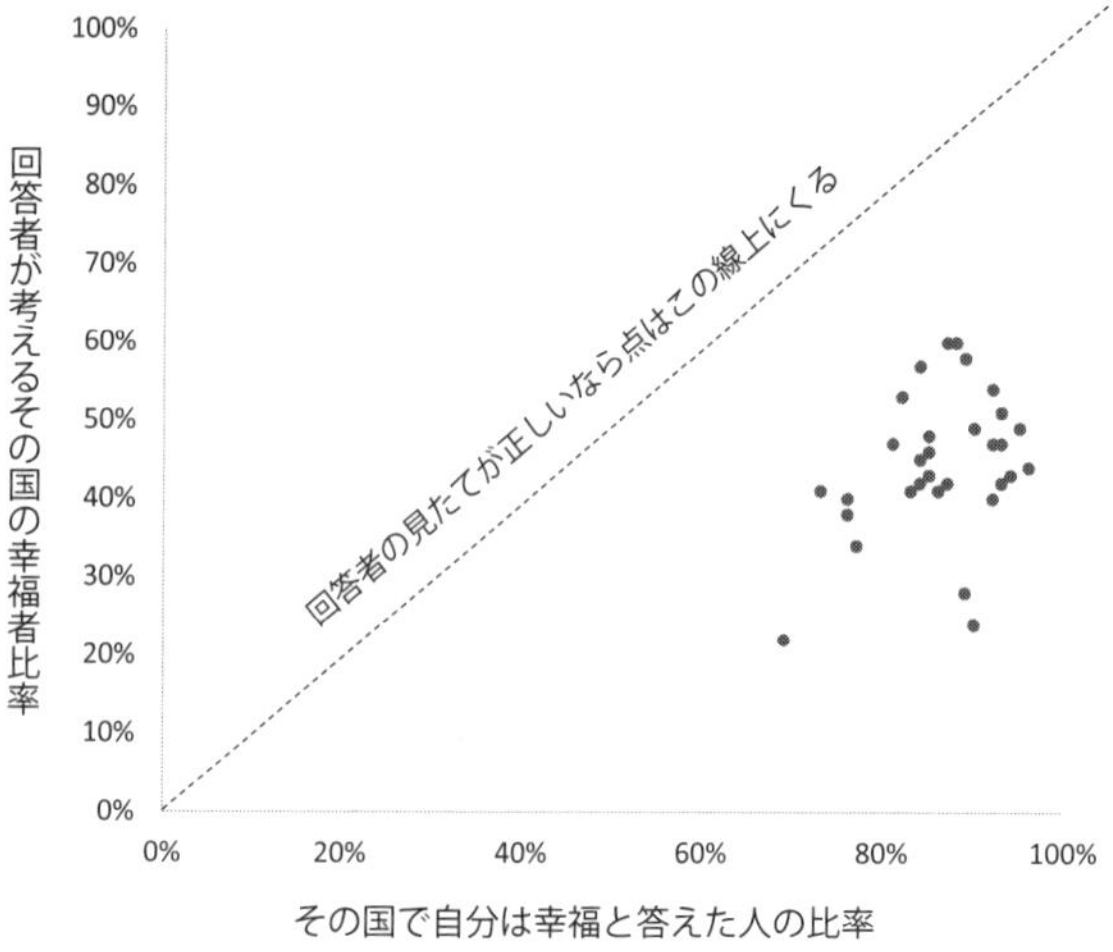

いことになる――特に知識人はなおさらだ。知識人は、他の人々よりも不安と神経症に苦しむことが多いからだ（これは多くの調査で示されている）[39]。おかげで知識人は前進し、創作し、著述し、公的に議論を行う。だが一方でこのために、彼らはますます他人の幸福を過小評価するようになる。特に彼らは、一体なぜ他の人々がつまらない日常生活だの知的でない職業だの、「タコス火曜日」だので幸せになれるのか、本当に理解できないのだ。

またこのために知識人は、こうした問題の原因を社会構造だの野卑な資本主義だのに求めたがるようになる。18世紀スコットランドの哲学者デヴィッド・ヒュームは親友ルソーについて、あいつはたまたま不幸なだけなのに、それを自分の憂うつ傾向ではなく社会のせいにしたがるのだ、と述べた。[41]

中から見ると、資本主義はほとんどの知識人が思っているほど陰気ではない。

幸福研究を始めたときには活発なオランダ社会民主党員だったフェーンホーフェンは、当初は政府の再分配と気前のいい社会支出が国民の福祉に貢献すると信じていた。デンマーク、フィンランド、スウェーデンなどが幸福度の高い国ランキングのてっぺんに多いと、そう思ってしまうのも無理はない。だがもっと統計を集めるにつれて、他の豊かな小民主国、たとえばアイスランド、スイス、ニュージーランドなどが、そこまで福祉国家ではないのに、やはり上位を占めていることに気がついた。アイルランド、オランダ、オーストラリアは、社会支出のGDP比で見るとベルギーやイタリア、フランスの半分くらいなのに、幸福度はずっと高い。政府による再分配は、国民厚生の平等な分配にすら成功していないのだ。いまやフェーンホーフェンはこう述べる。「幸福度は福祉国家で高いわけではない。私はまったくまちがっていました」[42]

フェーンホーフェンを驚かせた別の結論は、所得格差は国の幸福感を減らさないということだ。「所得格差は資本主義社会の副産物であり、資本主義社会は幸福にきわめてプラスの影響を与えるから、相対的に貧しくなるマイナス効果を相殺して余りあるんです」。これは各方面であまり歓迎されない結論だ。「同僚たちは渋い顔をしました。社会学部では、格差がでかいビジネスなんです。それでキャリアを丸ごと築いた人も多い」[43]

経済的自由と主観的な幸福との間には強い相関がある。そして――ほとんどの人の期待とは逆に――低所得者ほどその関係が強い。研究者たちは、社会経済状況の厳しい人々にとって、自由市場が自立性と選択の自由をもたらすおかげではないかと睨《にら》んでいる。「高所得者にとって、この効果はあまり重要ではありません。所得があれば、すでに選択の自由は高いからです[44]」

批判者たちは、人々は資本主義社会では守ってくれるものがなく恐いと感じるべきだと言う。だが彼らがいくらそう言っても実際の人々は、資本主義社会では自分の人生の手綱を握っている実感が持てる、ときっぱりと述べる。少なくとも他の体制と比べればそれは強い。

こうしたすべては別に、批判者が個人主義の資本主義社会における人生と同一視する問題が存在しないということではない。ただ、同じ問題は非資本主義社会だとさらにひどいようだ、ということだ。

競争はつらいかもしれないが、リソースや地位をめぐる競争は、それが需要と供給ではなく政治的に分配されるからといって消えるわけではない。それどころか、資本主義では相互に利益のある機会をみんな探すが、トップの分配にもとづく経済では、他の集団を脅威と見なすようになってくる。向こうが何かを得たら、その分だけこちらの得るものは減るからだ。

共産主義崩壊から30年以上もたったのに、それがコミュニティや社会的信頼に与えた破壊的な影響はまだ完全に消えてはいない、というのはなかなか雄弁だ。他の国とのギャップは縮まってはいるが、低信頼と孤独と厚生の低さが顕著なのは、やはりポスト共産主義国なのだ。

地位をめぐる争いも、熾烈さが劣るわけではない。競争する分野が少ないからだ。人々が

経済的自由と幸福[45]

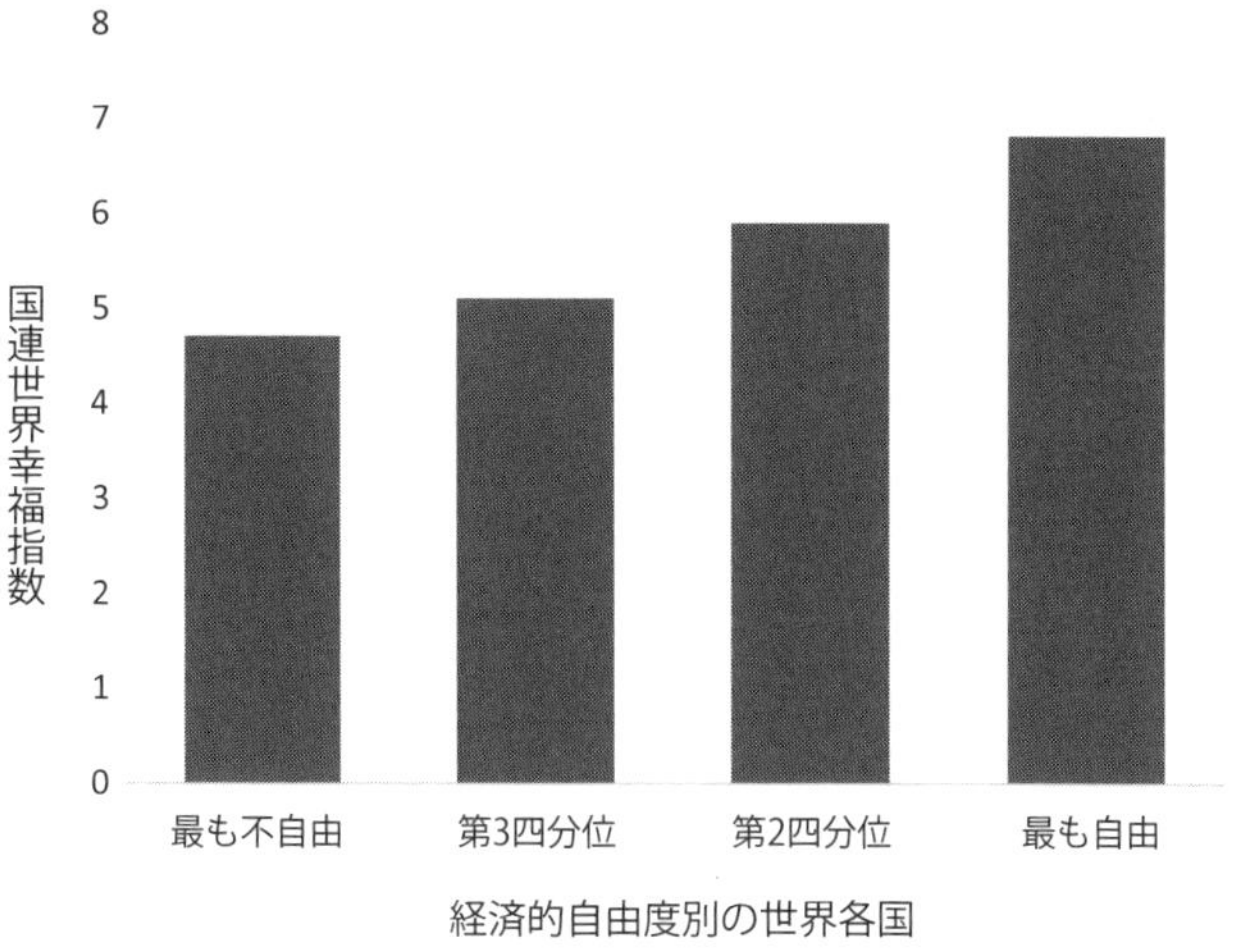

アイデンティティを発達させて承認を求める方法がいろいろあるなら、真の道が1つしかない集産主義社会よりも、多くの人が自分なりの道を見つける可能性も増える。

これは消費についてさえ言えるかもしれない。哲学者スティーブン・クォーツと政治学者アネット・アスプは、多様性と選択の自由のおかげで、格差増大にもかかわらず不幸は高まっていないのかもしれない、と考えている——本当ならもっと不幸になってもいいはずなのだ。「結果として、かつては階層的でゼロサムだった社会的地位は、もっと断片化し、複数的で主観的になった。相対所得と相対地位の関係は、かつてはがっちり決まっていたのが、いまやずっと複雑になった[46]」

もっと貧しい社会では、消費はしばしば繁栄のハシゴをどれだけ上ったかをひけらかすための手段でもあった。だからこそ、逆説的ながら、貧困社会こそまさに高価だというだけで求められる純粋なラグジュアリー製品の消費割合がきわめて高いのだ。

そういう消費は、もちろん豊かで個人主義的な社会でも見られる。だがそこでの消費はますます、個性の表現になる。人々はもはや、自動的に最も高い商品をほしがったりはしない。自分の嗜好にあったものを求め、アイデンティティを示すものをほしがる。ポルシェを夢見る人もいるが、テスラでエコなアイデンティティを示そうとする人もいる。別の人は、安く快適な車のほうがいい。彼らの地位は車選びでステータスなど気にしないことにあるのだ。そして4人目は、自転車と公共交通でどこにでも行けるのに、車を持つこと自体が卑《いや》しいよね、と嬉しそうに語る。そしてその全員が、所得と嗜好はまったくちがっても、満足感は同じくらいだったりする。

成長経済は私たちを真の意味で「自由」にする

経済的自由で最も重要なのは「経済的」ではなく「自由」のほうだ。人はみんな、ちがったニーズを持つちがった存在だし、自分が楽しい人間関係、コミュニティ、仕事、消費を見つける可能性は、選択の自由があれば高まる。みんながみんな、働きづめで物質的な報酬をめざしてシャカリキになるわけではないし、オープンな社会の利点の1つは、別にそんな道を選ばなくてもいいということだ。パンデミックの前ですら、近年の西側世界でのアンケート調査を見ると、労働者の20％から50％は給料が低くても楽な仕事を選んでいるし、労働時間を減らし、昇進を断り、家族に専念したり日常生活を楽にしたり、ストレスのない生活でくつろぐために落ち着いた地域に引っ越ししたりしていた。[47]

絶え間ない競争がいやなら、離脱できる――ただしそれは、生産性の高い成長経済に暮らしていて、離脱しても個人的経済に悲惨な結果が出ない場合に限られる。

資本主義はまさにそれを可能にするし、だからこそ一般的な労働者の平均労働時間は過去150年で半減したのだ。1870年に、イギリス人は1月から8月までだけで、いまのイギリス人が通年で働くよりも多くの時間働いていた。[48] 加えて、人生で仕事に就く時期も遅くなり、引退後の人生もはるかに長くなっている。

だからこそ、みなさんはそこにすわって、各種の政治経済システムの有効性や、それが人間の厚生にとって持つ意味について、読んだり考えたりできるのだ。そんな暇つぶしは、かつては大量の使用人と大量の暇をかかえた少数のエリートか、綿で一財産築いた一家の気前のいい友人を持った人物にしか許されないものだった――たとえばカール・マルクスのようなね。

おわりに：本書のまとめと、みなさんへのお願い

カール・マルクスとフリードリッヒ・エンゲルスに私の立場をまとめてもらおう。大規模ですさまじい進歩は、歴史的に見て目新しいものだ。支配階級は常に支配と安定にばかり関心があるが、これは生産とイノベーションを促進するどころか、それを阻害した。この階級は下から爆破しなければならなかった――そしてそれを成しとげたのは、資本主義だった。

1848年頃には、この共産主義の父祖2人は、当時まだきわめて若かった市場経済が「それまでの世代をすべてあわせたよりもずっと巨大で比類なき生産力をつくり出した」と書いた。ものの数十年で、私たちは工業主義、化学産業、電化、世界運輸、通信技術を手に入れた。「これまでのどの世紀においても、これほどの生産的な力が社会的労働の可能性として存在するなどとは、だれ1人予感したことさえなかった」[2]

自由市場を独特なものにしているのは、それが生産条件の絶え間ない革命を可能にし、それを前提にしたことだった。みんながもっといいものを自由に試せるなら、古い企業も同じことをしないと破綻する。こうした自由がますます多くの人々に広がると、それまで圧政というダムによりせき止められていた創造性とイノベーションの波が一気に押しよせて、世界を永遠に変えてしまったのだった。

マルクスとエンゲルスが予測し損ねたこと

マルクスとエンゲルスが予測し損ねたのは、資本主義がこの繁栄を国の中にも外にも広げるということだった。もっと多くの生産的な企業が、労働者にもっとよい職を提供し、財やサービスの価格を引き下げていったのだ。2人にとって、変わりゆく事実を自分たちのモデルにあてはめるのは容易ではなかった。2人はこっそりと、世界はプロレタリア化するという予言や賃金の鉄則を消し去り、それが「とても複雑だ」という考えで置きかえた。

1865年の講演で、マルクスはイギリスの農場労働者の賃金はたった10年で40％上がったと述べた。1892年にエンゲルスは、イギリス労働者階級の悲惨を描いた半世紀前の記述に「彼らは1848年以前よりまちがいなく生活が改善された」という序文をつけざるを得なかった。[3]

それでも、自由市場が可能にする進歩のほとんどはまだ生じていなかった。マルクスとエンゲルスが今日生きていて、資本主義が当時からさらにどれほど多くのものを生み出したか見たらどうだっただろう。過去200年で極貧者の割合は、10人中9人だったのが、いまや10人中1人にも満たない。1800年には、地球住民で読み書きできるのはたった12％だった。今日では、読み書きできない人がそのくらいだ。世界の期待寿命は30年くらいだったのが70年超になり、幼児死亡率は90％ほど下がった。

驚いたことに私が『グローバル資本主義擁護論』を書いてからの20年が、最高の20年だった。あれほど戦争、不正、疫病があったのに、驚異的な時代を経験することになった。人間の厚生指数はどれもおおむね空前の改善を見せた。世界のニュース番組のトップニュースは、過去20年にわたり毎日「13万8000人が貧困から脱出しました」でもよかった。不景気や戦争やパンデミックがあってもそれが続いたのだ。そして、この改善はグローバル資本主義への統合を最も積極的に進めた国で最もスピーディだった。

この本では、その進歩の代償としてよい職が減ったり賃金が停滞したり、空前の格差が生じたりはしなかったことも示した。新たな超大金持ち階級や独占が私たちを食い物にするようなことも（おおむね）生じなかった。むしろ彼らのイノベーションや生産性は、重要な技術や財、サービスの拡散に貢献し、空前の平等をもたらしたと論じた。そして、こうした結果を実現するために、環境や厚生を犠牲にする必要もないという研究も挙げた。それどころか、環境的な影響を減らす意思とリソースがあるのは主に豊かな市場経済だし――自己申告の幸福データには慎重になるべきだとはいえ――人々が最も人生に満足しているのは、驚いたことに豊かな個人主義の資本主義諸国なのだ。

資本主義は常に美しいわけではないけれど

だがすべてが楽観論のご託（かつて私はそう決めつけられた）ではない。縁故資本主義の深刻な問題があり、これは大企業優遇の規制、職業免許制、インサイダーを保護する建築規制、経済に損害を与える移民制限、競争力がある（つまり支援などいらない）企業や、競争力のない（つまり経済の足を引っ張る）企業に対する大量の補助金、税制優遇、関税保護という形であらわれる。私たちはいまや金融市場をメンタルヘルスと同じように扱っているのではないか。常に最高の状態でなくてはならず、決して悲しみを感じてはならず、悲しくなったら中央銀行は、ますます抗うつ剤の処方量を増やすことで対応しなければならない、というものだ。ここには、醜い格差の源があり、これはまた資産価格を実にバカげた形で押し上げるので、その転落は本来よりもはるかに痛々しいものとなるだろう。

また労働を処罰して、多くの人を置き去りにする福祉システムも持っている。アメリカにおける絶望死の数は、残酷な警鐘だ。ますます多くの人が労働市場を離れるのを許すという金銭的な費用なら負担できるかもしれないが、人的費用は絶対に容認できない。加えて、多くの環境劣化が高まっている。気候変動は、人々すべての計画を不愉快な形で邪魔しかねない条件を揃えている。

こうした分野すべてで、建設的な自由市場支持者――そして他のみんな――には唖然《あぜん》とするようなやるべきことの一覧がある。だがそうした問題すべてを解決したとしても、資本主義は常に美しいとは限らない。人間が常に美しくはないからだし、私たちのユートピアですらトレードオフにより創られているのだ。

富と新しい雇用を絶えず生み続ける創造的破壊は、古い富や雇用を失う人々には被害をもたらす。消費者が生産を左右すると、まちがいなく違法だったり、不道徳だったり、肥満になったり、中毒を起こしたり、卑猥だったり、不可能だったりすることをいろいろ要求するだろう。そして事業所有者たちは、何のためらいもなくその要求に応え、汚い金を稼ぎ、バカげた車を買うだろう。腹の立つことだが、これをやる連中の相当部分は、おそらくかつての同級生で、算数もわからず古典文学も気にかけない連中だったりする。

資本主義は、能力報酬制だと言って擁護する人もいるが、残念ながらそれはちがう。成功した人が必ずしもそれに値したわけではない。失敗しても、それが当然だったということではない。市場は、最高の最も賢い頑張り屋を豊かにする能力主義ではないのだ。精一杯苦闘したのに、それでも成功できなかった人もいる——市場は地雷原で、どこに地雷があるかわからないのを思い出そう。そして深い考えもなしに製品を出したら、たまたまベストセラーになってしまった人もいるだろう。

市場は価値観、才能、努力に報いてくれるわけではない。唯一、できるだけ少ない費用で他人のために価値をつくると報いてくれるだけだ。偉大なる古典的リベラル派経済学者スティーブン・ホロウィッツは「ロクデナシでも他人の生活をずっとよくすることはできる」

と指摘している。彼自身は、後者をたくさん実現しつつ、前者であったことは決してない。

私に言わせれば、**この自発的関係に対するこだわりこそが、自由市場を他のあらゆる仕組みに比べて道徳的に優れたものにしている。そしてそれこそが、富を生産するその驚異的な能力の背後にあるものだ。あらゆる人に、他人のために価値をつくり出す新たな方法を見つけ出そうと絶えず試してみる強力な動機を与えてくれるからだ。**

だがそれは、なかなか受け容れにくい多くの結果ももたらす。どんなに頑張っても、他人がもっといいものを考案したからというだけで失業する人はいる。ある人は、たまたま需要がやってきたところにいい場所にいたからというだけで儲けている。お気に入りのプロジェクトや大好きな店は潰れ、まったくろくでもないチェーン店が野火のように広がる。

だが絶えずもっと賢いプロセスや新しい仕事をつくり出してみんなの機会を拡大したいなら、古い陳腐なものは処分しなくてはならない。もっと汚い金持ちどもを増やさねば——そして倒産も。

それでも資本主義は世界を改善している

新しく予想外のものを創るのに、万人の知識や創造性を使えるなら、何が成功してだれがその報酬を得るべきか事前にはわからないことになる。結果は決して予想できない。オープンな社会は何も保証しない。中央集権体制はいろいろ保証してくれる――実現するかはわからないが。こうしたオープン性と予想不可能性を抱えて生きるのは、必ずしも楽しいとは限らない。

こうした問題や欠点だけで、多くの人は尻ごみして、他の体制を夢見てしまう。いくらなんでももっと別の世界が可能なはずじゃないか。自発的な相互作用よりもよい結果をもたらし、欠点を持たないような、何か手短なやり方を見つけようという、絶え間ない誘惑がそこに生じる。保護主義で実験しようかとか、未来に投資できたはずのリソースを再分配しようか、あるいはすべてを解決してあげますと約束する最新のポピュリスト指導者に惚れこむ、といった人もいる。

ときには、グローバル資本主義時代における世界の突出した進歩ぶりの証拠を示すと、こんな反応が出てくる。はいはい、それは結構――だれもそれには反対してませんよ――でもそれに甘んじなくていいでしょうに。もっと改善したらどうですか?

はいはい、私もそれに賛成だ。別に十分だとは言っていない。誇るべきだが安住してはいけない。私たちは何が実際にうまくいくかを理解しはじめた。そしてこれは人類史上で珍しいことなのだ。それを当然のことと思ってはいけない。それが生き延びて広がるようにしなくてはならない。まさにこれまで見てきた進歩で自足してはいられないからだ。

ローマ皇帝の歌合戦

決してやってはいけないのは、それが自分の夢想ほど完璧ではないからといって全部投げ捨ててしまうことだ。絶えず経済と技術を変えつつある、ときに問題含みの創造的破壊なしては、私たちは停滞し、将来不意打ちされたときの問題解決能力を失う。オープンな世界経済とグローバルサプライチェーンがないと、未来の発展を奪われ、何兆人もの人々に貧困脱出の道を閉ざすことになる。中国の産業政策を真似してサプライチェーンを自国に取り戻すという西側世界の新たな野心は、高くつく危険な実験だ。人間の相互作用と創造性という、ぎこちない困難な予測不可能性がなければ、何が得られるかはまちがいなくわかる。というのも、人類史の他の時期の大半では、それが私たちの与えられてきたものだったからだ。

この状況に関係する古い伝承がある。大衆を楽しませるべく、あるローマ皇帝は2人の歌手のどちらが優れているかを決めることに合意した。1人が歌いはじめたが、悪くなかった。というか、見事な歌いっぷりだった。観客は大興奮だった――これほど美しい歌はめったに聴いたことがなかったのだ。

だがそこで、その歌手がちょっと音程を外した。すると皇帝はすぐに立ち上がり、その歌を中断させ、歌合戦はおしまいだと宣言した。もう1人の歌手を壇上に呼び、そちらに賞を与えたのだ。最初の歌手がちょっとまちがいをしたから、2人目が勝ちに決まっている、というわけだ。

問題はもちろん、それが事実かどうかはまったくわからないということだ。欠点や失敗を見つけて、だから代替案であればそうした欠点を避けられて、しかも全体としてマシになると妄想するだけでは不十分なのだ。最初の歌手はまちがいをしたが、2人目はもっとまちがえるかもしれない。丸っきりの音痴かもしれない。最悪の場合、そいつは完全なイカレぽんちかもしれないのだ。

次の歌手が完全無欠だと思うかもしれない。最初の歌手がすべてのまちがいを避けつつ、他の問題を引き起こさない方法を知っていると思うかもしれない。それはおもしろそうな話だから、是非試してほしい。だが、勝者を選ぶ前に、必ず両方の歌を聴いてみよう。ローマ皇帝の過ちを犯してはならない。複雑で、予測不能の世界では、完璧を求めてはいけない。最高のものがほしいだけだ――そして、絶え間ない改善の約束もほしい。

そして、オープンな社会と自由市場の重要性をすでに確信しているみなさんへ。それを当たり前だと思ってはいけない。

拙著『OPEN』（NewsPicksパブリッシング）で示したように、オープン性と進歩の歴史的な黄金時代の多くは、専制主義の揺り戻しにより灰燼《かいじん》に帰した。[4] 資本主義は人類がこれまで体験した中で最大の社会経済進歩をもたらしたが、何百万人もの人々はそれに対して、歌を聴いてもいない次の歌手のほうがいいといって、それを拒絶した。自由市場が広範な人々に対し、理論的なアイデアと政治的議論を行うだけのリソースと余暇を初めて提供した。それなのに、決してわずかとはいえないほど大がかりに、私たちはそれを使って、市場経済を不公正で魂を破壊するものとして拒絶しようとしてきた。

創意工夫に富む、頑張り屋たちは、私たちがどれほど泣き言を言っても、日夜を問わずイノベーションと成長を提供し続けようと苦闘し続ける。彼らは、こちらがだれか知らなくても、あなたのコーヒーを注ぎ続ける。

だが彼らがそれを続ける自由を守るのは、ひとりでに起こることではない。もし彼らの貢献に感謝するのであれば、自分のためにも彼らを守ろう。グローバル資本主義は、仲間と支持者と教育者を必要としているのだ。

あなただって、自由と進歩に貢献できる。私たち、世界の資本主義支持者たちは、自分たちを縛る鎖、関税障壁、建築規制、税金によるピンはね以外に失うものは何もない。私たちには、勝ち取るべき世界があるのだ。

訳者解説

本書はJohan Norberg, *The Capitalist Manifesto*（2023）の全訳である。翻訳には原著出版社から提供されたPDFゲラを使い、正誤表を反映させた。読みやすさを考慮し、編集部で小見出し・改行を適宜追加した。また、各章冒頭にあった著名人の引用は、日本人にはなじみの薄い論者も多かったこともあり、各章の巻末注冒頭に移動させてある。

著者について

著者ヨハン・ノルベリは、1973年生まれのスウェーデンの作家・歴史家だ。すでに『進歩：人類の未来が明るい10の理由』（晶文社）、『OPEN：「開く」ことができる人・組織・国家だけが生き残る』（NewsPicksパブリッシング）の2冊が拙訳で邦訳されており、ご存じの方も多いだろう。2000年頃から、各種の反グローバリズム運動に対する批判を開始し、それをまとめて『グローバル資本主義擁護論』（*In Defense of Global Capitalism*, 2001、未邦訳）として発表した。本書は、20年たってその『グローバル資本主義擁護論』をアップデートした本とでも言おうか。

基本的な立場は、かれが古典的リベラリズムと呼ぶものだ。経済的な自由主義の立場にたち、非常に明解な主張を展開している。スウェーデンのリベラル系シンクタンクであるティンブロに所属し、その後2007年からはアメリカの保守派シンクタンクとして知られるケイトー研究所でシニアフェローを務めている。

本書の主張：小さな政府と規制緩和

『グローバル資本主義擁護論』は、本当にそのタイトル通りの内容だ。そしてそのアップデート版たる本書も、基本的な主張はまったく変わっていない。資本主義はこれまですばらしい成果をあげてきた。グローバル化することで、その威力はさらに高まった。しかもそれは、先進国が途上国を搾取とか、金持ちが貧乏人を足蹴《あしげ》にしてとかいった、不均衡な発展ではない。格差はあるけれど数十年単位で見れば、みんなよくなっている。それは、常に自由と競争とそれによる技術革新が起こり、それが生産性を激増させたおかげだ、というのが著者の基本的な主張だ。

そしてそれを潰すようなものはすべてダメだ。前著は左派の反グローバリズム運動に対する批判として書かれたけれど、いまや右派がナショナリズムと国内雇用保護を唱えるようになっている。そのどちらもおかしい、と本書は述べる。グローバリズムは万人にとって有益なのだ。社会主義・共産主義など論外。聡明な独裁者が一時はよく見えることもあるけれど、必ず堕落する。なんでも規制し、既得権益を保護するのもダメ。中央銀行がやたらにお金を刷って、ダメな銀行や企業を支援して延命させるのも新陳代謝の勢いを削《そ》ぐ許しがたい行為。せっかく新しい手法や技術を生み出し活用してくれる起業家たちを、許認可の山で潰し、さらに儲けたら重税をかけるなどというのも、人類全体の進歩を阻害する活動なのだ。

そしてこの基本的な考え方をもとに、著者は様々なグローバル資本主義への反対論に反論してみせる。たとえば……

資本主義で世界はいまや崩壊寸前の最悪な状態！　↓いや、豊かさでも食事でも寿命でも教育でも、あらゆる面で現在は最高なのよ。ほんの数世紀前は世界のほとんどは餓死寸前だったんだよ！　いまみんながこんな本読める／読んでられるのも資本主義のおかげなんだよ！

アフリカは搾取されて貧しいまま！　↓アフリカでも、モーリタニアやボツワナをごらん！　経済自由化して大発展を実現している。他国は支配階層が植民地時代の仕組みを温存して発展の余地を与えないから貧しいだけ！

経済成長だけではダメだ！　↓でもだからといって経済成長なしでいいわけじゃない。経済成長は貧困層にも選択と自由と活力をもたらす！　財産権を確立し、それを万人に平等に提供して規制で縛らないことが重要だ！

コロナや戦争などの危機が起こる！　↓そういうときも、自由主義が最善。事業者が自由に調達し、生産ラインを自由に調節できることで対応力が高まる。コロナ初期にほめそやされた独裁政権は、その後の対応でボロボロになった。

グローバル化では常に敗者が出る！　↓でもその敗者が常に変わる。かつては途上国が搾取されているといって問題視されたが、いまや先進国が中国製品の圧力で職を失っていると言われる。その敗者がすぐに立ち直れる自由度が重要。アメリカの福祉や既得権益を守る参入障壁はむしろそれを阻害している。

トップ1%がすべてを独占しているだけだ！ ↓トップ１％もみんなの１００倍生きられるわけじゃない。その他みんなの生活向上に比べたら、かれらの実質的な優位性は大したことない。それにその１％に含まれる起業家や経営者はかなりの富を作り出している。もっと評価してあげよう！

資本主義なんて人間を疎外し孤独に追いやり不幸にするだけ！ ↓いや調べてみると、資本主義のほうがみんなやりたいことができるので、幸せだし孤独でもないようですよ？ 資本主義こそ幸福をもたらすみたいですよ？

そしてこうした基本的な論点に加え、本書は最近のはやりの通俗議論も採り上げる。孤独死やブルシット・ジョブは？ ハイテク独占は？ ＳＮＳのデータ資本主義は？ こうしたハイテクの暴走を見れば、いまや自由競争の優位は否定され、政府が主導したアポロ計画やインターネットなど、政府が方向性を決めるミッション指向経済こそがいまやトレンド！中国の台頭を見てもそれはわかる！ さらに資本主義が環境破壊をもたらす！

こうしたすべてについて、著者はきちんとしたデータをもとに反論する。ブルシットジョブは議論自体が怪しげ。ハイテク独占も短期間で入れ替わっている（本書出版後の動きとして、不滅と思われたＧＡＦＡも、プラットフォーム自体の政治化と商業化で人気を失墜させ、さらにＡＩの台頭で揺らぎが見えている)。ミッション指向も、そんなに成功例はない。むしろ大失敗の連続で、それが有望だなどと言える根拠は何一つない。中国も締め付けが厳しくなって今後の成長は危ういようだし、環境問題も競争原理で様々なやり方を試した方が有効に対応できそうだし、そのためには資本主義の手法を使うのが最善では？

議論それぞれは非常に明快。裏付けとなる資料やデータも示されている。そしてそれぞれの反資本主義の議論にまつわる左派（そして一部右派）の妄言もおもしろおかしく紹介されていて楽しい。結論に必ずしも賛成しなくても、著者の主張が決して単なるイデオロギー主導のスローガン連呼ではなく、少なくとも一分の理はあることはわかるはずだ。

古典的リベラリズムとは

こうした自分の立場を、著者が古典的リベラリズムと呼んでいることはすでに述べた通り。が、この「リベラル／リベラリズム」という言葉も最近は非常にわかりにくくなっている。

一部の界隈ではリベラル派というのは、一部の左派イデオロギーの旗印だ。そしてこのためそれが、意識の高い各種の旗印、つまり環境問題だのジェンダーイデオロギーや何がなんでも人種差別のレイシズムといいつのる人々、さらに経済的には無知な社会主義のできそこないをありがたがる主張に貼られる、嘲笑的なレッテルと化している面もある。そしてそうした「リベラル派」は、往々にして自分たちの考える特定の部門や集団だけの権益拡張を教条的に重視し、そのために各種規制で他の人々の権利や自由を制限するのが正当化されると考える。さらに社会主義的な考え方から、儲けている連中はすべて不正利得を得ているにちがいないので、とにかく規制をかけたり接収したりすべきだと論じることも多い。リベラルを奉じるはずの人々が、大きな政府と各種の強権的な規制を要求するという、奇妙な構図ができあがっている。

その一方で、リベラルとはそのまま訳せば自由主義でもある。自由主義、さらに新自由主義／ネオリベラリズムというと、何やら右派に貼るレッテルとなっている。その主張は既得権益者や大企業の横行を抑えるはずの各種規制をすべて廃し、富裕層への課税を引き下げて社会福祉も減らすなど、政府介入を一切拒むという話になるのだが、これは往々にして既得権益者と強者の横暴を見すごせという主張に成りはてていることが多い。このため、これは(本書でレーガン／サッチャーへの不当な悪口として指摘されているように)、しばしば右派富裕層の我田引水イデオロギーとされ、このため左派の一部にとってはネオリベとか新自由主義とか言うだけで、何やら究極の悪口となっている。

このように、右派もリベラル、左派もリベラル、それも良い意味かもしれず悪口かもしれずというので、いまや収拾がつかなくなっている状態だ。ついでにそうした自由主義をさらに先へ進め、とにかくあらゆる規制をひたすら緩和すればいい、完全な自由放任、政府なんかなくてもいいというリバタリアニズムなどというのも出てくる。そしてこれまたアメリカなどでは、自宅に迫撃砲だの対戦車砲だの核ミサイルだのを備えて政府やゾンビや核戦争から自衛するとかいう、極端なサバイバリストとつながったりするので、話はますますわけがわからなくなってくる。

が、もちろん著者の言う古典的リベラリズムとは、こうした得体の知れない話ではない。というか、こうした混乱と区別するために、著者は敢えて「古典的」という説明をつけている。

ここでのリベラリズムは、保守主義に対立する概念ではある。そして本書が念頭においているリベラリズムを唱えたジョン・ロックやアダム・スミスなどの17世紀において、保守派とはつまり守旧派だ。当時は、あらゆる面で規制が満ちていた。教会による思想や学問面での規制、封建主義の階級制度による人的な規制、国内産業の既得権益者を保護するためのギルドといった参入規制や市場規制、さらには高い貿易関税を支持する立場だった。

これに対するリベラリズムは、こうした各種規制を大幅に減らそうとするものだ。あらゆる人は平等だ。様々な思想も学問も、自由に展開してかまわない。仕事も自由に選べる。新しい工夫を自由に商品化して世に問える。法律や税金も規制も、王様や既得権益者や国家が勝手に設けてはいけない。それなりの手順を踏まないといけない。そしてそれがさらなる発展をもたらすのだ。こうした各種の人権思想や社会人間観にもとづく、新しい社会像——それはアダム・スミスのように、市場を通じた経済社会のある程度の自律性に対する信頼も含まれる——が、その古典的リベラリズムだ。

これはスティーブン・ピンカーなどが復活を唱える「啓蒙思想」というのと同じ考え方だ。

そしてそれが、18世紀以降に科学の発展につながり、産業革命をもたらし、いまなお世界全体のすさまじい発展をもたらし続けているのは、否定しようがない。

必要な規制もある……

そしてこの立場は、別にあらゆる規制がダメというものではないことに注意しよう。なんでもかんでも規制はダメだ。が、すべてをあるがままに任せよとも言っていない。むしろ国家及び個人による恣意的な規制や横暴に対して規制を設けることで自由を維持する立場、とでも言えるだろうか。

本書でも著者の立場は、自由放任の小さな政府を重視するもので、経済学のいわゆるオーストリア学派的なものだ（かれはハイエクをとても高く評価している）。しかし本書の議論は決して、自由放任を野放図に賞賛するようなものにはなっていない。そしてそれが、ときにちょっとした齟齬《そご》をもたらしている。

たとえば、共産主義崩壊後のエリツィン時代のロシアは、とんでもない自由放任経済に陥った。だが自由放任は一部の市場万能論者が主張するような、自然の秩序をもたらしたかといえば、そんなことはない。ギャングたちがすべてを仕切るようになってしまい、プーチンもその力を利用しつつ権力を固めて、ろくでもない寡占専制経済ができあがってしまった。だが著者は、それは自由放任のせいではないと言う。きちんとした法治がなくて、そのため犯罪も取り締まられず、競争的な市場と独占への対応もなく、道路や港湾などのインフラもなかったから失敗した「だけ」である、と論じる。さて、この議論自体にはまったく同意するのだけれど……

犯罪をきちんと取り締まるだけの警察と司法を維持し、市場での競争を確保して独占を取り締まるだけの行政管理能力を持ち、さらに道路や港湾（もちろん電力も水道も通信も保健もあれもこれも……）のインフラを建設維持するだけの公的支出を維持し、となると、それだけでかなりの費用がかかるし、そのための課税も必要になるし、その市場競争維持のためには規制も必要になってくるのではないだろうか。

同様にロシアの現在の惨状は、プーチンが巨額の資源収益を身内やお友達にばらまき独占してしまい、国の発展に使わなかったからだ、と著者は論じる。だがその後では、資産分配や格差はどうでもいいのだ、と議論されている。ロシアではどうでもよくなかったようだが？　資産の分配や格差も、ある程度は意味を持つのではないか？

さらに最後の環境問題、特に二酸化炭素排出削減の話になると、資本主義は費用の自己負担が原則だ、だから政府が汚染者に費用負担させる規制を、炭素税に炭素関税を、と言い始める。これは絵に描いたような規制強化と増税と大きな政府を求める提案なのだが……

すると著者の主張は、なんでもかんでも市場任せの自由放任というものではないようだ。ある程度の規制はいる。公平性を確保するための国家介入もいる。インフラづくりも必要だし、明記はされないがそのための人材も保健も福祉もいるだろう。となると、大きな政府反対、規制緩和、減税というオーストリア学派の主張からはいささか遠ざかってしまっているようにも思える。政府も課税も必要だ……ただし「適切な範囲で」。さて世のほぼあらゆる人——ただしまともな社会経験があり、世の中がどういうふうに動くかわかっている人——は、ケインズ派だろうと新古典派だろうと（おそらくはオーストリア学派だろうと）、この主張自体にはまったく反対しないだろう。ただみんな、「適切な」というのがどの程度か、というところでもめているのだ。

市場と競争原理をもっと活用しよう！

すると本書の主張は、イデオロギー的にどう分類するかはさておき、内容的にはきわめて常識的なものということになる。現在の状況よりも、規制と政府介入を少し減らそう、というわけだ。資本主義を打倒せよとかグローバリストをブチ殺せとか、そういう極端な主張をしても何の役にもたたない。最終的には個人の創意工夫を信じ、なるべく競争原理を活用することで、経済や社会の活力を維持する——それが重要なことだ。市場が万能だと思う必要はない。しかし市場がかなり大きな力を持っているし、価格の持つ情報を通じて人々をまとめる能力を持っているのも事実だ。ここ数世紀にわたる人類の空前の発展は、まさにその力をうまく活用できるようになったおかげなのだ。

それを続けようじゃないか、と本書は述べる。

この大きな点については、この訳者も一切異論はない（細かい点では——特に金融政策！——異論はあるが、それはおいておく）。資本主義や市場の働きを疑問視してみせるのが知的にファッショナブルになっている面もあるし、その一方で市場万能論の多くはあまりに粗雑な代物に成りはてている。その中で、本書の力強いメッセージとバランス感覚は貴重なものだ。できるだけ多くの人が本書を読んで、人類がいまや手にしている強みと今後の発展につながる叡智を、改めて認識しなおしてくれることを願いたい。

つけ加えておくと、本書がきちんとデータに基づいて発言しているのも重要な点だ。ありがちな資本主義批判論や自由貿易批判論は、いつも単純化することで話を極端にして、不毛な対立をつくり出す。本書もそういう、単なるイデオロギー開陳の書だろうと思ってしまう人もいるだろう。だが、きちんとデータを見ることで、そうしたつまらないイデオロギー対立構造から進み出る契機が生まれるかもしれないのだ。

たとえば著者は、格差はあまり問題ではないと論じている。所得階層の間ではかなり移動があり、貧乏人もどんどん豊かになれるから、所得格差の開きはあまり問題ではないのだそうだ。これは、一部の人には違和感があるかもしれない。拙訳のトマ・ピケティ『21世紀の資本』(みすず書房)では、所得階層間の移動はきわめて少ないので格差が固定してしまっている、と述べられていた。それを読んでいる人は首を傾げるだろう。どっちかがウソを言っているのだろうか?

だがそのベースとなっている話を見れば、実は両者は同じものを見ているのだ。本書では、底辺層の35%もの人々がそこから脱出できているから、格差は固定されていないと述べる。一方ピケティは、類似のデータを使い、半分以上の人は最底辺を脱出できていないので、格差は固定されていると述べる。両者は同じものを見ている。ただ、その捉え方がちがうだけだ。さっきも言った、「適切な」というのがどの程度か、という話なのだ。そこが理解できてくると、イデオロギー的な対立でしか捉えられなかったものが、もう少し具体性と幅を持つようになる。その中で、歩み寄りの余地もできてくるはずだ。

読者のみなさんがそれを認識し、硬直した反資本主義や反グローバリズムに安住せず、これまでの人類の成功をどう継続させるか考えるきっかけになってくれれば、著者も報われるはずだ。

翻訳は特に苦労したところもなく、大きなミスはないとは思う。が、何かまちがいを発見された方は、是非訳者までご一報いただければ幸いだ。見つかったまちがいについては随時サポートページ https://cruel.org/books/norberg/capitalist/ で公開する。

２０２４年７月　ダカールにて

山形浩生（hiyori13@alum.mit.edu）

World, Twelve, 2008, p.16.
44. Hans Pitlik & Martin Rode, 'Free to choose? Economic freedom, relative income, and life control perceptions', *International Journal of Wellbeing*, vol.6, no.1, 2016. Kai Gehring, 'Who benefits from economic freedom? Unravelling the effect of economic freedom on subjective well-being', *World Development*, vol.50, 2013. Boris Nikolaev & Daniel L. Bennett, 'Economic freedom and emotional well-being', *Journal of Regional Analysis and Policy*, vol.47, no.1, September 2017.
45. James Gwartney, Robert Lawson, Joshua Hall & Ryan Murphy, *Economic Freedom of the World: 2022 annual report,* Fraser Institute, 2022.
46. Steven Quartz and Anette Asp, 'Unequal, Yet Happy,' *The New York Times,* 11 April 2015.
47. これについての最初の研究を見たのは Robert William Fogel, *The Escape From Hunger and Premature Death, 1700-2100: Europe, America, and the Third World*, Cambridge University Press, 2004 でのことだった。そこでは過去5年で48%が落ち着いたとされていた。
48. Charlie Giattino, Esteban Ortiz-Ospina & Max Roser, 'Working hours', Our World in Data, December 2020. また Andreas Bergh, 'Tre böcker av Roland Paulsen – en kritisk läsning', *Ekonomisk Debatt*, no.3, 2017 も参照。

おわりに：本書のまとめと、みなさんへのお願い

「それは人間の活動が何を実現できるかいち早く示してくれた[1]」
——マルクスとエンゲルス、資本主義について

1. Karl Marx & Friedrich Engels, *The Communist Manifesto*, Progress Publishers, 1948, chap.1.〔『共産党宣言』、大内兵衛・向坂逸郎訳、岩波文庫、1951年ほか〕
2. Ibid.
3. Karl Marx, 'Salary, price and profit', 1865. Friedrich Engels, Preface to the English edition', in *The Working Class Situation in England,* Progress Publishers, 1977.〔『イギリスにおける労働階級の状態』、山形浩生訳、プロジェクト杉田玄白、2015年 https://genpaku.org/engels01/workingclassj.pdf ほか〕
4. Johan Norberg, *Open: The Story of Human Progress*, Atlantic Books, 2020.〔『OPEN』、山形浩生・森本正史訳、山形浩生解説、NewsPicksパブリッシング、2022年〕

26. William English & Peter Jaworski, 'The introduction of paid plasma in Canada and the US has not decreased unpaid blood donations', SSRN, July 2020.
27. Shawn Rhoads, Devon Gunter, Rebecca M. Ryan, & Abigail Marsh, 'Global variation in subjective well-being predicts seven forms of altruism', *Psychological Science,* vol.32, no.8, 2021.
28. Joseph Henrich et al. '"Economic man" in cross-cultural perspective: Behavioral experiments in 15 small-scale societies', *Behavioral and Brain Sciences,* vol.28, no.6, 2005. Joseph Henrich et al, 'Markets, religion, community size, and the evolution of fairness and punishment', *Science,* vol.5972, no.327, 2010.
29. Joseph Henrich, *The Weirdest People in the World,* Allen Lane, 2020, chap.9.〔『WEIRD「現代人」の奇妙な心理』(上・下)、今西康子訳、白揚社、2023年〕
30. Friedrich Engels, *Outlines of a Critique of Political Economy,* Deutsch-Französische Jahrbücher, 1844.
31. Megan V. Teague, Virgil Henry Storr & Rosemarie Fike, 'Economic freedom and materialism: an empirical analysis', *Constitutional Political Economy,* vol.31, 2020.
32. Mingliang Yuan, Giuliana Spadaro, Shuxian Jin, Junhui Wu, Yu Kou, Paul A. M. Van Lange, and Daniel Balliet, 'Did cooperation among strangers decline in the United States? A cross-temporal meta-analysis of social dilemmas (1956–2017)', *Psychological Bulletin,* vol.148, no.3–4, 2022.
33. Ruut Venhoven インタビュー, 23 April 2007.
34. Daniel Kahneman, 'The sad tale of the aspiration treadmill', *Edge,* 2008.
35. Johan Norberg, *Den eviga matchen om lyckan, Natur och Kultur,* 2009. Esteban Ortiz-Ospina & Max Roser, *Happiness and life satisfaction,* Our World in Data, May 2017. この再評価の先駆となった重要な論文は Betsey Stevenson & Justin Wolfers, 'Economic growth and subjective wellbeing: Reassessing the Easterlin Paradox', *Brookings Papers on Economic Activity,* no.1, 2008. また Ruut Veenhoven & Floris Vergunst, 'The Easterlin illusion: Economic growth does go with greater happiness', EHERO working paper, no.1, 2013. Ed Diener, Louis Tay & Shigehiro Oishi, 'Rising income and the subjective well-being of nations', *Journal of Personality and Social Psychology,* vol.104, no.2, 2013 参照。
36. Ortiz-Ospina & Roser 2017.
37. Ruut Veenhoven, 'Quality of life in individualistic society: A comparison of 43 nations in the early 1990s', in M. J. DeJong & A. C. Zijderveld (eds), *The Gift of Society,* Enzo Press, 1997. Roland Inglehart et al, 'Development, freedom and rising happiness: A global perspective (1981–2007)', *Perspectives on Psychological Science,* vol.3, no.4, 2008. Richard Layard, *Happiness: Lessons From a New Science,* Allen Lane, 2005, p.235.
38. Bobby Duffy, *The Perils of Perception: Why We're Wrong About Nearly Everything,* Atlantic Books, 2018, chap.1. なぜこれが第5章で見た話と整合するのか? そこでは人々はソーシャルメディアで幸せそうな外面だけ見せて、不安はグーグル検索するとされていたが? いい質問だ。ひょっとすると私たちは、人々の信じがたいソーシャルメディアの投稿をあまりに信用しなさすぎるのだろうか?
39. Ortiz-Ospina & Roser 2017.
40. Daniel Nettle, *Happiness: The Science Behind Your Smile,* Oxford University Press, 2005, p.101.
41. David Edmonds & John Eidinow, *Rousseau's Dog: Two Great Thinkers at War in the Age of Enlightenment,* Harper Perennial 2007, p.131. その後間もなく、ヒュームとルソーは生涯の仇敵となった。
42. Ruut Veenhoven とのインタビュー, 23 April 2007.
43. Ibid. Eric Weiner, *The Geography of Bliss: One Grump's Search for the Happiest Places in the*

親切といった価値観を矮小化してしまっただけだ。最悪の場合には、そうした価値観をあっさり脇に押しやってしまうのだ[1]」

——ノリーナ・ハーツ（左派経済学者）

1. Noreena Hertz, *The Lonely Century: A Call to Reconnect,* Sceptre, 2021, p.228.〔『THE LONELY CENTURY なぜ私たちは「孤独」なのか』、藤原朝子訳、ダイヤモンド社、2021年〕
2. Patrick Deneen, *Why Liberalism Failed*, Yale University Press, 2019, p.16f.〔『リベラリズムはなぜ失敗したのか』、角敦子訳、原書房、2019年〕
3. George Monbiot, 'Neoliberalism – the ideology at the root of all our problems', *Guardian*, 15 April 2016.
4. Joel Halldorf, 'DN:s liberalism dog i Immanuelskyrkan', Dagen, 23 September 2019.
5. Hertz 2021, p.14.
6. Nina Björk, *Lyckliga i alla sina dagar*, Wahlström & Widstrand, 2012, pp.176f and 173.
7. Deneen 2019, pp.32ff.
8. John Locke, *Two Treatises of Government, Part II,* Cambridge University Press, 1988, § 77.〔『完訳 統治二論』、加藤節訳、岩波文庫、2010年ほか〕
9. Adam Smith, *The Theory of Moral Sentiments,* Liberty Fund, 1976, p.116.〔『道徳感情論』（上・下）、水田洋訳、岩波文庫、2003年ほか〕
10. Deneen 2019, p.185.
11. この議論をもっと展開したものとしては Nozick 1974, p.310 参照。
12. Henrik Höjer, 'Svensken är inte så ensam som vi tror', *Svenska Dagbladet,* 20 October 2019.
13. Birgitta Odén, 'Våld mot föräldrar i det gamla svenska samhället', i Ida Hydle, Overgrep mot eldre. Nordiska ministerrådet, 1994.
14. Gallup World Poll 2021, Max Roser が Twitter, 25 May 2021. https://twitter.com/MaxCRoser/status/1397213506802442243 で引用したデータ。
15. Federica Cocco, 'Are we ready for the approaching loneliness epidemic?', *Financial Times*, 24 November 2022. *How's Life? 2020: Measuring Well-being*, OECD, 2020.
16. Esteban Ortiz-Ospina, 'Is there a loneliness epidemic?', Our World in Data, 11 December 2019.
17. Ortiz-Ospina 2019. Christina Victor, Sasha Scambler, Sunil Shah, Derek Cook, Tess Harris, Elizabeth Rink & Stephen De Wilde, 'Has loneliness amongst older people increased? An investigation into variations between cohorts', *Aging & Society,* vol.22, no.5, September 2002
18. Henrik Höjer, 'Ensamheten minskar i Sverige', *Forskning & framsteg*, 13 April 2018.
19. Caspian Rehbinder, 'Ensamheten är mindre där friheten är större', *Smedjan,* 18 February 2020.
20. Hannah Ritchie, 'Global mental health: Five key insights which emerge from the data', Our World in Data, 16 May 2018.
21. Dirk Richter, Abbie Wall, Ashley Bruen & Richard Whittington, 'Is the global prevalence rate of adult mental illness increasing? Systematic review and meta-analysis', *Acta Psychiatrica Scandinavica*, vol.140, August 2019.
22. Mohsen Naghavi, 'Global, regional, and national burden of suicide mortality 1990 to 2016: Systematic analysis for the Global Burden of Disease Study 2016', *BMJ*, 2019.
23. Christian Rück, *Olyckliga i paradiset: Varför mår vi så dåligt när allt är så bra?*, Natur & Kultur, 2020.
24. Max Weber, *The Protestant Ethic and the Spirit of Capitalism*, Routledge, 2005, p.xxxi.〔『プロテスタンティズムの倫理と資本主義の精神』、大塚久雄訳、岩波文庫、1989年ほか〕
25. Björk 2012, p.99.

24. Hannah Ritchie, 'Where does the plastic in our oceans come from?', Our World in Data, 1 May 2021.
25. Wendling et al 2020, p.39.
26. Ibid.
27. Bishwa S. Koirala, Hui Li, Robert P. Berrens, 'Further investigation of Environmental Kuznets Curve studies using meta-analysis', *International Journal of Ecological Economics and Statistics*, no.S11, vol.22, 2011.
28. Thomas van Goethem & Jan Luiten van Zanden, 'Biodiversity trends in a historical perspective' *How Was Life? Volume II: New Perspectives on Well-Being and Global Inequality Since 1820,* OECD, 2021.
29. Hannah Ritchie, 'You want to reduce the carbon footprint of your food? Focus on what you eat, not whether your food is local', Our World in Data, 24 January 2020.
30. Vilma Sandström, Hugo Valin, Tamás Krisztin, Petr Havlík, Mario Herrero, Thomas Kastner, 'The role of trade in the greenhouse gas footprints of EU diets', *Global Food Security,* vol.19, 2018. Desrochers & Shimizu 2012, p.154.
31. 'Airfreight transport of fresh fruits and vegetables: A review of the environmental impact and policy options', International Trade Center, 2007. Martina Alig & Rolf Frischknecht, 'Life cycle assessment cut roses', *Treeze*, July 2018.
32. Hannah Ritchie & Max Roser, 'Air pollution', Our World in Data, January 2021.
33. Wendling et al 2020, p.47. また Amaryllis Mavragani, Ioannis Nikolaou & Konstantinos Tsagarakis 'Open economy, institutional quality, and environmental performance: A macroeconomic approach', *Sustainability,* vol.8, 2016 も参照。
34. IEA, *Energy Efficiency Indicators Statistics Report*, December 2020.
35. Max Roser, 'Why did renewables become so cheap so fast?', Our World in Data, 1 December 2020.
36. John Burn-Murdoch, 'Economics may take us to net zero all on its own', *Financial Times*, 23 September 2022.
37. Wendling et al 2020, p.129.
38. 'Economic growth no longer means higher carbon emissions', *The Economist*, 8 November 2022.
39. Jonas Grafström, 'Public policy failures related to China's wind power development', Ratio working paper, no.320, 2019.
40. さて、EU が関税や輸入枠を相手国の政策にかかわらず廃止すべきだと私が考えているのか、と思う人もいるだろう。いい点に気がついた。だがそれが私の理想的な解決策だ。別の理想的な解決策は、あらゆる国が炭素税を導入することだ。これは私の理想の話ではなく、不完全な世界で何が政治的に可能か、という話だ。この議論のもっと詳細版としては Svensson 2015, p.101ff および Fredrik Segerfeldt and Mattias Svensson, *Frihandel för nybörjare*, Timbro, 2019, chap.7 を参照。
41. IEA, 'Fossil Fuel Subsidies Database', www.iea.org/data-and-statistics/data-product/fossil-fuel-subsidies-database.

第 9 章　人生の意味と資本主義

「40 年にわたる新自由主義資本主義は、最良の場合でも連帯、コミュニティ、団結、

1. Intergovernmental Panel on Climate Change, 'IPCC second assessment climate change', 1995.
2. 国連気候行動サミット , New York, 23 September 2019 にて。
3. Daniel Gerszon Mahler, Nishant Yonzan, Christoph Lakner, R. Andres Castedana Aguiilar & Haoyu Wu, 'Updated estimates of the impact of COVID-19 on global poverty', World Bank Blog, 24 June 2021. FAO, IFAD, UNICEF, WFP & WHO, *The State of Food Security and Nutrition in the World 2021*, FAO 2021.
4. Norberg 2015.
5. Hannah Ritchie, Pablo Rosado & Max Roser, 'Natural disasters', Our World in Data, 2022.
6. Zeke Hausfather, 'Covid-19 could result in much larger CO2 drop in 2020', Breakthrough Institute, 30 April 2020.
7. Andrew McAfee, *More From Less*, 2019, p.67.〔『MORE from LESS』、小川敏子訳、日本経済新聞出版、2020 年〕また Marian L. Tupy & Gale L. Pooley, *Superabundance: The Story of Population Growth, Innovation and Human Flourishing on an Infinitely Bountiful Planet*, Cato Institute, 2022 も参照。
8. 'Air pollutant emissions data viewer (Gothenburg Protocol, LRTAP Convention) 1990–2019', European Environmental Agency, 11 August 2021.
9. Z. A. Wendling, J. W. Emerson, A. de Sherbinin, D. C. Esty, *The Environmental Performance Index 2020*, Yale Center for Environmental Law & Policy, 2020, p.69.
10. Ibid.
11. 'Household air pollution from solid fuels – level 4 risk', Institute for Health Metrics and Evaluation. www.healthdata.org/results/gbd_summaries/2019household-air-pollution-fromsolid-fuels-level-4-risk.
12. Claude Martin, *On the Edge: The State and Fate of the World's Tropical Rainforests*, Greystone Books, 2015, p.141.
13. United Nations Environment Program, *Protected Planet Report 2020*, updated May 2021, chap.3.
14. FAO, Global forests resources assessment 2020: Main report, Rome 2020.
15. Jesse Ausubel, 'Peak farmland', Lecture for the Symposium in Honor of Paul Demeny, 16 December 2012.
16. Joseph Poore, 'Call for conservation: Abandoned pasture', *Science*, vol.351, 8 January 2016.
17. Jonas Grafström & Christian Sandström, Mer för mindre? Tillväxt och hållbarhet i Sverige, Ratio, 2020.
18. Nikolai Shmelev & Vladimir Popov, *The Turning Point: Revitalizing the Soviet Economy*, Tauris, 1990, p.128f.
19. どうやらジェヴォンズの息子はケインズに対し、子供たちも父親の買いだめした紙を使いきれないとこぼしたらしい。Milanović 2019, p.256.
20. Karl Marx, *Capital*, Chicago: Charles H. Kerr and Co., 1909, vol.III, pt I, chap.5.〔『資本論』(全 9 巻)、向坂逸郎訳、岩波文庫、1969-1970 年ほか〕また Pierre Desrochers, 'Did the invisible hand need a regulatory glove to develop a green thumb? Some historical perspective on market incentives, win-win innovations and the Porter hypothesis', *Environmental and Resource Economics*, vol.41, February 2008 も参照。
21. 自由市場リベラリズムが環境規制とどのように組み合わせられるか(そしてなぜそうすべきか)についての議論は Mattias Svensson, *Miljöpolitik för moderater*, Fores, 2015 参照。
22. 'Indira Gandhi's Address', *The Times of India*, 15 June 1972.
23. Andrew McAfee, *More from Less*, 2019, p.67.〔『MORE from LESS』、小川敏子訳、日本経済新聞出版、2020 年〕国務長官は Kjell-Olof Feldt で、これをチャルマースのセミナーで発言した。

国共産党と資本主義』、栗原百代訳、日経 BP 社、2013 年〕
2. Kate Xiao Zhou, *How the Farmers Changed China: Power of the People*, Westview Press, 1996, p.56.
3. Coase & Wang 2013, p.63.
4. Barry Naughton, *The Rise of China's Industrial Policy 1978 to 2020*, Enero 2021, p.41.
5. Bradley M. Gardner, *China's Great Migration: How the Poor Built a Prosperous Nation*, The Independent Institute, 2017.
6. 'World Development Indicators', World Bank, 2022.
7. Doron Ben-Atar, *Trade Secrets: Intellectual Piracy and the Origins of American Industrial Power*, Yale University Press, 2004.
8. US–China Business Council, 'Member survey', 2019 and 2020.
9. Scott Lincicome, 'Testing the "China shock"', *Policy Analysis* no.895, Cato Institute, 8 July 2020. Jeffrey J. Scott & Eujin Jung, 'In US–China trade disputes, the WTO usually sides with the United States', Peterson Institute for International Economics, 12 March 2019. James Bacchus, Simon Lester & Huan Zhu, 'Disciplining China's trade practices at the WTO: How WTO complaints can help make China more market–oriented', Cato Institute, 15 November 2018.
10. Paul R. Gregory & Kate Zhou, 'How China won and Russia lost', *Policy Review,* Hoover Institution, 1 December 2009.
11. Weiying Zhang, *The Logic of the Market: An Insider's View of Chinese Economic Reform,* Cato Institute, 2015, p.xx.
12. Naughton 2021, p.47.
13. Nicholas Lardy, *Markets over Mao: The Rise of Private Business in China,* Peterson Institute for International Economics, 2014.
14. World Bank, PovcalNet, 2022.
15. David Shambaugh, *China's Leaders: From Mao to Now,* Polity, 2021, chaps 4 and 5.
16. Shambaugh 2021, p.246.
17. まとめとしては Daniel H. Rosen, 'China's economic reckoning', *Foreign Affairs*, July/August 2021 参照。
18. Naughton 2021, p.14.
19. たとえば Jeffrey Bader in the US–China Dialogue Podcast, 19 August 2019, https://uschinadialogue.georgetown.edu/podcasts/jeffrey-bader-part-one を聴いてほしい。
20. See, e.g., Minxin Pei, 'China's coming upheaval', *Foreign Affairs*, 5 April 2020, and John Mueller, 'China: Rise or Demise?', *Policy Analysis* no.917, Cato Institute, 18 May 2021.
21. Stephen Roach, 'Xi's costly obsession with security', *Foreign Affairs,* 28 November 2022.
22. Greg Ip, 'China's state-driven growth model is running out of gas', *The Wall Street Journal,* 17 July 2019.

第 8 章　地球温暖化と資本主義

「私たちは大量絶滅の発端にいるのに、あなたたちはお金と永遠の経済成長のおとぎ話のことばかり話している。恥を知りなさい！」

――グレタ・トゥーンベリ（環境活動家）、2019 年国連環境サミットにて

p.365, chap.12.
13. Sven-Olof Daunfeldt, Patrik Gustavsson Tingvall & Daniel Halvarsson, 'Statliga innovationsstöd till små och medelstora företag – har de någon effekt?', *Ekonomisk Debatt,* vol.44, no.1, 2016.
14. Josh Lerner, *Boulevard of Broken Dreams: Why Public Efforts to Boost Entrepreneurship and Venture Capital Have Failed – And What To Do About It*, Princeton University Press, 2009, p.5.
15. 'Attack of the Eurogoogle', *The Economist,* 11 March 2006. みなさんが何を考えているかはわかる——そしてまさにその通りなのだ。ドイツ人たちはテキストベースの検索エンジンを求めたが、フランス人たちは何やら全感覚に訴えるマルチメディア検索を開発したがった。そしてみんないがみあった。
16. Tim Murphy, 'Your daily newt: A $40 billion entitlement for laptops', *Mother Jones*, 20 December 2011. 'Attack of the Eurogoogle', *The Economist*, 11 March 2006.
17. Mariana Mazzucato, 'Mission-oriented innovation policy', Royal Society for the Encouragement of Arts, Manufactures and Commerce, September 2017. Mazzucato 2021, p.145.
18. Frank Dohmen, Alexander Jung, Stefan Schultz & Gerald Traufetter, 'German failure on the road to a renewable future', *Der Spiegel International*, 13 May 2019.
19. Johan Norberg, *Power to the People,* Sumner Books, 2015.
20. Jan Jörnmark & Christian Sandström, *Den industripolitiska återvändsgränden: En historia om det statliga riskkapitalet*, Skattebetalarnas förening, 2020, p.64f.
21. @Infineon, Twitter, 14 November 2022.
22. Jörnmark & Sandström 2020, p.46f, Anders Gustafsson, Andreas Stephan, Alice Hallman & Nils Karlsson 'The "sugar rush" from innovation subsidies: A robust political economy perspective', *Empirica*, vol.43, 2016.
23. Anders Gustafsson, Patrik Gustavsson Tingvall & Daniel Halvarsson, 'Subsidy entrepreneurs', Ratio working paper, no.303, 2017.
24. Karl Wennberg & Christian Sandström, *Questioning the Entrepreneurial State: Status-Quo, Pitfalls, and the Need for Credible Innovation Policy*, Springer, 2022, p.11.
25. 資金、研究、イノベーションの関係についての系統的な検討としては Terence Kealey, *The Economic Laws of Scientific Research*, Palgrave Macmillan, 1996 参照。
26. 賞つきコンペがなくても、そうしたイノベーションで大儲けはおそらくできるだろう。また最も生産的な賞つきコンペの多くはXプライズ財団など民間が実施したものであることも指摘しておく。
27. 'The world's most pointless rocket has been launched at last', *The Economist,* 16 November 2022.

第7章　中国経済、虚像と実態

「これは妄想だが、1日だけ我々が中国になれたらどうだろうか。経済から環境まですべてについて、正しいソリューションをきちんと承認できるのだ」

——トーマス・フリードマン（ピューリッツァー賞受賞ジャーナリスト）の記者会見、2010年5月23日

1. Ronald Coase & Ning Wang, *How China Became Capitalist,* Palgrave MacMillan, 2013.〔『中

27. 私はマイスペースを「それ」と置きかえたが、その他の引用は Victor Keegan, 'Will MySpace ever lose its monopoly?', *Guardian*, 8 February 2007 のママ。
28. Randall E. Stross, 'How Yahoo! won the search wars', *Fortune*, 2 March 1998.
29. Bruce Upbin, 'The next billion', *Forbes*, 26 October 2007.
30. Robby Soave, *Tech Panic: Why We Shouldn't Fear Facebook and the Future*, Threshold Editions, 2021, p.13.
31. Germán Gutiérrez & Thomas Philippon, 'Declining competition and investment in the US', NBER Working paper no.23583, July 2017.
32. Tim O'Reilly, 'Data is the new sand', The Information, 24 February 2021 参照。
33. Joakim Wernberg, 'Innovation, competition and digital platform paradoxes', Swedish Entrepreneurship Forum, Policy papers on technology, economics and structural change, no.1, 2021.
34. 'The new rules of competition in the technology industry', *The Economist*, 27 February 2021.
35. Ibid.

第6章　産業政策がダメなわけ

「市場は常に最も効率的な経済的帰結を求めるが、ときには最も効率的な結果は、共通の善と国の利益に反することがある[1]」
――マーク・ルビオ（共和党上院議員）

1. Marco Rubio, 'Senator Marco Rubio speaks at National Defense University on the need for a "pro-American industrial policy" to counter China', *The American Mind*, 10 December 2019.
2. Mariana Mazzucato, *Mission Economy: A Moonshot Guide to Changing Capitalism*, Allen Lane, 2021, p.121.〔『ミッション・エコノミー』、関美和・鈴木絵里子訳、NewsPicks パブリッシング、2021 年〕
3. Christian Sandström, 'Skapades iPhone av den amerikanska staten', *Ekonomisk Debatt*, vol.41, no.3, 2015.　また Deirdre McCloskey & Alberto Mingardi, *The Myth of the Entrepreneurial State*, American Institute for Economic Research, 2020 も参照。
4. Mariana Mazzucato, *The Entrepreneurial State*, Anthem Press 2013.〔『企業家としての国家』、大村昭人訳、室伏謙一解説、経営科学出版、2023 年〕
5. Tim Harford, *The Next Fifty Things That Made the Modern Economy*, Hachette, 2020, chap.24.〔『50 いまの経済をつくったモノ』、遠藤真美訳、日本経済新聞出版社、2018 年〕
6. In an email correspondence documented on NetHistory: www.nethistory.info/Archives/origins.html.
7. Mazzucato 2021, p.123.
8. R. W. Taylor, William Aspray との口承インタビュー、Charles Babbage Institute, 28 February 1989. https://conservancy.umn.edu/handle/11299/107666, p.42f.
9. Paul Baran, Judy O'Neill との口承インタビュー、Charles Babbage Institute, 5 March 1990, https://conservancy.umn.edu/handle/11299/107101, p.34.
10. Matt Ridley, *How Innovation Works: And Why It Flourishes in Freedom*, HarperCollins, 2020.〔『人類とイノベーション』、大田直子訳、NewsPicks パブリッシング、2021 年〕
11. Jonathan Coopersmith, 'Pornography, technology, and progress', *Icon*, vol.4, 1998.
12. Linda Cohen & Roger Noll, *The Technology Pork Barrel*, Brookings Institution Press, 1991,

5. Philippe Aghion, Céline Antonin & Simon Bunel, *The Power of Creative Destruction: Economic Upheaval and the Wealth of Nations,* Belknap Press, 2021, p.66f. 〔『創造的破壊の力』、村井章子訳、東洋経済新報社、2022年〕
6. Esteban Rossi-Hansberg and Chang-Tai Hsieh, 'The industrial revolution in services', NBER Working Paper no.25968, June 2019. また Ryan Bourne, 'Does rising industry concentration signify monopoly power?', *Economic Policy Brief,* no.2, 13 February 2020, Cato Institute も参照。
7. ある学生がミルトン・フリードマンにゲーム「モノポリー」にサインしてくれと頼むと、フリードマンは応じたが、ゲームの名前の前に「打倒」とつけた。
8. Mark J. Perry, 'Only 51 US companies have been on the Fortune 500 since 1955, thanks to the creative destruction that fuels economic prosperity', Carpe Diem blog, AEI, 26 May 2020.
9. Ludwig von Mises, *Human Action,* Laissez Faire Books, 1966, pp.269f. 〔『ヒューマン・アクション』、村田稔雄訳、春秋社、1991年〕
10. Hal R. Varian, 'Recent trends in concentration, competition, and entry', *Antitrust Law Journal,* vol.82, no.3, 2019.
11. Mary Amiti & Sebastian Heise, 'US market concentration and import competition', Federal Reserve Bank of New York, 5 April 2021.
12. Tyler Cowen, *Big Business: A Love Letter to an American Anti-Hero*, St Martin's Press, 2019, chap.2. 〔『BIG BUSINESS』、池村千秋訳、飯田泰之解説、NTT出版、2020年〕
13. Seth Stephens-Davidowitz, *Everybody Lies: Big Data, New Data, and What the Internet Can Tell Us About Who We Really Are,* HarperCollins, 2017. 〔『誰もが嘘をついている』、酒井泰介訳、光文社未来ライブラリー、2022年〕だから内なる自分を決して他の人のソーシャルメディア投稿と比べないこと。
14. 我が友人 Mattias Svensson はその理由を知っているのではないかと睨んでいる。当人には聞かないでくれ。Eric Schwitzgebel, 'Do ethicists steal more books?', *Philosophical Psychology*, vol.22, no.6, December 2009.
15. E.g. Nina Björk, 'Klimatet kräver kontroll över ekonomin', *Dagens Nyheter,* 30 August 2021 および Cosima Dannoritzer, *The Light Bulb Conspiracy,* 2010.
16. Dexter Ford, 'As cars are kept longer, 200,000 is the new 100,000', *The New York Times*, 16 March 2012. Bruce Hamilton & Molly Macauley, 'Heredity or environment: Why is the automobile longevity increasing?', *The Journal of Industrial Economics,* vol.47, no.3, 1999.
17. Anna Quindlen, 'Honestly – you should not have', *Newsweek,* 3 December 2001.
18. Robert Wright, *Nonzero: History, Evolution & Human Cooperation*, Abacus, 2001, p.43.
19. これやその表現に関するさらなる情報は Virginia Postrel, *The Substance of Style: How the Rise of Aesthetic Value is Remaking Commerce, Culture and Consciousness,* HarperCollins, 2003 参照。
20. いや、実は最も よく尋ねられる質問はおそらく「これ、全部読んだんですか」というものだ。2度とみんなが尋ねなくてすむように、ここできっぱり答えておこう。いいえ。
21. Erik Brynjolfsson, Felix Eggers & Avinash Gannamaneni, 'Using massive online choice experiments to measure changes in well-being', NBER Working Paper no.24514, 2018.
22. Soave 2021, p.30.
23. Matthew Gentzkov & Jesse M. Shapiro, 'Ideological segregation online and offline', Chicago Booth & National Bureau of Economic Research, 28 March 2011.
24. Levi Boxell, Matthew Gentzkow, Jesse M. Shapiro, 'Is the internet causing political polarization? Evidence from demographics', NBER Working paper no.23258, March 2017.
25. Georgia Wells, Jeff Horwitz & Deepa Seethharaman, 'Facebook knows Instagram is toxic for teen girls, company documents show', *Wall Street Journal*, 14 September 2021.
26. Monica Anderson & Jingjing Jiang, 'Teens social media habits and experiences', Pew Research Center, November 2018.

20. Phil Gramm, Robert Ekelund & John Early, *The Myth of American Inequality: How Government Biases Policy Debate,* Rowman & Littlefield, 2022.
21. Branko Milanović, 'The three eras of global inequality, 1820–2020 with the focus on the past thirty years', Stone Center on Socio-Economic Inequality, working paper 59, November 2022. また Olle Hammar & Daniel Waldenström, 'Global earnings inequality 1970–2018', *The Economic Journal,* vol.130, November 2020 も参照。
22. Milanović 2022.
23. Credit Suisse, *Global wealth report 2021*, Credit Suisse Research Institute, 2021, p.25.
24. Oxfam, 'Time to care', Oxfam Briefing Paper, January 2020.
25. Milanović 2022.
26. Lives on the Line, A Map of Life Expectancy at Birth, https://tubecreature.com/#/livesontheline/current/same/*/940GZZLUKNB/FFTFTF/13/-0.1065/51.5181/
27. Angus Deaton, 'Health, inequality, and economic development', Prepared for Working Group 1 of the WHO Commission on Macroeconomics and Health, May 2001.
28. Deaton & Deaton 2020, p.139f.
29. Fredrik Segerfeldt, 'Sverige är ett klassamhälle. Och?', *Smedjan*, 13 March 2018.
30. Raj Chetty, Michael Stepner, Sarah Abraham, Shelby Lin, Benjamin Scuderi, Nicholas Turner, Augustin Bergeron, David Cutler, 'The association between income and life expectancy in the United States, 2001–2014', *The Journal of the American Medical Association,* vol.315, no.16, 2016.
31. Seth Stephens-Davidowitz, *Everybody Lies: Big Data, New Data, and What the Internet Can Tell Us About Who We Really Are,* Dey Street Books, p.178.〔『誰もが嘘をついている』、酒井泰介訳、光文社未来ライブラリー、2022年〕
32. P. J. O'Rourke, *Parliament of Whores,* Atlantic Monthly Press, 1991, p.210.
33. Johan Norberg, *Financial Fiasco: How America's Infatuation with Home Ownership and Easy Money Created the Financial Crisis,* Cato Institute, 2012. Johan Norberg, *Eurokrasch: En tragedi i tre akter,* Hydra Förlag, 2012.
34. Ryan Banerjee & Boris Hofmann, 'Corporate zombies: Anatomy and life cycle', BIS Working Paper, no.882, The Bank for International Settlements, September 2020.

第5章　独占企業は悪なのか

「民主主義を重視するなら独占は解体すべきだ。経済について気にする人も同様だ」

――タッカー・カールソン（政治コメンテーター）

1. Council of Economic Advisers, 'Benefits of competition and indicators of market power,' Issue Brief, April 2016.
2. Nicolas Crouzet and Janice Eberly, 'Understanding weak capital investment: The role of market concentration and intangibles'. David Autor *et al*, 'The fall of the labor share and the rise of superstar firms', NBER Working Paper no.23396, May 2017.
3. US Bureau of Labor Statistics, 'Quarterly census of employment and wages: Employment and wages, annual averages 2019', Table 4, www.bls.gov/cew/publications/employmentand-wages-annual-averages/2019/home.htm.
4. Autor et al 2017.

States, Peterson Institute for International Economics, 1994.
46. Margaret Thatcher, 'Speech opening single market campaign', 18 April 1988, www.margaretthatcher.org/document/107219.
47. Iain Martin, 'Painful as it is, we need to talk about Brexit', *The Times,* 8 June 2022.
48. Pablo D. Fajgelbaum & Amit K. Khandelwal, 'Measuring the unequal gains from trade', *Quarterly Journal of Economics,* vol.131, no.3, 2016.

第４章　トップ１％はなぜ必要？

「私は億万長者だ。腐るほどの大金持ち。なぜ億万長者か知ってる？ 億万人が私のやることを気に入ってくれるからだ」

――マイケル・ムーア（社会主義の映画作家）

1. Ung Vänster, Facebook, 28 January 2018.
2. Jagdish Bhagwati, *Essays in Development Economics: Wealth and poverty,* MIT Press, 1985, p.18.
3. August Strindberg, *Tjänstekvinnans son II,* Bonnier, 1919, chap.9.
4. Sheryl Gay Stolberg, 'Bernie Sanders, now a millionaire, pledges to release tax returns by Monday', *The New York Times*, 9 April 2019.
5. William D. Nordhaus, 'Schumpeterian profits in the American economy: Theory and measurement', NBER Working Paper no.10433, 2004.
6. Frédéric Bastiat の印刷術の発明についての説明と比べてみよう。Bastiat 1964, pp.37f.
7. Donald Boudreaux, *Globalization,* Greenwood Press, 2008, p.32f.
8. すでにゲイツではない。数年前にジェフ・ベゾスが追い抜き、それからイーロン・マスクになり、いまやベルナール・アルノーだ。超大金持ちが創業した企業の一時的な株価次第で急変するので、しばらくは例としてゲイツを使い続けよう。
9. Thomas Piketty, *Capital in the Twenty-First Century,* Belknap Press, 2014, p.444ff.〔『21 世紀の資本』、山形浩生・守岡桜・森本正史訳、みすず書房、2014 年〕
10. Ibid., p.31.
11. Ibid., pp.435–9.
12. Robert Arnott, William Bernstein & Lillian Wu, 'The myth of dynastic wealth: The rich get poorer', *Cato Journal,* vol.35, no.3, 2015.
13. William McBride, 'Thomas Piketty's false depiction of wealth in America', Tax Foundation Special Report no.223, July 2014. Chris Edwards & Ryan Bourne, 'Exploring Wealth Inequality', Policy Analysis, no.881, Cato Institute, 5 November 2019.
14. Amy Castoro, 'Wealth transition and entitlement: Shedding light on the dark side of a charmed life', *The Journal of Wealth Management,* vol.18, no.2, 2015.
15. Paul Graham, 'How people get rich now', paulgraham.com, April 2021.
16. Milanović 2019, p.63.
17. Matthew Rognlie, 'Deciphering the fall and rise in the net capital share: accumulation or scarcity?', Brookings Papers on Economic Activity, spring 2015.
18. Milanović 2019, pp.26–9.
19. Betsey Stevenson & Justin Wolfers. 'Happiness inequality in the United States', *The Journal of Legal Studies*, vol.37, no.52, 2008. Andrew Clark, Sarah Flèche & Claudia Senik, 'Economic growth evens out happiness: Evidence from six surveys', *Review of Income and Wealth,* 2015.

historic.html.
23. Charlie Giattino, Esteban Ortiz-Ospina & Max Roser, 'Working hours', *Our World in Data*, December 2020.
24. Ibid.
25. Gallup, 'Work and Workplace', https://news.gallup.com/poll/1720/work-work-place.aspx.
26. David Graeber, *Bullshit Jobs: A Theory,* Simon & Schuster, 2018.〔『ブルシット・ジョブ』、酒井隆史・芳賀達彦・森田和樹訳、岩波書店、2020 年〕Roland Paulsen, *The Working Society: How Work Survived Technology,* Gleerups, 2010. また Andreas Bergh, 'Tre böcker av Roland Paulsen – en kritisk läsning', *Ekonomisk Debatt*, no.3, 2017 も参照。
27. Graeber 2018, pp.xix, xxiv.
28. Magdalena Soffia, Alex Wood, Brendan Burchell, 'Alienation is not "bullshit": An empirical critique of Graeber's theory of BS jobs', Work, Employment and Society, June 2021.
29. Sarah Damaske, Matthew Zawadzki, Joshua M. Smyth, 'Stress at work: Differential experiences of high versus low SES workers', *Social Science & Medicine* 156, March 2016.
30. Alan Manning & Graham Mazeine, 'Subjective job insecurity and the rise of the precariat: Evidence from the UK, Germany and the United States', CEP Discussion Paper no.1712, August 2020.
31. See, e.g., Thor Berger, Carl Benedikt Frey, Guy Levin, Santosh Rao Danda, 'Uber happy? Work and well-being in the "gig economy"', *Economic Policy*, vol.34, no.99, 2019.
32. Linda Weidenstedt, Andrea Geissinger & Monia Lougui, 'Why gig as a food courier?', Report no.15, Ratio 2020.
33. Andreas Bergh, 'Låt giggarna gigga', *Arbetsmarknadsnytt,* 2 December 2020.
34. Federal Reserve Bank of St Louis, 'All employees, manufacturing', https://fred.stlouisfed.org/series/ MANEMP and 'All Employees, total nonfarm', https://fred.stlouisfed.org/series/PAYEMS. また Lawrence Edwards & Robert Lawrence, *Rising tide: Is growth in emerging economies good for the United States?,* Peterson Institute for International Economics, 2013, p.15 も参照。
35. Adam Posen, 'The price of nostalgia', *Foreign Affairs,* May/June 2021. 失われた職についてのデータは US Bureau of Labor Statistics の 'Job openings and labor turnover survey' より。パンデミック前年の 2019 年には 6790 万の雇用が消え、7000 万の雇用が創出された。
36. Ildikó Magyari, 'Firm reorganization, Chinese imports, and US manufacturing employment', *Job Market Paper*, 2017.
37. Nicholas Bloom, Mirko Draca, and John Van Reenen, 'Trade induced technical change? The impact of Chinese imports on innovation, IT and productivity', *Review of Economic Studies,* vol.83, no.1, 2016.
38. Zhi Wang, Shang-Jin Wei, Xinding Yu, Kunfu Zhu, 'Re-examining the effects of trading with China on local labor markets: A supply chain perspective', NBER working paper no.24886, 2018.
39. Jason Dedrick, Greg Linden, Kenneth L. Kraemer, 'We estimate China only makes $8.46 from an iPhone', *The Conversation*, 6 July 2018.
40. Anne Case Deaton & Angus Deaton, *Deaths of Despair: And the Future of Capitalism,* Princeton University Press, 2020.〔『絶望死のアメリカ』、松本裕訳、みすず書房、2021 年〕
41. Nicholas Eberstadt, 'Education and men without work', *National Affairs*, no.48, 2021.
42. Deaton & Deaton 2020, p.222.
43. 'The welfare state needs updating', *The Economist,* 12 July 2018.
44. Dick Carpenter, Lisa Knepper, Angela Erickson & John K. Ross, 'License to work: A national study of burdens from occupational licensing', Institute for Justice, 2012.
45. Gary Clyde Hufbauer & Kimberly Ann Elliott, *Measuring the Costs of Protection in the United*

——ドナルド・トランプ（アメリカ大統領）、ニューヨークでの演説、2016年6月22日

1. Robert Z. Lawrence, 'China, like the US, faces challenges in achieving inclusive growth through manufacturing', Policy Brief, Peterson Institute for International Economics, August 2019.
2. Economic Data, 'Industrial Production: Manufacturing', Federal Reserve Bank of St Louis, 2022.
3. Michael Hicks & Srikant Devaraj, 'The myth and reality of manufacturing in America', Center for Business and Economic Research, Ball State University, 2015.
4. 'China's future economic potential hinges on its productivity', *The Economist*, 14 August 2021.
5. Philippe Aghion, Céline Antonin & Simon Bunel, *The Power of Creative Destruction: Economic Upheaval and the Wealth of Nations*, Belknap Press, 2021, p.51f.〔『創造的破壊の力』、村井章子訳、東洋経済新報社、2022年〕
6. S. L. Price, *Playing Through the Whistle,* First Grove Atlantic, 2016, chap.11.
7. J. D. Vance, *Hillbilly Elegy: A Memoir of a Family and Culture in Crisis*, William Collins, 2016, p.55.〔『ヒルビリー・エレジー』、関根光宏・山田文訳、光文社未来ライブラリー、2022年〕
8. Daniel Clark, 'Detroit autoworkers' elusive post-war boom', The Metropol Blog.
9. Daniel Clark, 'The 1950s were not a golden age for Detroit's autoworkers', *What it Means to be American,* 9 May 2019.
10. US Bureau of Labor Statistics, 'Characteristics of minimum wage workers, 2020', report 1091, February 2021.
11. Michael Strain, *The American Dream is not Dead (But Populism Could Kill It)*, Templeton Press, 2020.
12. Ray Chetty, Nathaniel Hendren, Patrick Kline, Emmanuel Saez & Nicholas Turner, 'Is the United States still a land of opportunity? Recent trends in intergenerational mobility', *The American Economic Review*, vol.104, no.5, 2014.
13. Simeon Alder, David Lagakos & Lee Ohanian, 'Competitive pressure and the decline of the Rust Belt: A macroeconomic analysis', Working Paper no.20538, National Bureau of Economic Research, October 2014.
14. Strain 2020, p.33.
15. Strain 2020, chap.6.
16. Federal Reserve Bank of St Louis, 'Nonfarm Business Sector: Real Hourly Compensation for All Employed Persons', https://fred.stlouisfed.org/series/COMPRNFB.
17. Strain 2020, p.98f.
18. Strain 2020, p.72f.
19. Strain 2020, p.73.
20. 'More than half of British homes don't have a bathroom', *Guardian*, 21 March 1950. そしておじいちゃんの時代は、建設は火災安全、湿度制御、子どもの安全、ガラスの安全性、アクセシビリティ、緑地、空地、駐車スペース、遮音、日照、ソーラー温水、エネルギー消費、過密、転落、衝突、防火、労働環境の要件などにより高価になっていなかった。Mårten Belin, 'Här får vi inte bo', *Sydsvenska Dagbladet*, 25 September 2021 参照。
21. Robert Atkinson & John Wu, 'False alarmism: Technological disruption and the US labor market, 1850–2015', Information Technology & Innovation Foundation, May 2017.
22. United States Census Bureau, 'Table A-1. Annual geographic mobility rates, by type of movement: 1948–2020', www.census.gov/data/tables/time-series/demo/geographic-mobility/

16. Mårten Blix & Henrik Jordahl, *Privatizing Welfare Services: Lessons from the Swedish Experiment*, Oxford University Press, 2021.
17. Frédéric Bastiat, *Economic Sophisms, The Foundation for Economic Education*, 1964, pp.97f.
18. Jeffrey Clemens, 'Making sense of the minimum wage: A roadmap for navigating recent research', Cato Policy Analysis, 14 May 2019.
19. John Maynard Keynes, *The Economic Consequences of the Peace*, Harcourt, Brace and Howe, 1920, pp.235–48.〔『新訳 平和の経済的帰結』、山形浩生訳、東洋経済新報社、2024 年ほか〕
20. 加えて、これは「国家資本主義」が資本主義ではないと含意している。もし国家が企業を所有し経済を統制するなら、私有も市場調整力も制約したことになる。国家資本主義などというものは存在せず、マルクス主義者たちが国家社会主義の責任から逃げるための手口にすぎない。
21. 「我々の罪への処罰として社会主義を導入するのは行きすぎだが、過去の不正があまりに大きすぎて、それを矯正するためにはもっと広範な国家を短期的に運営することが必要となるかもしれない」*Anarchy, State and Utopia*, Basic Books 1974, p.231.〔『アナーキー・国家・ユートピア』、嶋津格訳、木鐸社、1994 年〕また Fredrik Segerfeldt, *The New Equality: Global Development from Robin Hood to Botswana*, Timbro, 2014, pp.105ff も参照。
22. Hernando de Soto, *The Mystery of Capital: Why Capitalism Triumphs in The West and Fails Everywhere Else*, Bantam Press, 2000.
23. Aristophanes, *Ecclesiazusae*, lines 590, 650.
24. トロツキーは、この原理を自分の敵に対して使うのは平気だったくせに、スターリンがそれをトロツキー主義者たちに使ったら抗議した。Leon Trotsky, *The Revolution Betrayed: What is the Soviet Union and Where is It Going?*, Pathfinder Press, 1972, p.283.〔『裏切られた革命』、藤井一行訳、岩波文庫、1992 年ほか〕
25. 'Covid-19 exposes EU reliance on drug imports', *Financial Times*, 20 April 2020.
26. Vincent Geloso & Jamie Bologna Pavlik, 'Economic freedom and the consequences of the 1918 pandemic', *Contemporary Economic Policy*, vol.39, no.2, 2021.
27. Christian Bjørnskov, 'Economically free countries have fewer and less severe economic crises', Timbro briefing paper, no.29, 2020.
28. Keith Bradsher, 'China delays mask and fan exports after quality complaints', *The New York Times*, 11 April 2020. Maria Manner & Paavo Teittinen, 'HS: n haltuun saamat Huoltovarmuuskeskuksen luvut paljastavat, miten vähän Suomen valtiolla oli kasvosuojaimia koronakriisin iskiessä päälle', *Helsingin Sanomat*, 10 April 2020.
29. Johan Norberg, 'Covid-19 and the danger of self-sufficiency: How Europe's pandemic resilience is open economy', ECIPE Policy Brief, no.2, 2021.
30. 'EU should "not aim for self-sufficiency" after coronavirus, trade chief says', *Financial Times*, 23 April 2020. Andrew Edgecliffe-Johnson, 'Manufacturers warn US must do more to maintain fragile PPE production', *Financial Times*, 13 April 2021.
31. Henry David Thoreau, *On Civil Disobedience and Other Essays*, Dover Publications, 2021, p.2.〔『市民の反抗』、飯田実訳、岩波文庫、1997 年ほか〕

第 3 章　自由市場は労働者を救う

「これはあらゆる船を持ち上げる上げ潮なんかじゃない。これはグローバル化の波であり、我々の中産階級と仕事を一掃してしまうんだ」

第2章　経済成長はなぜ必要？

「資本主義以前の世界では、あらゆる人に居場所があった。あまり素敵な場所ではないかもしれないし、ひどい場所ですらあったかもしれないが、少なくとも社会のスペクトラムの中にどこか場所があった[1]」

——ノーム・チョムスキー（言語学者、アナキスト）

1. 'Globalization and Resistance', an interview with Noam Chomsky by Husayn al-Kurdi, *Kick It Over*, no.35, Summer 1995.
2. インフレと労働者数増加について調整した。この比較を思いついたのは経済学者 Fredrik N. G. Andersson が、ルンドの Café Athen における 2019 年 4 月 11 日の論争で、この変種を使ったからだ。Göran Greider はこれを *Opinion Live*, SVT, 6 October 2019 で語った。
3. Lant Pritchett, 'There is only one poverty strategy: (broad based) growth (Part I)', lantpritchett.org, 6 February 2019.
4. David Dollar, Tatjana Kleineberg & Aart Kraay, 'Growth still is good for the poor', Working Paper no. 596, Luxembourg Income Study, Cross-National Data Center in Luxembourg, September 2013.
5. Bruce D. Meyer & James X. Sullivan, 'Identifying the disadvantaged: Official poverty, consumption poverty, and the new supplemental poverty measure', *Journal of Economic Perspectives*, vol.26, no.3, 2012.
6. はいはい、これを *In Defence of Global Capitalism* でも引用したのは承知しているが、少なくとも 20 年に 1 度は繰り返しておくべきだ。John Stuart Mill, *Principles of Political Economy*, book V, Liberty Fund, 2006, p.810f.〔『経済学原理』（全 5 巻）、末永茂喜訳、岩波文庫、1959-1963 年ほか〕
7. Andreas Bergh & Magnus Henrekson, 'Government size and growth: A survey and interpretation of the evidence', Working Paper no. 858, Institute for Business Research.
8. James Gwartney, Robert Lawson, Joshua Hall & Ryan Murphy, *Economic Freedom of the World: 2022 Annual Report*, Fraser Institute, 2022, p.17.
9. Ibid.
10. Ibid.
11. A. J. Jacobs, *Thanks a Thousand: A Gratitude Journey from Bean to Cup*, Simon & Schuster, 2018. Leonard Read の美しい寓話 'I, Pencil' との類似に気がついたら、まさにその通り。あれは市場の魔法の協力関係について、存在する最も美しい描写なのだが、市場のすばらしいイノベーションのおかげで、もう鉛筆を使う人はいなくなってしまった。
12. Niclas Berggren & Therese Nilsson, 'Economic freedom as a driver of trust and tolerance', in Gwartney *et al* 2020.　また Antonio Farfan-Vallespin, Matthew Bonick, 'On the origins and consequences of racism', Association for Social Policy 年次総会への投稿、Deutsche Zentralbibliothek für Wirtschaftswissenschaften, Leibniz-Informationszentrum Wirtschaft, Kiel & Hamburg, 2016 も参照。
13. Thomas Sowell, *Preferential Policies: An International Perspective,* William Morrow, 1990, pp.21ff. いまや資本主義は綿なしでは不可能で、綿は奴隷制なしでは不可能で、資本主義は植民地主義に基づいていたと言って反対するなら、お探しの本は Fredrik Segerfeldt, *Den svarte mannens börda,* Timbro, 2018 だ。
14. Swaminathan Anklesaria Aiyar, 'Capitalism's assault on the Indian caste system,' *Policy Analysis* No.776, Cato Institute, 21 July 2015.
15. まずは The Constitution of Liberty から出発しよう。分厚すぎて敷居が高いなら、まず 'The use of knowledge in society' 論説から始めよう。

26. Scott A Beaulier, ‘Explaining Botswana’s success: The critical role of post-colonial policy’, *Cato Journal,* vol.23, no.2, 2003.
27. James Gwartney, Robert Lawson, Joshua Hall & Ryan Murphy, *Economic Freedom of the World: 2022 Annual Report,* Fraser Institute, 2022.
28. Ibid.
29. Robert Lawson, ‘Economic freedom in the literature: What is it good (bad) for?’, in James Gwartney, Robert Lawson, Joshua Hall & Ryan Murphy, *Economic Freedom of the World: 2022 Annual Report,* Fraser Institute, 2022. また Joshua Hall & Robert Lawson. ‘Economic Freedom of the World: An accounting of the literature’, *Contemporary Economic Policy,* vol.32, no.1, 2014 も参照。
30. Esteban Ortiz-Ospina and Max Roser, ‘Government Spending’, *Our World in Data*, 2016.
31. William Easterly, ‘The lost decades: developing countries’ stagnation in spite of policy reform 1980–1998’, World Bank, February 2001. William Easterly, ‘In search of reforms for growth: New stylized facts on policy and growth outcomes’, working paper 26318, National Bureau of Economic Research, September 2019.
32. Kevin Grier & Robin Grier, ‘The Washington Consensus works: Causal effects of reform, 1970–2015’, *Journal of Comparative Economics* vol.49, No 1, March 2021. Pasquale Marco Marrazzo & Alessio Terzi, ‘Structural reform waves and economic growth’, European Central Bank, No.2111, November 2017.
33. Branko Milanović, *Capitalism, Alone: The Future of the System that Rules the World*, Belknap Press, 2019, chap.4.2.〔『資本主義だけ残った』、西川美樹訳、みすず書房、2021 年〕 Richard Baldwin, *The Great Convergence: Information Technology and the New Globalization*, Belknap Press, 2016.
34. Dev Patel, Justin Sandefur & Arvind Subramanian, ‘The new era of unconditional convergence’, working paper, Center for Global Development, 2021.
35. Robert Mugabe, ‘Statement by Zimbabwe’, 2 September 2002.
36. @jeremycorbyn, Twitter, 5 March 2013. ‘Venezuela: Latin America’s inequality success story’, Oxfamblogs.org, 6 August 2010. ‘Jesse Jackson, Naomi Klein, Zinn, Kucinich, others express support for Venezuela’s Chavez’, Venezuelaanalysis, 13 August 2004.
37. Kristian Niemietz, *Socialism: The Failed Idea that Never Dies,* Institute for Economic Affairs, 2019, p.56ff.
38. e.g., Johan Fourie, *Our Long Walk to Economic Freedom,* Tafelberg, 2021 参照。
39. Tom G. Palmer & Matt Warner, *Development with Dignity: Self-determination, Localization, and the End of Poverty,* Routledge, 2022, chap. 5.
40. Luis R. Martínez, ‘How much should we trust the dictator’s GDP growth estimates?’, *Journal of Political Economy,* vol.130, no.10, 2022.
41. Samuel Absher, Kevin Grier, Robin Grier, ‘The economic consequences of sustainable left-populist regimes in Latin America’, *Journal of Economic Behavior & Organization,* vol.177, September 2020, pp.787–817.
42. Manuel Funke, Moritz Schularick & Christoph Trebesch, ‘Populist leaders and the economy’, discussion paper 15405, Center for Economic Policy Research, October 2020.
43. Jordan Kyle & Yascha Mounk, ‘The populist harm to democracy: An empirical assessment’, Tony Blair Institute for Global Change, 26 December 2018.

6. Angus Deaton, 'Thinking about inequality', *Cato's Letter,* vol.15, no.2, 2017.
7. 以下の数字は世界銀行の世界開発指数 , https://databank.worldbank.org/source/world-development-indicators より。こうした統計と、その元となる数字について詳細は Johan Norberg, *Progress: Ten Reasons to Look Forward to the Future*, Oneworld, 2016〔『進歩』、山形浩生訳、晶文社、2018 年〕参照。
8. https://data.unicef.org/topic/child-survival/under-fivemortality/.
9. 国際労働機関（ILO）と国連児童基金（UNICEF）, 'Child labor: Global estimates 2020, trends and the road forward, ILO & UNICEF 2021.
10. これは指数のグラフで、1990 年に影響された人々の比率を 100%としてその変化を追っている。私の計算は国連食糧農業機関（FAO)、世界銀行、UNESCO、国連にそれぞれ基づく。
11. 本章の 1 人あたり GDP データは購買力とインフレ調整済。1990 年以降は世界銀行の世界開発指数 https://databank.worldbank.org/source/world-developmentindicators を使用。1990 年以前については、経済史研究者アンガス・マディソンによる野心的な歴史データ系列を継続した Maddison Project を使用。www.rug.nl/ggdc/historicaldevelopment/maddison/.
12. 現在は豊かな諸国における歴史的な貧困の推計は Martin Ravaillon, *The Economics of Poverty: History, Measurement and Policy,* Oxford University Press, 2016, chap.1〔『貧困の経済学』（上・下）．柳原透監訳、日本評論社、2018 年〕参照。
13. はい、インフレ調整済で 2011 年ドルに換算してある。これの元となっているものは、ほとんどキチガイじみたとんでもない推計や当てずっぽうだろうと抗議するなら、確かに一理あるが、毎年巨大なまちがいを含んでいたとしても、このグラフの全体的な形には影響しない。出所は Angus Maddison, *The World Economy: A Millennial Perspective*, OECD, 2001, Angus Maddison, *The World Economy: Historical Statistics,* OECD, 2003, Maddison Project Database 2020.
14. はい、彼らも輸入代替や産業政策の時期はあった——あらゆる貧困国にはつきものだ。だが期間は短く、他の国よりも緩かった。こうした国におけるオープン性の中心的な重要性の研究としては Arvind Panagariya, *Free Trade and Prosperity: How Openness Helps Developing Countries Grow Richer and Combat Poverty*, Oxford University Press, 2019 参照。
15. ドキュメンタリー *India Awakes*, 2015 における Parth Shah インタビュー。
16. Andrea Boltho, Wendy Carlin & Pasquale Scaramozzino, 'Will East Germany become a new Mezzogiorno?', *Journal of Comparative Economics*, vol.24, 1997.
17. Theo S. Eicher & Till Schreiber, 'Structural policies and growth: Time series evidence from a natural experiment', *Journal of Development Economics*, vol.91, 2010, pp.169–79.
18. Christer Gunnarsson & Mauricio Rojas, *Tillväxt, stagnation, kaos*, 2nd edn, SNS, 2004, chap.6.
19. Sara Regine Hassett & Christine Weyd, 'An interview with Fernando Henrique Cardoso', *Journal of International Affairs*, vol.58, no.2, 2005.
20. Max Roser & Esteban Ortiz-Ospina, 'Income Inequality', *Our World in Data*, October 2016.
21. 7 か国は、ガボン、ギニア、リベリア、ザンビア、ナイジェリア、コンゴ（レオポルドヴィル、現在はコンゴ＝キンシャサ）、ローデシア（現ジンバブエ）だった。Andrew Kamarck, *The Economics of African Development*, Prager, 1967, p.247. William Easterly & Ross Levine, 'Africa's growth tragedy: Policies and ethnic divisions', *The Quarterly Journal of Economics*, vol.112, no.4, November 1997.
22. George Ayittey, *Indigenous African Institutions*, Brill, 2nd edn, 2006.
23. Ayittey 2006, p.486.
24. Belinda Archibong, Brahima Coulibaly & Ngozi Okonjo-Iweala, 'Washington Consensus reforms and economic performance in sub-Saharan Africa: Lessons from the past four decades', *AGI Working Paper* 27, February 2021.
25. World Bank, *Economic Growth in the 1990s: Learning from a Decade of Reform*, 2005, p.271.

原 注

はじめに：資本主義は「悪」なのか

「いまやグローバル化をことさらやりたがる人はだれもいません。まあヨハン・ノルベリは例外かもしれませんが」

——ポー・ティドホルム（ジャーナリスト）、スウェーデン公共ラジオ、2020年5月29日

1. Michka Assayas, Bono, Penguin, 2006, およびジョージタウン大学2013年グローバル社会事業イベントでのボノの発言。
2. Jimmy Carter, 年頭教書演説 , 19 January 1978.
3. Gavin Poynter, *The Political Economy of State Intervention: Conserving Capital Over the West's Long Depression*, Routledge, 2020, p.3.
4. Robert Bradley, 'Colliery closures since 1947', www.healeyhero.co.uk/rescue/individual/Bob_Bradley/PM-Closures.html.
5. Deirdre McCloskey, *Why Liberalism Works*, Yale University Press, 2019, p.235.

第1章　資本主義は世界を救う

「［1990年以降］資本主義はいきなりその最も野蛮な形に自由に堕落できるようになってしまった[1]」
——ナオミ・クライン（ジャーナリスト）

1. Naomi Klein, *The Shock Doctrine: The Rise of Disaster Capitalism*, Allen Lane, 2007, p.252.〔『ショック・ドクトリン』（上・下）、幾島幸子・村上由見子訳、岩波現代文庫、2024年〕
2. こうした悲観的な世界銀行の言葉は、1999年と2000年の世銀論文や報告書の多くの序文に登場した。たとえば '1999 review of development effectiveness', World Bank 1999。ネーダーは Gary Wells, Robert Shuey & Ray Kiely, *Globalization*, Novinka Books, 2001, p.23 での引用。Archbishop K. G. Hammar は *Arena*, no.6, 2000 でのインタビュー。
3. こうした知識へのアクセスに革命をもたらした金鉱は是非ともお奨めする。
4. 初版では私はそれぞれ29％と23％を挙げていたが、その後世界銀行は貧困の定義を、1日1ドル20セントから2ドル15セント（インフレと地元価格で調整済）の消費水準に引き上げた。本書では、私はすべてこの新しい高めの貧困基準を使っている。世界貧困データは世界銀行 PovcalNet, http://iresearch.worldbank.org/PovcalNet/, その Poverty & Inequality Platform, https://pip.worldbank.org/, and World Bank, 'Correcting course: Poverty and shared prosperity 2022', World Bank Group, 2022 より。
5. Michail Moatsos, 'Global extreme poverty: Present and past since 1820', *How Was Life Part II: New Perspectives on Well-Being and Global Inequality Since 1820*, OECD, 2021.

著者紹介

ヨハン・ノルベリ (Johan Norberg)

歴史学者。米ワシントン DC 拠点のシンクタンク、ケイトー研究所シニアフェロー。
1973 年スウェーデン・ストックホルム生まれ。ストックホルム大学にて歴史学の修士号を取得。著作は 25 か国語に翻訳され、『進歩：人類の未来が明るい 10 の理由』（晶文社）は各国で絶賛をあびた。歴史学、経済学、統計学、進化生物学など幅広い領域の最新知見をもとに楽観的な未来を構想する、現代を代表するビッグ・シンカーの 1 人。前著『OPEN：「開く」ことができる人・組織・国家だけが生き残る』（NewsPicks パブリッシング）で、『進歩』に続いて「エコノミスト」誌ブック・オブ・ザ・イヤー賞を連続受賞した。

訳者紹介

山形浩生（やまがた・ひろお）

評論家、翻訳家、開発コンサルタント。
開発援助関連調査のかたわら、経済、環境問題から SF まで幅広い分野での翻訳と執筆を行う。東京大学大学院工学系研究科都市工学科修士課程およびマサチューセッツ工科大学不動産センター修士課程修了。 著書に『新教養主義宣言』『要するに』（共に河出文庫）、『経済のトリセツ』（亜紀書房）など。訳書にピケティ『21 世紀の資本』（みすず書房）、クルーグマン『クルーグマン教授の経済入門』（ちくま学芸文庫）、ノルベリ『進歩』（晶文社）『OPEN』（NewsPicks パブリッシング）ほか多数。

装幀 ……… 水戸部功
本文デザイン … 相原真理子
DTP・図版 ……… 朝日メディアインターナショナル
校正 ……… 鷗来堂
営業 ……… 岡元小夜・鈴木ちほ
進行管理 ……… 岡元小夜・小森谷聖子・高橋礼子
編集 ……… 富川直泰

資本主義が人類最高の発明である

——グローバル化と自由市場が私たちを救う理由

2024 年 9 月 30 日　第 1 刷発行

著　者　　ヨハン・ノルベリ
訳　者　　山形浩生

発行者　　金泉俊輔
発行所　　ニューズピックス（運営会社：株式会社ユーザベース）
〒100-0005 東京都千代田区丸の内 2-5-2 三菱ビル
電話　03-4356-8988
FAX　03-6362-0600
※電話でのご注文はお受けしておりません。
FAX あるいは下記のサイトよりお願いいたします。
https://publishing.newspicks.com/

印刷・製本　シナノ書籍印刷株式会社

ISBN 978-4-910063-37-9
本書に関するお問い合わせは下記までお願いいたします。
np.publishing@newspicks.com

希望を灯そう。

NEWS PICKS
PUBLISHING

「失われた30年」に、
失われたのは希望でした。

今の暮らしは、悪くない。
ただもう、未来に期待はできない。
そんなうっすらとした無力感が、私たちを覆っています。

なぜか。
前の時代に生まれたシステムや価値観を、今も捨てられずに握りしめているからです。

こんな時代に立ち上がる出版社として、私たちがすべきこと。
それは「既存のシステムの中で勝ち抜くノウハウ」を発信することではありません。
錆《さ》びついたシステムは手放して、新たなシステムを試行する。
限られた椅子を奪い合うのではなく、新たな椅子を作り出す。
そんな姿勢で現実に立ち向かう人たちの言葉を私たちは「希望」と呼び、
その発信源となることをここに宣言します。

もっともらしい分析も、他人事のような評論も、もう聞き飽きました。
この困難な時代に、したたかに希望を実現していくことこそ、最高の娯楽《エンタメ》です。
私たちはそう考える著者や読者のハブとなり、時代にうねりを生み出していきます。

希望の灯を掲げましょう。
1冊の本がその種火となったなら、これほど嬉しいことはありません。

令和元年
NewsPicksパブリッシング 創刊編集長
井上 慎平